Erläuterungen und Dokumente

Friedrich Dürrenmatt
Die Physiker

Von Alexander Ritter

Philipp Reclam jun. Stuttgart

Friedrich Dürrenmatts Komödie *Die Physiker* liegt in der »Neufassung 1980« als Band 7 der *Werkausgabe in dreißig Bänden* des Diogenes Verlags vor (Zürich 1980; detebe 20837). Auf diese Ausgabe beziehen sich die Seiten- und Zeilenzahlen in den Erläuterungen. Textidentisch mit der Diogenes-Ausgabe ist die 30bändige Dürrenmatt-»Werkausgabe« des Verlags der Arche (Zürich 1980).

Für die vielfältige Unterstützung bei der Zusammenstellung von Unterlagen und Informationen dankt der Herausgeber Dr. Hans-Herbert Elend (Neuss), Prof. Dr. Rolf Max Kully (Solothurn), Prof. Dr. Rainer Michaelis (Itzehoe) und Dr. Günter Schnitzler (Freiburg).

Universal-Bibliothek Nr. 8189

Gesamtherstellung: Reclam, Ditzingen. Printed in Germany 1993

ISBN 3-15-008189-0

Inhalt

I. Kommentar, Wort- und Sacherklärungen

9 [Titel] *Die Physiker:* Entsprechend dem gattungstypischen Auftrag des Dramas an den Autor, die Welt und ihre Probleme exemplarisch am konfliktvollen Handlungsvorgang aufzuzeigen, bestimmen Personenbenennungen traditionell die Titelformulierungen der Texte. Beeinflußt von den geschichtlichen, damit auch literarhistorischen Veränderungen steht für das antike griechische Drama neben dem Einzelhelden (Sophokles, *Antigone*) auch die Gruppe im Mittelpunkt (Aristophanes, *Die Ritter*, 424 v. Chr.; Euripides, *Die Troerinnen*, 415 v. Chr.). Die deutsche Dramengeschichte ist bis zum Beginn des 19. Jahrhunderts vor allem auf den Einzelhelden konzentriert (Goethe, *Torquato Tasso*, 1790; Büchner, *Woyzeck*, 1836). Vom Barock bzw. vom späten 18. Jahrhundert (Aufklärung) an, läßt sich bis zur Gegenwart die wieder zunehmende Hinwendung zur dramatischen Gestaltung der gesellschaftlich besonders bestimmten Gruppe beobachten (Lessing, *Die Juden*, 1749; Schiller, *Die Räuber*, 1781; Hauptmann, *Die Weber*, 1892; Tschechow, *Die Bauern*, 1897; Genet, *Die Neger*, 1958).
Der Stoff vom internationalen Wettlauf der Naturwissenschaftler, Politiker und Militärs um den Besitz der Atombombe (Herbst 1938: erste Kernspaltung durch Otto Hahn und Fritz Straßmann in Berlin; 16. Juli 1945: Testexplosion der ersten amerikanischen Atombombe in Los Alamos / New Mexico, USA; 6. August 1945: erste militärische Verwendung der Atombombe in Hiroshima) erreicht nur in der Dramatisierung durch Dürrenmatt die geschichtsunabhängige, literarische Überhöhung zum Grundproblem von naturwissenschaftlicher Erkenntnis und technologischem Fortschritt zwischen Wissen, Gewissen und sozialer Verpflichtung; vgl. die zeitgenössischen Stücke mit ähnlicher Thematik: Bertolt Brecht, *Leben des Galilei* (1. Fassung 1943); Charles Morgan,

Brennglas (1954); Carl Zuckmayer, *Das kalte Licht* (1955); Hans Henny Jahnn, *Trümmer des Gewissens* (Aufführung unter dem Titel *Der staubige Regenbogen*; 1961); Hans José Rehfisch, *Jenseits der Angst* (1962); Heinar Kipphardt, *In der Sache J. Robert Oppenheimer* (1964).

9 [Untertitel] *Komödie in zwei Akten:* Das Theaterstück ist die Parabel von der katastrophalen Bedrohung der Menschheit durch die Ausweglosigkeit der Wissenschaft. Ihre Erkenntnisleistungen, in den Resultaten nicht mehr umkehrbar, werden im Zusammenhang von Mensch und Macht mißbraucht, stellen Aufklärungsoptimismus und Fortschrittsglauben in Frage, fördern den Zweifel an möglicher objektiver Erkenntnis der Wirklichkeit. Eine solche apokalyptische Auffassung von der Welt ohne Heilsgedanken im theologischen Sinne (Gott) und einer negativen historischen Perspektive erfordert – nach Dürrenmatt – eine dramatische Gestaltung, die nur über die tragikomische, groteske, paradoxe, satirische und politisch engagierte Darstellung diesem zivilisatorischen Zustand gerecht wird. Es entsteht eine »groteske Detektivkomödie« über den »missionarischen Gedanken der Zurücknahme des Wissens zum Heil der Welt«: als »Komödie, weil im Kehraus der weißen Rasse die Tragödie unmöglich geworden ist«; als »Tragödie« mit vorangehendem »Satyrspiel, weil nach der zu Ende gedachten schlimmstmöglichen Wendung auch kein Satyrspiel mehr möglich ist« (Knust, 1986).

9 [Widmung] *Therese Giehse:* eigtl.: Therese Gift (1898 bis 1975), Schauspielerin; 1933 Emigration in die Schweiz; ab 1937 Mitglied des Schauspielhauses Zürich; erste ›Mutter Courage‹ (Urauff. Zürich 1941); seit 1953 im Ensemble der Münchener Kammerspiele. Weibliche Hauptrolle in der Uraufführung von Dürrenmatts *Besuch der alten Dame* (Zürich 1956) und *Die Physiker* (Zürich 1962).

10 [Personenverzeichnis] Die Personenübersicht liefert als Teil des Gesamttextes aufschlußreiche Informationen:

1. (vordergründig) tabellarische Notierung der beteiligten Personen; 2. (hintergründig) Vorausdeutungen durch Namengebung, Rollenfestlegung, Reihenfolge in der Anordnung und dadurch bedingte Gruppierung. Dürrenmatts ausgeprägte Neigung, Namen in beziehungsreicher, literarisch verweisender Bindung mit historischen Figuren und der Personeneigenart zu formulieren und zu verwenden, gilt auch für dieses Stück. – Die Wahl eines symbolischen oder allgemein sprechenden Namens für den besonderen Typus oder Charakter einer erfundenen literarischen Figur ist traditionelles dichterisches Mittel, der Aktion dieser Person eine zusätzliche, nur sie eigentümlich kennzeichnende Information hinzuzufügen (vgl. Goethes Wilhelm Meister, W. Raabes Heinrich Schaumann, Th. Manns Felix Krull, Frischs Walter Faber). Solche Verwendung geht auf ein Namensverständnis zurück, das sich bis in die Anfänge der menschlichen Kultur, z. B. in der germanischen und antiken Mythologie und Geschichte (vgl. die lateinische Redensart »nomen est omen«), zurückverfolgen und besonders am biblischen Text belegen läßt: einen Namen zu tragen gilt als Existenzbeweis (1. Sam. 25,25); Kenntnis eines anderen Personennamens bedeutet Macht über eine Person (Gen. 32,29 f.); die Aufhebung eines Namens entspricht der Aufhebung der Existenz (Jos. 7,9; Jes. 14,22); Weitergabe des Namens in der Familie verbürgt Zukunft, das Geschlecht lebt fort (Gen. 21,22; Sam. 18,18). Diese Funktionen handhabt Dürrenmatt bei seinem Spiel mit den Namen, indem er die etymologisch (sprachgeschichtlich) gesicherten semantischen Entsprechungen besonders der Vornamen, die historisch (zeitgeschichtlich) verursachte Bedeutungsbindung (evtl. Symbolkraft), die beziehungsvollen Assoziationen – provoziert durch die Verwendung von allgemein bekannten, aber orthographisch leicht veränderten Namen – mit Thema, Stoff, Handlung, Intention in Beziehung setzt.

Personenkonstellationen und daran gebundener Handlungsverlauf gehorchen dem dramaturgischen Mittel der Personenverdoppelung bzw. sind auffällig häufig mit der Ziffer Drei verbunden; paradoxe Verwendung der Bedeutung der Drei in der Zahlensymbolik (Herkunft: die in Himmel, Erde, Unterwelt dreigeteilte Welt; dreifache Anrufungen bei Gebet und Zauber) als Sinnbild der Vermittlung, Einheit, Harmonie, der christlichen Dreieinigkeit, als Prinzip des dialektischen Fortschritts (Hegel), der Einheit der Familie (Vater, Mutter, Kind), der christlichen Tugenden Glaube, Liebe, Hoffnung; Verflachung in der Redensart: »Aller guten Dinge sind drei«. In Dürrenmatts Drama werden die interessanten Dreiecksverhältnisse von einer teilweisen Verkehrung der sinnbildlichen Bedeutung bestimmt: drei Pfarrerssöhne, die für drei Wissenschaften und drei akademische Perspektiven der Weltbetrachtung stehen; drei Physiker, die wissenschaftsgeschichtliche Vergangenheit, Gegenwart und Zukunft verkörpernd; drei Pfleger als drei Varianten der Unterdrückung des Menschen (vgl. Namensbedeutung).

10,2 f. *Fräulein Doktor Mathilde von Zahnd / Irrenärztin:* Mathilde: von ahd. *ma(c)ht* ›Macht, Kraft‹ und *hilt(j)a* ›Kampf‹, alter deutscher Vorname; Zahnd: (frühnhd.) wienerische Form von »Zahn«, metaphorische Benutzung in Redewendungen für Aggressivität, Gefährlichkeit; Name ohne »von« seit 1500 für den Kanton Bern belegt; sprechender Name für die herrschaftsorientierten Interessen der Familie von Zahnd (vgl. die Statusbezeichnungen der erwähnten Vorfahren: Geheimrat, Kanzler, Generalfeldmarschall); Frauentypus der ›femme fatale‹, der ›belle dame sans merci‹ (die herrschsüchtige grausame Frau; Tradition der dämonischen Frauen in Mythos, Geschichte und Literatur). – Die ursprünglich männliche Figur des Irrenarztes hat der Autor in eine weibliche abgeändert, nachdem die Schauspielerin Therese Giehse darum gebeten hatte, diese Rolle selbst übernehmen zu dürfen.

10,4 *Marta Boll / Oberschwester:* Marta: biblisch-hebräischen Ursprungs, eigtl.: Herrin; Schwester des Lazarus und der Maria von Bethanien, Patronin der Hausfrauen (vgl. Marthe-Gestalt in Goethes *Faust*); Boll: (schweiz.) runder Hügel.

10,5 *Monika Stettler / Krankenschwester:* Monika: evtl. die Einsiedlerin (von griech. *monos*) oder die Mahnende (von lat. *monere*); im Mittelalter weit verbreitet auf Grund des christlichen Bezugs (die heilige Monika: Mutter des heiligen Augustinus).

10,6 *Uwe Sievers / Oberpfleger:* Uwe: wahrscheinlich friesische Kurzform von männlichen Vornamen wie Ulfried (aus ahd. *uodal* ›Heimat‹ und *fridu* ›Friede‹) oder Udalbert (aus ahd. *uodal* ›Heimat‹ und *beraht* ›glänzend‹); modischer Vorname zur Zeit der Dramenniederschrift (Uwe Seeler: Idol der Sportlichkeit, Volkstümlichkeit, Biederkeit; im Stück widersprüchliche Verwendung: Brutalität des Boxsportes).

10,7 *McArthur / Pfleger:* Arthur: keltischer Vorname (Bär?); literarischer Bezug zum sagenhaften König Artus, dem Vorbild des idealen (tapferen und weisen) Ritters, um 500 n. Chr.; in der englischen Sprachform Anspielung auf den amerikanischen General Douglas MacArthur (1880–1964), den siegreichen Oberkommandierenden der amerikanischen Streitkräfte im Pazifik (Zweiter Weltkrieg) und der UN-Streitkräfte im Korea-Krieg (1950 bis 1953); MacArthur wurde von Präsident Truman entlassen, weil er die Ausweitung der Kämpfe auf China forderte (was das Risiko eines Atombombeneinsatzes einschloß).

10,8 *Murillo / Pfleger:* Bartolomé Esteban Murillo (1618 bis 1682), spanischer Maler, Zeitgenosse von Isaac Newton (vgl. Anm. zu 16,12 f.); aktueller Namensbezug zur Familie der Trujillo, die bis zur Revolution von 1961 die Dominikanische Republik (auf der karibischen Insel Hispaniola) diktatorisch beherrschte, zuletzt Rafael Leonidas Trujillo (1891–1961), 1960 Präsident, 1961 ermordet.

10,9 f. *Herbert Georg Beutler, genannt Newton:* Herbert: von ahd. *heri* ›Heer‹ und *beraht* ›glänzend‹; Georg: von griech. *georgos* ›Bauer‹; der heilige Georg erlitt zu Beginn des 4. Jh.s den Märtyrertod; damit verbunden die Legende vom Kampf mit dem Drachen; einer der sog. 14 Nothelfer; Beutler: Namenshinweis auf Theodor Bleuler, Professor der Kernphysik und langjähriger Bekannter Dürrenmatts; Newton: vgl. Anm. zu 16,12 f.

10,11 f. *Ernst Heinrich Ernesti, genannt Einstein:* Ernst: von ahd. *ernust* ›Entschlossenheit, Beharrlichkeit im Kampf‹; seit der mittelalterlichen Sage vom Herzog Ernst von Schwaben bekannt (Opfertod aus Treue zu einem Freund); Heinrich: von ahd. *hag* ›Einhegung‹ und *rihhi* ›Herrschaft, Reich‹; Ernesti: s. Ernst; möglicher Namensbezug zu dem italienischen Physiker Enrico (d. i. Heinrich) Fermi (1901–54), Emigrant in den USA, Kernforscher, maßgeblich beteiligt am Bau des ersten Kernreaktors (1942), Nobelpreis für Physik 1938; Einstein: vgl. Anm. zu 15,24.

10,13 *Johann Wilhelm Möbius:* Johann: Kurzform von Johannes, biblisch-hebräischer Ursprung, Bedeutung: Gott ist gnädig; Wilhelm: alter deutscher Name, von ahd. *willio* ›Wille‹ und *helm* ›Helm‹; Möbius: kein historischer Name; Figur, die die höchstmögliche Wissenschaftsleistung hervorbringt, gleichzeitig mit dem Namen an die primitive Form des Lebens erinnert (Möbius/Amöbe: ironischer Hinweis auf die Illusion des Fortschrittsglaubens); möglicher Namensbezug zu Rudolf Mössbauer (geb. 1929), Professor der Physik, erhielt 1961 den Nobelpreis (zusammen mit R. Hofstadter).

10,14 *Missionar Oskar Rose:* Oskar: keltisch-isländischen Ursprungs, Ableitung von Ansgar (germ. *ans-* ›Gottheit‹ und ahd. *ger* ›Speer‹); Rose: von lat. *rosa* ›Edelrose‹ (Symbolpflanze, christliche Symbolik: Blut aus den Wunden Christi, mystische Wiedergeburt, Sinnbild Marias, göttliche Liebe; Siegel Martin Luthers, Rosenkranz).

10,15 *Frau Missionar Lina Rose:* Lina: Kurzform von Karolina, Weiterbildung von Carola, zu Karl, ahd. *kar(a)l* ›Mann, Ehemann (Ehefrau)‹; die Namensverkürzung zu banaler Qualität (Redensart: Lina und Trina) weist auf ihre Bedeutungslosigkeit als Persönlichkeit.

10,16 *Adolf-Friedrich:* Adolf: aus Adalwolf (von ahd. *adal* ›edel, vornehmer Abstammung‹ und *wolf* ›Wolf‹); Friedrich: von ahd. *fridu* ›Friede, Schutz‹ und germ. *rik* ›Herrscher, Fürst‹, also Friedensherrscher.

10,17 *Wilfried-Kaspar:* Wilfried: von ahd. *willio* ›Wille‹ und *fridu* ›Friede‹; Kaspar: geht zurück auf einen der Heiligen Drei Könige (Mohr), in der Bezeichnung der lustigen Figur (Kasper) abgewertet; Johann Kaspar Lavater (1741 bis 1801), Schweizer Philosoph: *Physiognomik:* Lehre von der Ausprägung der Seele in Kopfform und Gesichtsausdruck.

10,18 *Jörg-Lukas:* Jörg: Kurzform von Georg (Jürgen), beliebt im 15./16. Jh.; Luthers Deckname: Junker Jörg; Lukas: (lat.) der aus der Landschaft Lucania stammende; der Evangelist Lukas ist Schutzheiliger der Maler.

10,19 *Richard Voß / Kriminalinspektor:* Richard: von ahd. *richart*, germ. *rik* ›Herrscher, König‹, ahd. *rihhi* ›Herrscher, Reich‹ und ahd. *harti*, *herti* ›hart‹; man denke an Richard III. aus Shakespeares Königsdramen oder Richard Löwenherz aus Scotts Roman *Ivanhoe* (1819); Voß: nddt. für Fuchs; traditionelles Fabeltier, das auf Grund seiner Schlauheit in der Tierwelt siegreich bleibt; evtl. auch Anspielung auf die weithin bekannten kriminalistischen Lustspielfilme *Peter Voß, der Millionendieb* (1921; 1945; 1958; nach dem Roman von Ewald G. Seeliger) und *Peter Voß, der Held des Tages* (1959); im Zusammenhang mit Physik naheliegender Bezug zu Klaus Fuchs (1911 bis 1988), deutscher Kernphysiker, Emigrant, arbeitete 1943–46 an den amerikanischen Atominstituten in Oak Ridge und Los Alamos, ab 1946 im englischen Harwell; wegen Atomspionage für die UdSSR 1950 zu 14 Jahren Gefängnis verurteilt, 1959 Entlassung in die DDR.

10,20 *Guhl/Polizist: goule* (frz.) ›Vampir‹.

10,21 *Blocher/Polizist: bloquer* (frz.) einsperren.

Erster Akt

11 [Regieanweisung] Nach der Uraufführung verfaßt; unterstützt in ihrer Ausdehnung den epischen Charakter des Stückes. Ausführlichkeit, Auswahl und Komposition der topographischen Elemente sowie die ironisch wertende Sprachgestaltung verfremden die zu Grunde gelegte geographische Wirklichkeit der Schweizer Stadt Neuchâtel und der sie umgebenden Landschaft zur literarischen Schauplatzrealität, in der die groteske Kriminalkomödie stattfindet. Die vorgestellten gesellschaftlichen und geographischen Rahmenbedingungen sowie die unmittelbar bühnenwirksamen Requisiten der Innenausstattung weisen mit der ihnen eigenen Beliebigkeit auf die nur scheinbar gesicherte Ordnung einer idyllisch anmutenden, durchschnittlich provinziellen Kleinstadt, die so dargestellt überall und von jedem wiedererkennbar ist.

11,2 *Ort:* Reduzierung der Schauplatzbezeichnung in verallgemeinernder Absicht; weist in der Beschreibung auf den tatsächlich existierenden topographischen und biographischen Bezug: Vorbild für den literarischen Schauplatz ist die private Nervenklinik »Préfargier« (7 km östlich von Neuchâtel; vgl. Anm. zu 11,5).
Salon: großes Gesellschafts- und Empfangszimmer, der ursprünglichen Bedeutung von »großem Festsaal« (18. Jh.) entlehnt. Zimmerlage im Haus, Raumwahl und Interieur sind in der so verwendeten Konstellation handlungsbezogene Bedingungen für die Kennzeichnung einer morbiden, vor allem ökonomisch orientierten bürgerlichen Gesellschaft.

11,2 f. *etwas verlotterten Villa des privaten Sanatoriums ›Les Cerisiers‹:* Dürrenmatt kannte die Nervenklinik »Préfargier« (vgl. biographische Umstände S. 71 ff.; Zeichnung der Anlage S. 102 f.); die Namengebung »Les Cerisiers« (die Kirschbäume) ist nicht nur poetische Veränderungsmaßnahme für die neue Realität des Stückes und Hinweis auf Anton Tschechows (1860–1904) Drama *Der Kirsch-*

garten (1904), sondern auch sinnbildlicher Kontrapunkt (Kirsche als Symbol von Weiblichkeit, Sinnlichkeit) zu dem unweiblichen Machtwahn der erfundenen Anstaltsleiterin Fräulein Doktor Mathilde von Zahnd. – Die Klinik »Préfargier« am Neuenburger See ist eine private Stiftung der Familie de Meuron, am 18. August 1848 von Auguste-Frédéric de Meuron als eine der ersten Heilanstalten Europas für prominente, zahlungskräftige Patienten gegründet (u. a. Ehefrau des mexikanischen Kaisers Maximilian, Conrad Ferdinand Meyer 1852/53, Hermann Hesse 1946; vgl. Meuron, 1949). – Der Schauplatz ist scheinbar eine Anlage der Fürsorge, der Menschlichkeit, des Heils (locus amoenus), tatsächlich eine Anlage der Unterdrückung, des Terrors, der Machtgier, der Unmenschlichkeit, des Unheils (locus terribilis).

11,3 *Villa:* vgl. Abb. S. 102 f.; unter dieser Bezeichnung tatsächliches Gebäude auf dem Sanatoriumsgelände von »Préfargier«. Als luxuriöser Bau im Stil der Zeit 1867–69 der Anlage hinzugefügt (Wohnräume, Aufenthaltszimmer, medizinische Betreuungseinrichtungen; große, von zwei Treppen flankierte Terrasse zum See hin).

11,5 *eine mittlere, beinahe kleine Stadt:* gemeint ist die kleinstädtische Durchschnittlichkeit, »abseits vom Getriebe«, die weltweit gleiche Provinzialität, wie sie sich dem Autor beispielhaft in seiner Heimatstadt Neuchâtel anbietet. Neuchâtel/Neuenburg (gegr. 1011; 1986: 32.670 E.), Hauptstadt des gleichnamigen Kantons, liegt am Nordufer des Lac de Neuchâtel (Neuenburger See), am Fuß des Schweizer Jura: Universität (1909), Höhere Handelsschule, Laboratorium für Uhrenforschung, Museen für Kunst, Archäologie, Ethnographie; repräsentative Bankgebäude am Seeufer und beim Hafen, Wohnviertel in Parkanlagen und Weinbergen an den Hängen des Chaumont; über der Stadt das Schloß der ehemaligen Grafen und Fürsten von Neuenburg, heute Sitz der Kantonsbehörde.

Sämtliche für die relativ realistische, ironische Ortsbeschreibung ausgewählten Einrichtungen dienen der gezielten Kennzeichnung einer allgemein bescheidenen, nicht nur für die Schweiz charakteristischen provinziellen Urbanität.

11,6–8 *Schloß/Altstadt/Versicherungsgesellschaften:* Wandlung der historisch-politischen und bürgerlich-kulturellen relativen Eigenständigkeit zu musealer Repräsentationsgestik, finanziell erhalten durch kapitalstarke Dienstleistungsunternehmen.

11,9 f. *bescheidenen Universität mit ausgebauter theologischer Fakultät:* ironisierte Renommiergeste, mit der der Anspruch auf wissenschaftliche Bedeutung und Realitätsbezug relativiert wird (lat. *facultas*: traditionelle Bezeichnung für wissenschaftliche Abteilungen an Hochschulen).

11,10 *sommerlichen Sprachkursen:* sommerliche Sprachkurse: vor allem während der Semesterferien für ausländische Studenten angebotene Kurse zur Verbesserung der Sprachkenntnisse.

11,11 f. *Handels-/Zahntechnikerschule/Töchterpensionaten:* Bildungseinrichtungen von ausschließlich lokaler Bedeutung.

11,13 *Leichtindustrie:* Klein- und Mittelbetriebe für die Produktion von Konsumgütern (Nahrungsmittel, Uhren), überwiegend regionale wirtschaftliche Bedeutung.

11,15 *Landschaft:* idyllisiertes Panorama aus landschaftlichen Versatzstücken als Kulissenhintergrund; Vorbereitung des im Drama zu präsentierenden Widerspruchs in der Welt: das äußerlich harmonische Funktionieren der Gesellschaft, in der sich – unkontrolliert und problemlos – die Absicht zur Weltzerstörung entwickelt, bezeichnenderweise getarnt durch die medizinische Einrichtung ›Sanatorium‹ und den damit verbundenen, in der Wirklichkeit der Irrenanstalt und ihrer geisteskranken Führung entwerteten humanen Anspruch.

11,16 f. *ein beträchtlicher See:* Lac de Neuchâtel, größter Schweizer Jurarandsee.

11,17 f. *eine weite, abends rauchende Ebene:* metaphorischer Hinweis auf abendliche Nebel über dem ehemaligen

Moor, einer heute vor allem landwirtschaftlich genutzten Fläche, in der die staatliche bernische Strafanstalt Witzwil mit ihrem landwirtschaftlichen Großbetrieb liegt und auf dessen Ackerflächen die Strafinsassen in Gruppen der Feldarbeit nachgehen.

11,24 *Doch spielt das Örtliche eigentlich keine Rolle:* rhetorisch gemeinte Einschränkung, mit der auffälliger Detailrealismus und Ausführlichkeit der Ortsbeschreibung (Neuchâtel und Umgebung) zu Gunsten des literarischen Anspruchs eines allgemein gültigen Schauplatzes (die Welt) relativiert werden; bezeichnende Einschränkung dieser Welt auf den Schauplatz einer Irrenanstalt (Geisteskranke) in der Nähe einer Strafanstalt (Kriminelle).

11,25 f. *verlassen wir doch nie die Villa des Irrenhauses:* Das konsequente Beibehalten eines begrenzten Schauplatzes (Insel-Motiv) sorgt im dramatischen Ablauf für Übersichtlichkeit, Isolierung und Verdeutlichung des Problems, Intensivierung der Reflexion, Betonung des Beispielhaften und geschichtlich Statischen von Thema, Erörterung sowie Lösung; Forderung nach weltweiter Gültigkeit durch konzentrisches Raumgefüge (Zimmer / Villa / Irrenanstalt / Stadt / Staat / Europa / Welt / Weltraum), durch das die Vertikale der Zeitdimension geht (Handlungsgegenwart; Austiefung der Zeit in die Geschichte: Entwicklung der Physik, biblisch-mythologische Anfänge der Welt; Verlängerung der Zeit in die Zukunft: Weltraumfahrt); Aufhebung aller Dimensionen in den zweifachen visionären Verbindungen von Möbius/Zahnd mit Salomo (vgl. Anm. zu 81,16 f. und 86,28).

12,1 f. *die Einheit von Raum, Zeit und Handlung:* Die poetologische Forderung von den drei Einheiten im Drama geht zurück auf die *Poetik* des Aristoteles (384–322 v. Chr.). Erweitert und zur Regel erhoben bereits in der Renaissance (Giangiorgio Trissino, *Arte poetica*, *Sofonisba*, 1524), im französischen Klassizismus festgelegt (Nicolas Boileau, *Art poétique*, 1674), im 18. Jh. für den deutschen Sprachraum übernommen (Johann Christoph

Gottsched, *Versuch einer Critischen Dichtkunst vor die Deutschen*, 1730); durch Lessing in der *Hamburgischen Dramaturgie* (1767–69) neue Aristoteles-Auslegung mit Vorrang für die Handlungseinheit. Nach wechselnder Beachtung bei Goethe und Schiller erneute regelpoetische Festlegung (geschlossenes Drama) durch Gustav Freytag, *Die Technik des Dramas* (1863). Relativierung des aristotelischen Modells im Drama des 20. Jh.s, besonders bei Bertolt Brecht und seinen Vorstellungen vom ›epischen Theater‹. – Im Hinblick auf die dramatische Darstellung von Problemen der Gegenwart handelt es sich um eine dramentheoretische Distanzierung von der perfekten Ausstattung der Illusionsbühne und eine Modifizierung des aristotelischen Theaterverständnisses (vgl. Dürrenmatts Verhältnis zu Aristoteles' Dramentheorie, S. 127ff., 135ff.).

12,2–4 *einer Handlung, die unter Verrückten spielt, kommt nur die klassische Form bei:* Dem Verweis auf die regelpoetisch konsequente Verwendung der klassischen Form als literarisch notwendige gattungstheoretische Bedingung kontrastiert die von Schauplatz, Dauer und Personenaktivitäten unabhängige Bedeutung von Thema, Stoff, Problem. Die sprachlich salopp gefaßte, ironisierende Aussage relativiert den überlieferten gattungstheoretischen Anspruch auf die formale Kraft dramatischer Bewältigung einer Welt, die für den Dichter aus den Fugen geraten ist und in diesem Stück vorgestellt wird: 1. Die »klassische Form« ordnet nur formal die chaotische dramatische Welt. 2. Das Sanatorium ordnet als normaler Dienstleistungsbetrieb nur organisatorisch den geistig gestörten Teil der Gesellschaft, denn hinter der Anstaltsnormalität verbergen sich Patienten mit gespielter Geisteskrankheit und ein Arzt mit gespielter geistiger Gesundheit, im Spiel der theatralischen Darbietung sich überschneidend und als unmoralisch entlarvend. 3. Die gewohnten Dimensionen von Raum und Zeit als Welt (Raumgefüge s. o.) und Geschichte (Geschichte der Physik, der Familie Zahnd, der Welt) werden in der physikalischen Erkenntnis (Weltformel) theoretisch als relativ beschrieben und in der kriminellen Anwendung (Machtformel) als Ursache für das unvermeidliche Chaos vorausgesagt.

12,7 *Fräulein Dr. h. c. Dr. med. Mathilde von Zahnd:* hochwertende Attribute der öffentlichen Persönlichkeit: 1. doppelter Doktortitel (h. c.: *honoris causa*, lat. ›ehrenhalber‹), Statuszeichen für herausragende wissenschaftliche Leistung und Anerkennung durch die Gesellschaft; Adelsprädikat, Namensrelikt einer konservativ bestimmten Auffassung von der herausragenden Bedeutung durch Herkunft privilegierter Familien in der Gesellschaft; die Attribute ihrer privaten Persönlichkeit (Ehelosigkeit: soziale Bindungslosigkeit; körperliche Mißbildung: soziale/physische Defizite als Bedingung persönlicher Verbitterung) sind die sozialen, physischen und psychischen Voraussetzungen der Heldin (zum Namen vgl. Anm. zu 10,2 f.), die eine an sie delegierte Führungsfunktion (humanitär dienende Tätigkeit: Heilanstalt) umkehrt und die Welt als Funktion ihrer Person sieht (inhuman herrschende Willkür: Weltkonzern).

12,8 f. *arteriosklerotische Politiker:* Arteriosklerose: Arterienverkalkung, krankhafte Entartung der Blutgefäße durch Verfettung der inneren Gefäß-Wandschicht; ironische Umschreibung der Erstarrung politischen Denkens und Handelns.

12,9 f. *debile Millionäre:* debil: leicht schwachsinnig.

12,10 *schizophrene Schriftsteller:* Schizophrenie (Begriff von Eugen Bleuler, 1857–1939, schweizer Psychiater; vgl. Namensbezug zu Beutler): gespaltenes Seelenleben; verschiedene Krankheitszustände des Verlustes vom Zusammenhang der geistigen Persönlichkeit: Denken, Fühlen, Erleben verlaufen voneinander getrennt, sind in ihren Komponenten gespalten (evtl. Anspielung auf C. F. Meyers und H. Hesses Aufenthalte in der Heilanstalt »Préfargier«).

12,10 f. *manisch-depressive Großindustrielle:* manisch-depressiv: abwechselnd übertrieben heiter und schwermütig.

12,11 f. *die ganze geistig verwirrte Elite des halben Abendlandes:* Mit der übertreibenden gesellschaftskritischen Formulierung wird der paradoxe Zustand angesprochen, daß sich die geistig führenden Persönlichkeiten Europas mit ihrem abendländischen Anspruch kulturgeschichtlichen Sendungsbewußtseins in Wirklichkeit im Zustand geistiger Verwirrung befinden.

12,14 *autochthonen:* alteingesessenen, bodenständigen; ironische Anspielung auf Traditionsgläubigkeit und erbliche Familienmacht.

12,16 *Psychiater:* Facharzt für Psychiatrie (Lehre von den seelischen Störungen und Geisteskrankheiten).

12,18 *C. G. Jung:* Carl Gustav Jung (1875–1961), weltbekannter Schweizer Psychologe und Psychiater; Begründer der Lehre von den Archetypen. Ausgehend von Sigmund Freuds (1856–1939) Libido-Begriff (seelisch nicht bewußte Triebkraft von sexuellem Charakter als zentrale Energie des Unbewußten) spricht Jung von allgemeiner psychischer Energie, die sich in seelischen Vorgängen äußert und zwischen dem Bewußtsein und dem Unterbewußtsein des Menschen in einem ausgleichenden Verhältnis steht. Seine Züricher Schule der analytischen (komplexen) Psychologie geht von den Voraussetzungen eines individuellen (erblich erworbenen) und kollektiven (von der Gesellschaft angenommenen) Unbewußten aus. Zentralbegriff: Individuationsprozeß (die Entwicklung des einzelnen zur bewußten Persönlichkeit). – Der Hinweis auf den »Briefwechsel« zwischen der Leiterin einer Heilanstalt in der Provinz und der international anerkannten Kapazität in der Großstadt ist einmal satirische Anmerkung zu der vom alternden Jung freundlich geduldeten Verehrung durch zahlreiche Damen, zum andern literarischer Fingerzeig auf die vorgeblich wissenschaftliche Seriosität Fräulein von Zahnds, aber auch auf den selbst bei Spitzenwissenschaftlern möglichen Irrtum, mit dem diese ihren im Sinne des ärztlichen Ethos längst gescheiterten Fachkollegen unkritisch, vertrauensvoll Partnerschaft leisten und somit nichtsahnend die Perversion von Wissenschaft und medizinischem Auftrag verdecken helfen.

12,24 *Pavillons:* vgl. Abb. S. 102 f.

Ernis Glasmalereien: Hans Erni (geb. 1909), bedeutender, aber auch umstrittener Schweizer Graphiker, Plastiker, Keramiker, Illustrator und Bühnenbildner, lebt bei Luzern; hat sich – unter dem Einfluß von Volkskunst, Naturalismus, Klassizismus, Realismus, Surrealismus und abstrakter Kunst – um einen stärker allgemeinverständlichen künstlerischen Ausdruck (spannungsvolle Verbindung von nahezu photographischem Realismus mit dekorativer Abstraktion), um größere öffentliche Wirksamkeit in seinen Arbeiten bemüht (Plakate). Illustrierte eine Sonderausgabe von Dürrenmatts Drama *Die Physiker* (1969) mit Originalradierungen. Ernis bevorzugte Themen aus Wissenschaft und Technik, in denen er positive Bedingungen eines neuen ›sozialen Humanismus‹ sieht, kontrastieren mit dem unsozialen Wissenschafts- und Technikverständnis, das in der Heilanstalt Les Cerisiers von der Leiterin vertreten wird. – Die Glasmalereien in der wirklichen Kapelle der Heilanstalt *Préfargier* stammen nicht von Erni, sondern von Otto Staiger (geb. 1894), einem der bekanntesten Maler des Landes, der vor allem Kirchen und öffentliche Gebäude (Schulen) ausstattete. Die Glasfenster der Kapelle Maison de santé Préfargier stellen Christus und die vier Apostel dar (1954).

12,30 f. *man wendet humane Prinzipien an:* verdeckt ironische Umschreibung der tatsächlich inhumanen Patientenbetreuung.

13,12 *in tragischer und definitiver Stellung:* ironisch überhöhte Regieanweisung, die Krankenschwester als Ermordete in besonders theatralisch ergreifender Pose auf der Bühne zu lagern.

13,23 *mit hygienischer Lackfarbe:* mit abwaschbarer Wandfarbe; die Hygiene der Gebäudeausstattung steht im Kontrast zur fehlenden ›geistigen‹ Hygiene bei der Anstaltsführung.

13,25 *Stukkaturen:* Stuck: reliefartige Decken- und Wanddekoration aus einem Gemisch von Gips, Farbe, Haaren oder Fasern und Leimwasser; hier literarischer Hinweis auf innenarchitektonische Schmuckreste als Zeichen einer ehemals großbürgerlichen Wohnkultur, die eben nur entsprechend dem Hygienegebot für Krankenhäuser ›oberflächlich unzureichend übertüncht‹ und damit nicht völlig verändert worden ist.

13,30 *Lavabo:* schweizerdt. für Waschbecken; wörtl. (lat.): ich werde waschen.

14,1 *Beethoven:* Der historische Einstein schätzte die Musik Ludwig van Beethovens (1770–1827) nicht.

14,2 *Kreutzersonate:* Sonate Nr. 9 für Violine und Klavier A-Dur op. 47 (1803) von Beethoven, dem französischen Geigenvirtuosen Rodolphe Kreutzer (1766–1831), einem der bekanntesten Künstler seiner Zeit, anläßlich seines Aufenthaltes in Wien gewidmet. – Anspielung auf die gleichnamige Rahmenerzählung des russischen Schriftstellers Leo Tolstoi (1828–1910), in der es um Fragen von Aufrichtigkeit und Schuld in der Ehe und um den Einfluß von Musik auf das moralische Verhalten der Menschen geht.

14,4 *Linoleum:* zwar hygienischer (abwaschbarer), aber ungemütlich kalt und steril wirkender Fußbodenbelag.

14,12 *Kassettendecke:* Zimmerdecke aus dekorativen kastenförmigen, häufig mit Malereien verzierten Feldern, die auch aus Holz bestehen können.

14,12 f. *Kronleuchter:* Die symbolische Bedeutung von ›Lampe und Leuchter‹ (vgl. Lichtsymbolik: die Mächte der Finsternis fernhalten und die Erkenntnis von der Wahrheit bringen; Lampe: Sinnbild für Leben und Tod; romanische Kronleuchter: Hinweis auf den Lichterglanz des himmlischen Jerusalem) nutzt der Autor, indem er das gesamte Spiel auf einem Schauplatz mit dem darüber montierten Kronleuchter stattfinden läßt und sowohl den Dramenpersonen als auch den Zuschauern die Wahrheit über die theatralische und damit auch über die wirkliche Welt im Verlauf des dramatischen Vorgangs vermittelt.

14,15 f. *verschiedene Epochen:* gemeint sind Möbel verschiedener Stilrichtungen, Aufhebung einer großbürgerlich stileinheitlich geschmackvollen Möblierung.

14,20 *Satyrspiel:* von griech. *satyros* ›Waldgottheit‹; heiteres, ausgelassenes Nachspiel der klassischen griechischen Tragödien-Trilogie; mit der komischen, grotesken, auch derb-obszönen Darstellung von Themen der Heldensage parodiert das Satyrspiel als heiter-ironisches Schlußstück das Thema, den Stoff und die Ausführung der vorangegangenen drei Tragödien.

15,14 *Kohlwang:* Die fiktiven Ortsbezeichnungen »Kohlwang«, »Guttannen« (vgl. Anm. zu 38,17) und »Blumenstein« (vgl. 51,17) kennzeichnen besonders über die Bestimmungswörter der Komposita die Provinzialität und damit die begrenzte Weltsicht der von dort stammenden oder dorthin sich wünschenden Personen.

15,24 *Einstein:* Albert Einstein (1879–1955), bedeutendster Physiker des 20. Jh.s, u. a. Begründer der allgemeinen Relativitätstheorie (1914/15), erhielt 1921 dafür und für die Entdeckung des photoelektrischen Effekts den Nobelpreis. Wie die Figur Newtons (vgl. Anm. zu 16,12 f.) so verkörpert auch Einstein die Genialität des naturwissenschaftlichen Forschers. Einstein, lebenslang überzeugter Pazifist, begünstigte indirekt durch seine wissenschaftlichen Erkenntnisse und durch die von ihm abgezeichnete Empfehlung (umstrittene Verfasserschaft des Briefes vom 2. August 1939) an den amerikanischen Präsidenten Roosevelt die Entwicklung der Atombombe; das für viele damit verratene und so fragwürdig gewordene Ethos des Wissenschaftlers, in diesem negativen Sinne stellvertretend verstanden für die moderne Wissenschaft, entlarvt das Stück durch den Umstand, daß der Name als Deckname für wissenschaftlich-kriminelles Tun verwendet wird (vgl. die jeweils weiteren Texterläuterungen im Zusammenhang mit seiner Person).

16,2 *Mit der Schnur:* Die Morde an den Krankenschwestern werden mit Hilfe von ›Stricken‹ durchgeführt; Strick: kulturgeschichtlich sehr altes Symbol für Sklaverei, Knechtschaft, moralisches Schuldigwerden, Attribut des Teufels und der christlichen Märtyrer, die aber am Tag der Auferstehung von den Fesseln befreit werden. – Die drei Morde dienen Dürrenmatt zur Demonstration menschlicher Verführbarkeit, die die Zuverlässigkeit und Kalkulierbarkeit des Verstandes (der Vernunft), die beide von Unvernunft (Liebe) ausgeschaltet werden, in Frage stellt.

16,9 *innert:* (schweiz.) innerhalb von.

16,12 f. *Newton:* Sir Isaac Newton (1643–1727), englischer Physiker; schafft mit dem Gravitationsgesetz (1666) und den ›Axiomen der Mechanik‹ die Grundlagen der klassischen theoretischen Physik und der Himmelsmechanik; in der Geschichte der Naturwissenschaften mythisierte Forschergestalt des beispielhaft freien, kritischen Denkens, die metaphysische Spekulation durch Experiment, Erfahrung und Berechnung ersetzt, theologische Spekulation durch moralpädagogische Position; Annahme eines Schöpfers, der den Lauf der Welt reguliert (vgl. die jeweils weiteren Texterläuterungen im Zusammenhang mit seiner Person).

16,18 *des nationalen Judoverbandes:* Judo: ethisch begründete Sportkunst, den Gegner ohne Waffen zu besiegen.

16,24 *Er geigt:* Bezug zu Einsteins Biographie und seinem Geigenspiel, das er sein Leben lang pflegte; im Hinblick auf die Intention des Stückes mehrfache Bedeutung des Motivs (Leitmotiv) vom Geigespielen: Musizieren als Ausdruck von Lebensfreude und Kunstgenuß, Musizieren als therapeutische Maßnahme bei geistig kranken Menschen, ferner – in der Figur des Geigenspielers als Spielmann des Totentanzes – Personifizierung (Allegorisierung) des Todes: Mahnung an die Menschen, rechtzeitig an den Tod (Vergänglichkeit des Menschen) und die Buße zu denken (vgl. mittelalterliche Totentanzdarstel-

Isaac Newton (1643–1727)

lungen oder andere, den Tod als Geigenspieler zeigende Gemälde, etwa von Arnold Böcklin oder Alfred Rethel; s. Abb. S. 67).

17,18 *mit Newton Schach spielen:* das Spiel, auch das Schachspiel, als therapeutische Maßnahme bei der Betreuung von psychisch labilen und kranken Patienten; hier ironische Verwendung der Bedeutung vom Machtkampf des Geistes gegen die Materie, da die Machtverhältnisse längst zuungunsten des Geistes (Wissenschaftler) entschieden sind.

18,9–11 *in einem Kostüm des beginnenden achtzehnten Jahrhunderts mit Perücke:* lange weiße Strümpfe, Schnallenschuhe; unter dem Schoßrock (Habit) kurze ärmellose Schoßweste, Hemdärmel mit abschließender Spitzenkrause und spitzenbesetztes Jabot (Brustkrause am Damen- und Männerhemd); weißgepuderte Stutzperücke mit Dreispitz als Kopfbedeckung; Galanteriedegen. – Mehrfachverkleidung im tatsächlichen wie im übertragenen Sinne: 1. Rolle des geistig Gestörten – Verdecken des geistig Gesunden; 2. Rolle des gespielten geschichtlichen Wissenschaftlers – Verdecken des tatsächlich wissenschaftlichen Ausgebildeten; 3. Rolle des biederen Bürgers – Verdecken des subversiv tätigen Agenten.

19,6 *Physiker aus Ordnungsliebe geworden:* ironische Anspielung auf den wissenschaftlichen Anspruch des historischen Newton, die Natur streng mechanisch, kausal und mathematisch zu erklären, ohne Hypothesen aufzustellen (»hypotheses non fingo«, vgl. Anm. zu 86,5).

20,12 *Dilemma:* Zwangslage, Situation der Wahlnotwendigkeit zwischen zwei gleichwertigen Dingen.

20,15 f. *Gravitation:* Massenanziehung. Jede Masse zieht eine andere Masse mit einer bestimmten Kraft an, die nach Größe und Richtung festliegt und damit berechenbar ist. Die Vermutungen des deutschen Astronomen Johannes Kepler (1571–1630) zur Anziehung der Massen, enthalten in den sog. Keplerschen Gesetzen, bestätigte Newton durch die Formulierung des Gravitationsgesetzes (1666):

Albert Einstein (1879–1955)

Zwischen zwei Massen wirkt eine Anziehungskraft, die dem Produkt der beiden Massen direkt und dem Quadrat ihrer Entfernung umgekehrt proportional ist. (Formel: $f = \gamma \cdot \frac{m_1 \cdot m_2}{r^2}$). Die Newtonsche Deutung der Gravitation ist heute überholt; nach Einsteins allgemeiner Relativitätstheorie (1916; vgl. Anm. zu 21,14) ist die Gravitation keine Erscheinung im Raum, sondern eine Modifikation des Raumes selbst.

Im dramatischen Vorgang liefert die Textstelle für den Inspektor vordergründig einen Hinweis auf den Geisteskranken als eingebildeten Newton; hintergründig ist sie Anspielung 1. auf die machtpolitische Auseinandersetzung, repräsentiert durch die beiden Agenten Ernesti/Einstein/Eisler und Beutler/Newton/Kilton, 2. auf die freiwillig eingegangene, aber auch erzwungene Gemeinschaft der scheinbar nur eingebildeten Physikerpersönlichkeiten mit der dem medizinischen Ethos scheinbar verpflichteten Anstaltsärztin, 3. auf den kontinuierlich in der Wissenschaftsgeschichte gegebenen Zusammenhang von Wissenschaftlern, Forschung und Verantwortung für die Menschheit.

20,16 *nicht ein Weib zu lieben:* biographischer Umstand: »Es waren ihr Leben lang asexuell: Kant, Spinoza, Newton, Menzel« (G. Benn, 1929, S. 59).

21,14 *Relativitätstheorie:* Nach Galileo Galilei (1564–1642) sind in allen Inertialsystemen (Bezugssysteme, in denen keine Trägheitskräfte auftreten) sowohl die Eigenschaften des Raumes und der Zeit als auch die Gesetze der Mechanik dieselben (Galileisches Relativitätsprinzip). Dabei wurde der (dreidimensionale) Raum als euklidisch und die Zeit in allen Inertialsystemen als gleich betrachtet (absolute Zeit). Einstein erkannte die Gültigkeit dieses Prinzips auch für die elektromagnetischen Erscheinungen. Außerdem fügte er in seiner speziellen Relativitätstheorie (1905) das – experimentell bestätigte – Postulat hinzu, die Lichtgeschwindigkeit im Vakuum sei in allen Inertial-

systemen dieselbe (ca. 300 000 km/h) und zugleich die maximale Ausbreitungsgeschwindigkeit für Signale aller Art. Aus diesem Postulat folgt die Relativierung des Begriffs »gleichzeitig«, seine Ersetzung durch das Begriffspaar »raumartig/zeitartig«: welches von zwei zeitartig zueinander liegenden Ereignissen zuerst eintritt, hängt vom Beobachter ab (neuer Zeitbegriff der Physik). Zu den weiteren Folgen gehören die Längenkontraktion (Längenmaße sind im bewegten System verkürzt gegenüber dem unbewegten, die Verkürzung wächst mit der Geschwindigkeit), die Zeitdilatation (die dem Beobachter gegenüber bewegte Uhr geht langsamer, der Verzögerungsfaktor wächst mit der Geschwindigkeit), die mit der Geschwindigkeit wachsende Masse eines Körpers und die Äquivalenz von Masse und Energie: Energie kann in Masse, Masse in Energie umgewandelt werden entsprechend der Gleichung $E=mc^2$. Praktische Anwendung findet diese Äquivalenz in Kernreaktoren und Kernwaffen.
Ausgangspunkt der 1916 von Einstein abgeschlossenen allgemeinen Relativitätstheorie war die Verschmelzung der Begriffe »feste Masse« und »träge Masse«. Bis zu diesem Zeitpunkt wurde z. B. die Bewegung eines Planeten im Schwerefeld seiner Sonne in einem euklidischen Raum beschrieben, die gekrümmte Bahnkurve durch die Anziehung erklärt, die der Planet von der Sonne erfährt. Die allgemeine Relativitätstheorie betrachtet den Raum als durch das Schwerefeld der Sonne gekrümmt. Der Planet bewegt sich in diesem gekrümmten Raum kräftefrei entsprechend der Krümmung des Raumes. Diese Folgerungen sind durch Experimente bestätigt: Licht wird durch Gravitationsfelder abgelenkt (nachgewiesen an Sternenlicht im Gravitationsfeld der Sonne). Die Ganggeschwindigkeit einer Uhr ist abhängig vom Gravitationsfeld, in dem sich die Uhr befindet; sie nimmt ab mit anwachsender Gravitationsfeldstärke (nachgewiesen im Schwerefeld der Erde).

21,24 *Andante:* (ital.) ruhig, mäßig langsam, gemessen

(Musik); hier: langsamer 2. Satz (Andante con variazioni) der »Kreutzersonate« (vgl. Anm. zu 14,2).

21,25 *barbarisch:* ungebildet, roh; hier im abqualifizierenden Sinne von fehlendem Kunstverständnis, Einfühlungsvermögen; wohl als ironischer Hinweis darauf zu verstehen, daß man Einsteins Leistungen als Violinvirtuose allgemein nicht sehr hoch einschätzte.

22,10 f. *weil ich die Atombombe ermöglicht habe:* Die wissenschaftlichen Vorleistungen Newtons im Zusammenhang mit der später von Einstein gefundenen Relativitätstheorie verhalfen zum Bau der Atombombe.

22,25 *wie der Zuhälter mit der Dirne:* drastischer Vergleich, der deutlich machen soll, wie es dem Wissenschaftler vor allem um die reine Erkenntnis geht ohne Interesse an möglichen, auch verfehlten, also unmoralischen technisch-praktischen Nutzungen, dem Techniker vor allem um die effektive Nutzung der Erkenntnis ohne besonderes Interesse an dem wissenschaftlichen Erkenntniswert und seinen möglichen moralischen Verpflichtungen (indirekte Kritik an der Trennung von Theorie: Wissenschaft, und Praxis: technische, ökonomische, militärische Nutzung).

23,7 f. *Sie sind hier der Kriminelle:* Ironisch-rhetorischer Freispruch für die Wissenschaft, die z. B. die Voraussetzungen für die technische Realisierung der Atombombe geschaffen hat.

24,7 *Bucklig:* der Buckel als ein Merkmal körperlicher Anomalie ist, wie alles Unnormale, in der Menschheitsgeschichte immer als Makel begriffen worden und hat den davon Betroffenen sichtbar zum Außenseiter bestimmt. Dieser kann sich in Verletztsein und Schwachheit zurückziehen, aber auch auf Grund besonderer Fähigkeit das Leben aggressiv mitbestimmen (Beispiel aus der Politik: Reichspropagandaminister Dr. Joseph Goebbels, 1897 bis 1945, der einen deformierten Fuß hatte). Der Buckel wird so Teil der metaphorischen Umschreibung eines schweren Schicksals, und die Literatur bedient sich dieses bedeutungsgeschichtlichen Verweises bei ihrer Kennzeichnung von Figuren in der Epik (Märchen: Hexe; Victor Hugo, *Der Glöckner von Notre Dame*, 1831) und Dramatik (der Bucklige und Hinkende in den Spielen des Hans Sachs, 1494–1576; Giuseppe Verdi, *Rigoletto*, Urauff. 1851).

24,8 *Stethoskop:* Hörrohr, ärztliches Gerät zum Abhorchen des menschlichen Körpers.

24,17 *Philanthropen:* Menschenfreunde, Wohltäter; Philanthropismus: aufklärerisch/romantisch-pädagogische Denkrichtung, die eine vernünftig-natürliche Erziehung verlangt, zur freien Entfaltung der menschlichen Natur und seiner nützlichen Ausstattung für das Leben; entstanden aus dem aufgeklärt religiösen Toleranzdenken des 18. Jh.s (wesentliche Anregungen durch Jean-Jacques Rousseau, 1712–78, in Deutschland durch den Pädagogen Johann Bernhard Basedow, 1723–90, und seine Musterlehranstalt, das Philanthropin in Dessau, gegründet 1774. – Die inhaltlich wehleidige, doch trotzig skizzierte Autobiographie des ungeliebten Einzelkindes soll als logische Voraussetzung für die gegenwärtig praktizierte Menschlichkeit verstanden werden, die aber in der später eingestandenen Unmenschlichkeit die vorgebliche Haltung von der ›naiven Nächstenliebe‹ als zynische Verdeckung der tatsächlich inhumanen Einstellung entlarvt.

24,21 *Partitur:* Aufzeichnung sämtlicher an einem Musikstück beteiligten Instrumental- und Gesangstimmen, und zwar taktweise so, daß die gleichzeitig erklingenden Noten auch untereinanderstehen.

24,25 *die Dritte Brahms-Sonate:* Johannes Brahms (1833 bis 1897), Komponist klassisch-romantischer Musiktradition; die *Sonate für Violine und Klavier Nr. 3 d-moll op. 108* (Kammermusik; 1888 in Budapest uraufgef.) entstand in Hofstetten am Thuner See (Schweiz). Dürrenmatt läßt den erfundenen Einstein Beethoven und Brahms spielen im Unterschied zur musikalischen Neigung des historischen Einstein (Bach, Mozart); evtl. verfolgter Effekt: Bekanntheitsgrad (wie Goethe und Schiller), Merkbarkeit (Alliteration), Assoziationsmöglichkeiten (Schöpfergröße, Romantik, Patriotismus, aber auch Banalität).

25,25 *reklamiert:* reklamieren: hier im Sinne von: Einspruch erheben, Beschwerde führen.

25,26 *Staatsanwalt:* Vertreter der staatlichen Untersuchungs- und Anklagebehörde in Strafprozessen.

26,7 *nicht ein Zuchthaus:* zynische Verschleierung der Wahrheit.

26,12–14 *Leonidas von Zahnd ... den Generalfeldmarschall mit seinem verlorenen Krieg:* Hinweis auf die Sinnlosigkeit von menschlicher Tapferkeit (Leonidas, König von Sparta, suchte 480 v. Chr. – verursacht durch Verrat – mit seinen 300 Spartanern und 700 Thespiern freiwillig den militärischen Opfertod, um die Perser unter König Xerxes auf ihrem Vormarsch nach Mittelgriechenland an dem Engpaß der Thermopylen aufzuhalten) und militärischen Ehren (Generalfeldmarschall, seit dem 17. Jh. höchster Generalsrang, der im allgemeinen nur im Kriege verliehen wurde), angesichts grundsätzlich verlorener militärischer Auseinandersetzungen (der Tod der Soldaten und Zivilisten bei Siegern und Besiegten). – Sinnfällige Ergänzung der Rolle Fräulein von Zahnds durch Hinweis auf die militärische Tradition in der Familiengeschichte.

26,16 *Drogen:* natürliche Produkte zur arzneilichen und technischen Verwendung; besonders pflanzliche Stoffe wie Blüten, Wurzeln u. a., die getrocknet und pulverisiert werden (Drogerie). Heute auch Sammelbegriff für pharmazeutische Produkte (chemische Arzneimittel) und suchterzeugende Stimulantien wie Coffein, Nikotin, Rauschgifte. Hier im Sinne von sog. Psychopharmaka und Betäubungsmitteln verstanden, die zur Ruhigstellung von aggressiven Geisteskranken benutzt werden.

26,18 f. *Einzelzellen ... Boxhandschuhen:* Geisteskranke, die bei Aggressionszuständen ihre innere Unausgeglichenheit und Unkontrollierbarkeit in Tobsuchtsanfällen zeigen, also den Mitkranken, Wärtern und sich selbst gefährlich werden können, werden heute durch Arzneimittel und direkte persönliche Zuwendung (Pflegepersonal) beruhigt. Das zwangsweise Isolieren in besonders eingerichteten Räumen (gepolsterte, schallisolierte Wände, gesicherte Fenster u. a.), verbunden mit besonderer ›Ausstattung‹ des Kranken (z. B. Zwangsjacke, Netze zur Bewegungseinschränkung, Boxhandschuhe zum Schutz der Hände) für einen ungefährlichen, aber einsamen Abbau der Aggressionsphase über die physische und psychische Erschöpfung, wird gegenwärtig überwiegend als inhuman eingeschätzt.

26,27 *Hager, schlohweiße lange Haare, Schnurrbart:* vgl. Abb. S. 25.

27,17 *Metier:* (frz.) Handwerk, Gewerbe, Beruf.

28,5 *Kernphysiker:* Kernphysik: derjenige Zweig der Physik, der sich mit der Untersuchung des Atomkerns befaßt und damit die Voraussetzungen für dessen technische Nutzung schafft (z. B. für das Uran: Kernspaltung – Kettenreaktion – Wärmefreisetzung – Nutzung der Atomenergie für zivile und militärische Zwecke (z. B. Kernkraftwerke/Atombombe).

28,12 *radioaktive Stoffe:* Radioaktivität: Eigenschaft gewisser chemischer Elemente, sich von selbst, ohne jede äußere Einwirkung, umzuwandeln und dabei eine charakteristische Strahlung auszusenden und in bestimmten Fristen zu zerfallen (Halbwertzeit). Natürliche Radioaktivität: Antoine de Becquerel (1852–1908, französischer Physiker) entdeckt das radioaktive Element Uran (1896), Pierre Curie (1859–1906), französischer Chemiker) und Marie Curie (1867–1934, französische Physikerin polnischer Herkunft) entdecken die radioaktiven Elemente Polonium und Radium (1898); künstliche Radioaktivität: erzeugt von Irène Joliot-Curie (1897–1956, französische Physikerin) und Frédéric Joliot (1900–1958, französischer Atomphysiker) durch den Beschuß von Aluminium mit Alphastrahlen (1934).

30,2 *Dossier:* (frz.) Aktensammlung; alle zu einer Angelegenheit gehörigen Unterlagen; hier: Krankengeschichte.

30,8 f. *dem Blumen-Feuz schon angeläutet:* anläuten: anrufen, mit Dat. (Schweizerdeutsch); Feuz: bekannter Name im Berner Oberland.

30,10 *Senta:* Kurzform von Kreszentia, lat. ›die Wachsende‹; bekannter weiblicher Vorname aus Richard Wagners Oper *Der fliegende Holländer* (Urauff. 1843); Erlösungsmotiv: die Befreiung des von dunklen Mächten gebannten Mannes durch die Treue einer Frau; groteske Umkehrung des Motivs im Drama.

30,12 *Dosis:* hier: bestimmte Menge eines Beruhigungsmedikaments.

30,13 *Stationär:* hier: unverändert.

31,10 *Missionar:* von lat. *mittere* ›senden, schicken‹; Geistlicher, der in der äußeren Mission tätig ist, im Auftrag der Kirche das Evangelium unter nichtchristlichen Völkern verkündet (biblische Begründung: Matth. 28,18–20; Apg. 1,8). Zur Namenbedeutung des Ehepaars vgl. Anm. zu 10,14 f. Der Verwendung von geschichtlich und symbolisch gewichtigen Namen kontrastieren ironisierend das schlichte Gemüt des kleinbürgerlichen, spießigen Ehepaares und die Banalität ihres dürftigen theologischen Weltverständnisses.

31,26 f. *Denn der Herr … Gefangenen nicht:* Psalm 69,34; neben Psalm 22 im Neuen Testament am häufigsten zitiert. Die Beschreibung existentieller Not und Angst, verbunden mit der Bitte um göttliche Hilfe im Leiden, reduziert sich im so gebrauchten formelhaften Zitat auf sinnentleerte Geläufigkeit; sie wird zum Zeichen oberflächlicher, rhetorisch aufgesetzter Frömmigkeit (Bigotterie) und entspricht damit dem vorgetäuschten Kranksein der Kranken, der vorgetäuschten Humanität der Heilanstalt.

32,12 f. *Missionsstation auf den Marianen:* Marianen: Inselgruppe im Pazifischen Ozean, nördlich von Australien (Teil Mikronesiens, politisches Treuhandgebiet der USA); 16 Inseln, 1521 von dem portugiesischen Weltumsegler Fernão de Magellan (um 1480–1521) entdeckt (Ladronen

Inseln), spätere Umbenennung durch spanische Missionare in Anlehnung an den Namen der Gottesmutter Maria. Die Entfernung von den Kulturzentren der Welt, die geringe Bevölkerungszahl, die territoriale Winzigkeit, eine von brutaler spanisch-katholischer Unterdrückung bestimmte Geschichte (fast völlige Ausrottung der Ureinwohner) stellen den religiösen Anspruch des Missionars und seiner Kirche in Frage.

32,14 *Stillen Ozean:* Pazifischen Ozean (lat. *pax* ›Friede‹); weiterer geographischer Hinweis (Abseitsstellung in der Gemeindeidylle) auf das fehlende Bewußtsein von der verlorenen Übereinstimmung zwischen kirchlichem Anspruch und tatsächlicher Effektivität kirchlichen Einflusses in der Welt; dieser gemeinte Zusammenhang wird zusätzlich durch den Umstand unterstützt, daß der Missionar auf eine Insel geschickt wird, die zwischen dem Land des ersten Atombombenabwurfs (Japan: Hiroshima und Nagasaki) und den Testinseln für atomare Waffenversuche liegt (Bikini-Atoll: amerikanische Versuchsreihe mit A-Waffen, 1946, Zündung der ersten amerikanischen Wasserstoffbombe, 1952; Montebello-Insel: Zündung der ersten britischen Atombombe, 1952; Christmas-Inseln: Erprobung der ersten britischen H-Bombe, 1957; Mururoa-Atoll: französisches Testgelände für Atomwaffen, seit 1966).

32,24 *Johann-Wilhelmlein:* Die Diminutivform unterstreicht den paradoxen Zusammenhang von sprachlicher Verniedlichung und mütterlichem Beharren auf Kindlichkeit, Unmündigkeit des Sohnes und der tatsächlichen Erwachsenenperson, Wissenschaftlerleistung, kriminellen Tat. Ironische Anspielung auf Goethes Vornamen Johann Wolfgang.

32,26 f. *Er puppt sich in seine Welt ein:* bildhafte Verwendung des Puppenstadiums (Ruhezustand) aus der Insektenentwicklung, um die seelische Situation von Möbius zu kennzeichnen.

32,28 f. *König Salomo:* 972–932 v. Chr., Sohn des Königs

David von Israel und der Bathseba; Salbung zum König schon zu Lebzeiten, rücksichtslose Ausschaltung seiner politischen Gegner zu Beginn der Regentschaft; Epoche politischen Einflusses und wirtschaftlicher Blüte des Davidischen Großreiches, außenpolitischer Friede und innenpolitische Ordnung zu Gunsten einer aufwendigen Hofhaltung, gebunden an bauliche und staatsorganisatorische Leistungen, epigonale Sachwalterhaltung und Beginn des politischen Machtverfalls Israels. Mit seinem Namen verbinden sich eine liberale Einstellung gegenüber anderen Religionen, die Förderung von Kunst und Literatur, Weisheit (vgl. 1. Kön. 5,9–14 und 12 f.), immenser Reichtum, Festlichkeiten und Erotik (Harem), aber auch drükkende Fronarbeit, Naturalienabgabewesen, Volksferne.

30,29 *erscheine:* Vision als paradoxe Verbindung von Erkenntnisanspruch (Physik: exakte Wissenschaft) und Eingebungsgewinn; Nebeneinander von Vision als Zeichen des Ausbruchs geistiger Krankheit und geistiger Erhellung; statt Auslösung neuer Aktionen, im Drama Impuls für Aktionslosigkeit.

33,16 *Insulinkur:* sog. Insulinkomabehandlung (*koma*, griech. ›tiefer Schlaf‹, medizinisch für Bewußtlosigkeit) oder Insulinschocktherapie, entwickelt von M. Sakel (1933); hervorrufen eines therapeutischen Komas durch intramuskuläre Gaben von Alt-Insulin (Insulin: Hormon der Bauchspeicheldrüse). Die Behandlung wird über Wochen oder Monate täglich durchgeführt (30–40 Vollkomas). Drei Phasen: 1. Anlaufphase; 2. Schockphase, tägliche Herbeiführung eines Komas mit gleichbleibender Dosis; 3. Nachphase. Medizinische Absicht: gezielte Störung der Gehirnfunktion durch Entzug der notwendigen Glukose (Zucker) mittels Insulin (reguliert den körperlichen Zuckerhaushalt); nicht ohne Risiko, 5% der Fälle mit tödlichem Ausgang. Nach einer grundlegenden Verbesserung der psychiatrischen Betreuung durch Medikamente verlor die Insulinkur zu Beginn der fünfziger Jahre an Bedeutung.

33,30 *Mansarde:* nach dem französischen Baumeister François Mansart (1598–1666) benanntes Dachgeschoß, das durch Ausbau bewohnbar ist.

34,3 f. *Dissertation:* wissenschaftliche Abhandlung zur Erlangung der Doktorwürde.

34,11 *Tobler:* Die Schokoladen-Fabrik Tobler befindet sich in Bern (autobiographischer Bezug zum Autor: Gymnasialzeit und mehrere Semester des Studiums in Bern), in Neuchâtel die Firma Suchard.

35,10 *interniert:* internieren: in staatlichen Gewahrsam nehmen, Kranke isolieren.

35,17 *Stiftungen:* private oder öffentliche Einrichtungen, die ein Vermögen zur Verfügung stellen, damit es gemäß den damit verbundenen Auflagen für entsprechend ausgewählte Förderungszwecke verwendet wird (z. B. Ankauf von Kunstgegenständen, direkte finanzielle Förderung von Künstlern, Wissenschaftlern u. ä.).

Oppelfonds: Fonds: Geld- oder Vermögensreserve für bestimmte Zwecke. Ein Fonds dieses Namens ist für die Schweiz nicht nachzuweisen (vgl. Fonds National Suisse de la Recherche Scientifique, Bern).

35,18 *Doktor-Steinemann-Stiftung:* Steinemann: verbreiteter Name in der Schweiz; kein Nachweis einer solchen Stiftung für die Schweiz.

35,27 *Physikerklause:* die Bedeutung von ›kleines Studierzimmer‹ und ›weltabgeschiedener Behausung‹ wird in einem scheinbar freundlich-ironischen Sinne verwendet, um Wissenschaftlertätigkeit als charakteristisch gesellschaftsfern und damit realitätsfremd zu kennzeichnen.

37,4 *Sankt-Josephs-Platz:* fiktive Platzbezeichnung; literarischer Bezug zur Berufsabsicht, Pfarrer zu werden.

37,9 f. *Ich möchte Philosophie studieren:* vgl. Hinweise zur Biographie des Autors (S. 71).

37,13 f. *Ich habe Schopenhauer und Nietzsche gelesen:* Arthur Schopenhauer (1788–1860), deutscher Philosoph, begreift die Welt als ›Vorstellung‹ oder Erscheinung des Subjektes, als ›Wille‹ (sinnfreier Daseinsdrang), der sich in

den Formen der räumlich, zeitlich und ursächlich geordneten Welt objektiviert; pessimistische Weltvorstellung, weil eine Erlösung vom dauernden Daseinsdrang nur durch Selbstabtötung möglich ist (Ablehnung des Christentums, statt dessen Mitleidphilosophie: Aufhebung des trügerischen Scheins der Individualität im Mitleid); Geschichtsbild: beständige Wiederholung von Inhalt und Personen in wechselnden Kostümen.
Friedrich Nietzsche (1844–1900), deutscher Philosoph, 1869/70 Professor für klassische Philologie in Basel, lebte lange Zeit in der Schweiz; von Schopenhauer und Richard Wagner beeinflußt; Kritik am bürgerlichen Bildungsbegriff und Historismus seiner Zeit (Kulturkrise des 19. Jh.s); statt dessen philosophisches Leitbild des ›freien Geistes‹, daraus folgend die ›Umwertung der Werte‹, Ablehnung des Jenseitsglaubens, Zuwendung zur Erde und zum Leben; Mißbrauch von einseitig ausgelegten zentralen Begriffen wie ›Herrenmensch‹, ›Herrenmoral‹, ›Wille zur Macht‹ als Schlagworte für zeitgenössische und spätere Machtpolitik (z. B. Nationalsozialismus).

37,19 *Ich will ein Physiker werden:* Brecht: Galilei begrüßt, daß sein Schüler Andrea Physiker wird; Dürrenmatt: Möbius untersagt seinem jüngsten Sohn, Physiker zu werden, begrüßt das Theologie- bzw. Philosophie-Studium der beiden anderen (vgl. Hinweise zur Biographie des Autors, S. 71 ff.).

38,17 *Guttannen:* idyllisierende fiktive Ortsbezeichnung, mit der die biographische Provinzialität und die geistige wie geistliche Begrenztheit und Harmlosigkeit zusätzlich betont werden; auch zu beziehen auf die Institution Kirche (Stellung im weltfremden Abseits, vgl. Anm. zu 32,12 f. und 14).

38,27 f. *Der Herr ist mein Hirte, mir wird nichts mangeln:* Anfangssatz des bekanntesten Psalms (von David, Ps. 23). Die theologische Aussage von der göttlichen Führung als Geleitet- und Geschütztwerden, der Hinweis auf Gottvertrauen und Seelenfrieden geraten im Text zur pastoralen Floskel und leeren Trostformel, die theologische Dürftigkeit des Sprechers und der von ihm vertretenen Institution Kirche entlarvend.

39,1 *Oskar kennt alle Psalmen auswendig:* Frau Roses stolzer Hinweis und die sich anschließende detaillierende Unterstreichung (»Die Psalmen Davids, die Psalmen Salomos«) dieser Behauptung ironisieren theologisches Wissen und kirchliche Tätigkeit als eher bornierten pastoralen Fleiß und unbekümmerte Buchstabengläubigkeit des Pastorenehepaars, dem der Gehalt religiöser Texte – z. B. die Themen Buße, Klage, Fluch und Apokalypse in den Psalmen – und damit der Bezug zur Welt, auch zu der im Spiel vorgeführten von Machtgier, Lüge und Hilflosigkeit, verschlossen bleiben.

39,22 *Buxtehude:* Dietrich Buxtehude (1637–1707), deutscher Orgelmeister und Komponist, mit über 100 Kantaten und zahlreichen Orgelwerken bedeutendster Komponist unmittelbar vor Johann Sebastian Bach.

40,11 *des Hohen Liedes: schir haschirim* (hebr.) ›Lied der Lieder‹, von Martin Luther übersetzt als »Hohelied«; das hebräische Wort bedeutet auch »das Heilige vom Heiligen« und »das Allerheiligste«; überragende Bedeutung des Textes im Alten Testament, Entstehungszeit Mitte des 5. Jh.s v. Chr.; Sammlung von ausgesprochen erotischen Liebes- und Hochzeitsliedern, deren Ursprung umstritten ist; auch die Autorschaft Salomos ist unbewiesen; vermutlich weltliche Dichtung altorientalischen Ursprungs, durch Aufnahme in den Kanon der Bibel neue tiefere Bedeutung (Liebe Gottes zu den Menschen im Bild der Braut-Liebe und der Ehe); möglicherweise schon immer als allegorischer Text verstanden, mit dem der Ehebund Jahwes (israelitischer Gott) mit seinem Volk besungen wird.

40,14 *Sulamith:* (hebr.) ›Mädchen aus Sulem oder Sunem‹, im Hohenlied (7,1) die besungene Frau: »Kehre wieder, kehre wieder, o Sulamith! kehre wieder, kehre wieder, daß wir dich schauen! Was sehet ihr an Sulamith? Den Reigen zu Mahanaim.«

40,14 f. *die Rehzwillinge, die unter Rosen weiden:* Zitat aus dem Hohenlied (4,5), in dem auf allegorische Weise die Schönheit des weiblichen Körpers besungen wird: »Deine zwei Brüste sind wie zwei junge Rehzwillinge, die unter den Rosen weiden.«

40,13 f. *Er ist nicht mehr der große goldene König ...:* Vision vom gescheiterten Salomo; Salomo für Möbius: Symbolfigur des moralisch gescheiterten Wissenschaftlers.

40,15 f. *er hat seinen Purpurmantel von sich geworfen:* er hat seinem Königtum entsagt (Purpur: blaustichiges Indigorot, in der Antike kostbarer Farbstoff der Purpurschnecke, Färbemittel der Königsgewänder).

40,25 *Er ist zum runden Tisch links gegangen, kehrt ihn um:* Der umgekehrte Tisch fungiert als Thronsymbol, die auf den Kopf gestellte Welt meinend, Ausweglosigkeit und Einsamkeit des Wissenschaftlers andeutend, zur Umkehr mahnend, den Zusammenhang von Wissen, Gewissen und Macht neu zu überdenken.

Ein Psalm Salomos, den Weltraumfahrern zu singen: Parodistisch-grotesker Gegengesang zu den Psalmen und dem Hohenlied (Fluchgesang statt Preisgesang) mit prophetisch verstandener Bildfolge: Vision von der zerstörten, entfremdeten Welt, von der Apokalypse als Katastrophe des Planeten Erde (Negierung der biblischen Bedeutung des Weltuntergangs als Heilsgedanke: das Ende der Welt sich zu vergegenwärtigen), der im Text nicht mehr direkt genannt, sondern nur noch als fluchtartig verlassener Herkunftsort indirekt angedeutet wird. – Mögliches Textvorbild: Das Gedicht *Auf dem Eliaswagen* (1908) des ungarischen Dichters Endre Ady (1877–1919), von dem Dürrenmatt zumindest die von Robert Jungk in *Heller als tausend Sonnen* zitierte Kurzfassung in der Übersetzung des ungarisch-amerikanischen Physikers Edward Teller (geb. 1908) kannte (die ersten beiden und die letzten vier

Zeilen) und das offenkundige Themen- und Motivparallelen aufweist: »Gleich Elias trägt einmal der Herr alle fort, / die er liebhat und züchtigt mit Plagen. / Er schenkt ihnen Herzen, die jäh erglühn, / das sind ihre Feuerwagen. // Das Eliasvolk stürmt dem Himmel zu / und verharrt, wo der Frost ewig währt. / Auf den Eisgipfeln hoch des Himalaja / stäubt Schnee auf ihr wildes Gefährt. / Zwischen Himmel und Erde so heimatlos / saust ihr Wagen im Schicksalswind, / und sie fahren voll Trauer den Schönheiten zu, / die böse und gletscherkalt sind. // Ihre Herzen erglühn, an den Hirnen hängt Reif, / die Erde lacht höhnisch sie an, / und voll Mitleid die Sonne Brillantenstaub streut / auf ihre eisige Bahn.« (Übersetzung: Franz Fühmann.) – Nach dem Glauben vieler Völker ist der Himmel Sitz der Götter und Ziel der menschlichen Seele nach dem Tode, Herkunftsraum der das menschliche Denken und Fühlen bestimmenden Naturerscheinungen. Diese Bedingungen des Himmels werden in dem desillusionierenden lyrischen Text mit seinem Thema von der Flucht der Menschen in den lebensfeindlichen Kosmos als nie vorhanden gewesen dargestellt. – Bis zur Uraufführung des Dramas (21. Februar 1962) sind insgesamt 35 Raumfahrtunternehmen (Einzelstarts und Serien) durchgeführt worden. Wesentliche Daten der internationalen Raumfahrt: 1. Erdsatellit: Sputnik 1, UdSSR (4. Oktober 1957); 1. Mondsonde: Lunik 1, UdSSR (2. Januar 1959); 1. Raumsonde zur Venus: Pionier 5, USA (11. März 1960); 1. Bemannter Raumflug: Wostok 1, UdSSR (12. April 1961).

41,7–29 *Merkurs ... Kanopus:* Die Reihenfolge der aufgeführten Gestirne (Merkur, Venus, Mars, Jupiter, Ganymed, Uranus, Neptun, Pluto, Transpluto, Sirius, Kanopus) wird bestimmt durch die zunehmende Entfernung von der Sonne. Durch diese Anordnung und das Übergehen von Erde und Sonne, den beiden Gestirnen, die die irdische und damit menschliche Existenz möglich machen, durch das Hinausbewegen aus dem eigenen Sonnensystem in das weitere Milchstraßensystem mit offener Bewegungsrichtung in den unendlichen Raum, teilt der Text die abgeschlossene Aufhebung menschlichen Daseins mit. Die überlieferte mythologisch-religiöse Bedeutung der Sterne (Zeugen göttlicher Macht) wird ausgelöscht. Die Herauslösung aus den irdischen Zeitbedingungen und Raumvorstellungen, eine nach diesen noch zukunftsgerichtete, gleichzeitig aber vergangenheitsgerichtete Fluchtbewegung zu den Zielen und Ursprüngen der Menschheit (»längst die Sonne mit Sirius verwechselt«; vgl. Anm. zu 41,27 und 29), der Tod als Abschluß des Lebens, aber die Mumifizierung als unendliche Dauer der Körperlichkeit verweisen auf Einsteins Relativitätstheorie (vgl. Anm. zu 21,14) und führen die relative Bedeutung des Menschen im Verhältnis zu den Bedingungen des Seins vor.

41,7 *Merkurs:* Merkur: sonnennächster Planet, Erdabstand: 79/219 Mill. km, knapp halb so groß wie die Erde, Atmosphäre wahrscheinlich nicht vorhanden, auf der der Sonne beständig zugekehrten Hälfte Temperaturen von über +400° C, auf der dauernden Nachtseite −100° C. – Mercurius: römischer Gott des Handels, dem Hermes gleichgesetzt.

41,8 *Venus:* zweiter Planet in unserem Sonnensystem, Erdabstand: 42/258 Mill. km, fast genausogroß und vermutlich ähnlich aufgebaut wie die Erde; die amerikanische Raumsonde Mariner 2 passierte am 14. Dezember 1962 die Venus in einem Abstand von 33600 km, 1967 landete die sowjetische Sonde Venus 4 weich auf dem Planeten. – Altitalische Gartengöttin, später gleichgesetzt mit der griechischen Aphrodite.

41,9 *Mars:* vierter Planet des Sonnensystems, Erdabstand: 55/377 Mill. km, halb so groß wie die Erde, Atmosphäre mit geringer Dichte, Tag/Nacht und Jahreszeiten ähnlich den irdischen Verhältnissen. – Hauptgott der alten Italiker, besonders der Römer, dem griechischen Ares gleichgesetzt, Gott des Krieges und des Frühlings.

41,13 *Jupiter:* fünfter Planet im Sonnensystem, Erdabstand: 588/967 Mill. km, massenreichster Planet, zwölfmal so groß wie die Erde, 12 Monde, die Atmosphäre besteht im wesentlichen aus Wasserstoff, Methan und Ammoniak, Oberflächentemperatur −130° C, überwiegend gasförmiger Zustand. – Römischer Gott des Blitzes, Donners, der Macht, entspricht dem griechischen Zeus.

41,16 *Ganymed:* größter Mond des Jupiter, Durchmesser 5270 km. – In der griechischen Sage schöner Jüngling, Mundschenk des Zeus, von dessen Adler auf den Olymp, den Sitz der Götter, entführt. Mit der gleichnamigen Hymne und der gleichfalls wahrscheinlich 1774 geschriebenen Hymne *Prometheus* gestaltete Johann Wolfgang von Goethe aus dem Weltverständnis der Geniezeit (Sturm und Drang) seine Sicht des Lebens: übersteigertes Ich-Gefühl, individuelle Unabhängigkeit, ›Verselbstigung‹ (*Prometheus*) – Wir-Gefühl mit der Gottheit und dem Kosmos, Einbettung in den göttlich-kosmischen Zusammenhang, ›Entselbstigung‹ (*Ganymed*). Der Dürrenmatt-Text beschreibt dagegen in vulgärer Sprachgebung die kosmisch dimensionierte Übelkeit, den hoffnungslosen Zustand einer sich im Weltraum verlierenden Menschheit (Untergangsvision, Weltraummetaphorik), die endgültige Aufkündigung des Vertrauens- und Glaubensverhältnisses der Menschen zu ihrer Gottheit (Motivbezug, aber thematische, sprachliche und weltanschauliche Kontrastierung zu Goethes Gedicht *Ganymed*).

41,19 *Saturn:* sechster Planet im Sonnensystem mit charakteristischen Ringen und neun Monden, Erdabstand: 1193/1658 Mill. km, zweitgrößter Planet, zehnmal so groß wie die Erde, die Atmosphäre besteht im wesentlichen aus Wasserstoff und Helium, Temperatur −150° C. – Saturnus: altrömische Gottheit, schon früh dem griechischen Kronos gleichgesetzt.

41,21 *Uranus:* siebter Planet im Sonnensystem mit fünf Monden, Erdabstand: 2590/3160 Mill. km, viermal so groß wie die Erde, die Atmosphäre besteht aus Wasser-

stoff, Helium, Methan, Ammoniak, Oberflächentemperatur etwa −183° C.
Neptun: achter Planet im Sonnensystem mit zwei Monden, Erdabstand: 4304/4698 Mill. km, 3,8 mal so groß wie die Erde, die Atmosphäre besteht aus Methan und Wasserstoff, Oberflächentemperatur etwa −200° C. – Neptunus: altitalischer Gott des fließenden Wassers, seit dem 5. Jh. v. Chr. mit dem griechischen Gott Poseidon gleichgesetzt.

41,23 *Pluto:* neunter Planet im Sonnensystem mit einem sehr großen Mond (darum auch als Doppelplanet Pluto-Charon bezeichnet), Erdabstand: 4275/7525 Mill. km, knapp halb so groß wie die Erde, vermutlich aus gefrorenen Gasen bestehend, Oberflächentemperatur etwa −230° C. – Pluton oder Aides: griechischer Gott der Unterwelt; in der römischen Mythologie Hades.
Transpluto: die transplutonische Kometenfamilie und unaufgeklärte Störungen der Uranus- und Neptunbahn weisen auf einen möglichen weiteren Planeten hin.

41,27 *Sirius:* ›Hundsstern‹, Stern erster Größe im Sternbild Großer Hund, hellster von der Erde aus beobachtbarer Stern, 23fache Leuchtkraft und 1,8fache Größe der Sonne (Erdabstand: 8,7 Lichtjahre), wichtig für die Zeitrechnung im alten Ägypten (Aufgang des Sirius: Beginn der Nilschwemme und des ägyptischen Kalenders).

41,29 *Kanopus:* Canopus: hellster Stern im südlichen Sternbild Carina, auch alpha Carinae oder alpha Argus genannt, zweithellster Stern nach Sirius am Fixsternhimmel, 180fache Leuchtkraft der Sonne, in Europa nicht zu sehen (Erdabstand: 550 Lichtjahre).

42,4 *Mumien:* auf natürliche Weise (z. B. Austrocknung) oder durch künstliche Verfahren vor der Verwesung geschützte Leichen; paradoxe menschliche Zwischenexistenz: weder im biologischen Sinne völlig vergangen (verwest), noch im theologischen der Unvergänglichkeit der Seele für alle Ewigkeit aufgehoben, sondern lediglich in seelenloser, lebloser, konservierter Körperlichkeit bis ans

Ende aller Zeit und bis zum unermeßlichen Rand des lebensfeindlichen Raumes unterwegs, den Zufälligkeiten der stellaren Schwerkraftfelder ausgesetzt: groteskes Zerrbild menschlicher Existenz.

43,6 *Marianengraben:* tiefster Meeresgraben (11022 m), östlich anschließend an die Marianen-Inseln. Die Grabenmetaphorik (unendliche Tiefe) korrespondiert mit der Weltraummetaphorik (unendliche Höhe) in der Bedeutung »von Gott und den Menschen vergessen«.

45,29 f. *nichts Anstößigeres als ein Wunder im Reiche der Wissenschaft:* gemeint sind hier Mathematik und Naturwissenschaften (Physik, Biologie, Chemie), deren Methoden, Darstellung, Begründung, Erkenntnisse logischen und damit gedanklich nachvollziehbaren Voraussetzungen verpflichtet sind, für die somit ein – den Naturgesetzen widersprechendes – »Wunder« als unwissenschaftlich einzuschätzen ist; resignative Feststellung hinsichtlich der allgemein verbreiteten Selbstüberschätzung der Wissenschaft, Erkenntnisse von der Wirklichkeit ausschließlich durch naturgesetzlich gebundene, von der Vernunft getragene Erklärungen zu finden.

46,9–11 *Geheimnisse der Natur / Zusammenhang aller Dinge / System aller möglichen Erfindungen:* drei Formulierungsvarianten des grundsätzlichen Ziels wissenschaftlicher Tätigkeit des Menschen: »Der wissenschaftliche Fortschritt besteht in dem immer weiteren systematischen Vordringen in die Breite und Tiefe der Wirklichkeit, zu den Elementen des Seins und Geschehens und zur Erkenntnis ihrer Zusammenhänge, des großen Zusammenhangs der Wirklichkeit überhaupt, die wir Welt nennen« (*Philosophisches Wörterbuch*, hrsg. von Georgi Schischkoff, Stuttgart ^{16}1961, Artikel »Wissenschaft«). – Symbolfigur des Wissenschaftlers ist Doktor Faust (Volksbuch 1587), der wissenschaftliche Erkenntnis auch um den Preis des eigenen Seelenheils (Bund mit dem Teufel) gewinnen will. Vgl. Goethe, *Faust I*: »Drum hab ich mich der Magie ergeben, / Ob mir durch Geistes Kraft und

Mund / Nicht manch Geheimnis würde kund; / Daß nicht mehr, mit sauerm Schweiß, / Zu sagen brauche, was ich nicht weiß; / Daß ich erkenne, was die Welt / Im Innersten zusammenhält« (V. 377–381).

46,14 *Hofstaat:* sämtliche in unmittelbaren Diensten eines adligen Hofes stehenden Personen.

50,25 f. *Offenbarung:* theologischer Begriff für die auf Gott zurückgeführten religiösen Enthüllungen, die als Erleuchtung besonderen Menschen zuteil werden, verbunden mit dem Auftrag, sie an andere weiterzugeben (vgl. in der Bibel die Offenbarung des Johannes).

51,28 f. *Physiker Professor Scherbert:* Namensbezug zu Paul Scherrer (1890–1969), Schweizer Physiker, ab 1916 Professor für Physik an der Eidgenössischen Technischen Hochschule in Zürich, Direktor des Instituts für Physik, Vorsitzender der schweizerischen Kommission für Fragen der Atomenergie, arbeitete über Röntgenstrahlen, Höhenstrahlen, Magnetismus und kernphysikalische Fragen.

53,24 *Kreisler:* Fritz Kreisler (1875–1962), Geiger und Komponist; berühmter Geigenvirtuose seiner Zeit, führte zahlreiche Konzertreisen weltweit durch; nahm 1940 die amerikanische Staatsbürgerschaft an; traf in New York mit Einstein zusammen; schuf ein reichhaltiges Werk von Instrumental- und Vokalmusik, darunter kleinere Stücke unterhaltenden Charakters, oft sentimental bis salonhaft, sehr beliebt beim Publikum; zu der Sammlung *Klassische Manuskripte* gehört u. a. das im Text genannte »Schön Rosmarin« (1910).

Zweiter Akt

54,6 *Lüster:* Kronleuchter.

54,13 *Havanna:* Zigarrenbezeichnung ursprünglich für Zigarren erlesener Qualität, die aus kubanischem Tabak hergestellt wurden (besondere Farbe des Deckblatts, besonderer Geschmack); dann generelle Zigarrenklassifizierung im Unterschied zu den beiden anderen berühmten Sorten Brasil und Sumatra.

56,13.17f. *Uwe Sievers/Murillo/McArthur:* Die drei ›Pfleger‹ bilden einen Teil der humanitären Fassade, die die Anstaltsleiterin sich selbst mit der Einrichtung einer Heilanstalt gegeben hat. Über ihre Herkunft (Europa, Lateinamerika, Angloamerika), über die damit angedeuteten historisch-sozialen Zusammenhänge (Sport, Politik, Militär), über ihre tatsächliche berufliche Vergangenheit (Boxer) personalisiert sich in ihnen dasjenige, was sich in sämtlichen Lebensbereichen, auf allen Kontinenten (europäischer Kulturtradition) hinter der Institutionalisierung von Humanität verbirgt, nämlich Gedankenlosigkeit und Brutalität, nicht Reflexion und Sensibilität: ein Personentrio als Ausdruck des Kulturpessimismus, des erforderlichen Mißtrauens.

56,24 *Meißner Porzellan:* seit 1710 in der Manufaktur der sächsischen Stadt Meißen hergestelltes Porzellan (Geschirr und Figuren); auf Grund seiner technischen Vollkommenheit sowie der hohen künstlerischen Qualität des malerischen Dekors weltberühmt; sein Besitz gilt auch heute noch als Nachweis von Geschmack und gehobener Wohnkultur.

57,9 *Poulet à la broche:* (frz.) Hähnchen vom Bratspieß.
Cordon bleu: (frz.) mit einer Scheibe Käse und gekochtem Schinken gefülltes Schnitzel.

57,12 *Beamter vierzehnter Klasse:* Beförderungs- und Einkommensklassifizierung, in den Kantonen unterschiedlich, im Kanton Solothurn z. B. reicht die Skala von 1 bis 30.

57,22 *Gagen:* Gage: eigtl. Bezeichnung für das Gehalt von Künstlern.
astronomisch: hier: ungeheuer hoch, riesig.

57,23 *Schlotbaronen:* Schlotbarone: Großindustrielle; um 1870 von den Sozialdemokraten aufgebrachter Begriff (Verwendung auch in Friedrich Dürrenmatts Roman *Grieche sucht Griechin*, 1955).

59,19 *Beißt sie an:* Damit eine Zigarre auch ›zieht‹, muß sie an den zugewickelten Enden geöffnet werden, entweder mit Hilfe eines Zigarrenabschneiders oder, wie hier, salopp durch Abbeißen.

60,12 *versorgen:* verstecken.

60,30 *Die Gerechtigkeit macht zum ersten Male Ferien:* salopp-ironische Umschreibung für einen Zustand, in dem Gesetz und Recht außer Kraft geraten sind.

62,27 *Alec Jasper Kilton:* Kurzform für Alexander (griechischen Ursprungs: Alec: (engl.) der Männer Abwehrende, Beschützer); Jasper: (engl.) Jaspis (feinfasriges Mineral, Schmuckstein); Namensbezug zu Karl Jaspers, deutscher Philosoph (1883–1969) des Existentialismus: Es gibt keine einheitliche Methode zur objektiven Erforschung der Welt, sondern lediglich eine Analyse des Einzelschicksals von Menschen, die um Welt- und Selbstverständnis ringen; Kilton: Namensbezug zu John Milton (1608–74), englischer Dichter, Zeitgenosse von Newton, trat ein für die Rechte des Volkes, für die Republik, die Freiheit; Hauptwerk *Paradise Lost* (1667): religiöses Epos, Geschichte des Sündenfalls, des Kampfes zwischen Gut und Böse, Himmel und Hölle (Parallele zur späteren Atombombenentwicklung als Verlust der wissenschaftlichen Unschuld).

62,29 *Entsprechungslehre:* Hinweis auf das ›Korrespondenzprinzip‹ des dänischen Physikers Niels Bohr (1885 bis 1962; 1913 Entwicklung des sog. ›Bohrschen Atommodells‹, 1922 Nobelpreis für Physik, 1943–45 in Los Alamos an der Entwicklung der Atombombe beteiligt). – C. G. Jung (vgl. Anm. zu 12,18) stellte durch seine Arbeiten fest, daß zwischen seinem ›Synchronizitätsbegriff‹ der Psychologie (synchrone, durch einen Sinnzusammenhang verbundene Phänomene in Natur und Psyche) und dem ›Korrespondenzbegriff‹ der Physik (Zusammenhang von Gesetzen der klassischen Mechanik und der Quantentheorie) wissenschaftsübergreifende, die Entwicklung des

Lebens erklärende Beziehungen existieren. (Bezug zum Text: die Physiker treten in einer Irrenanstalt auf.)

63,25 *Gavotte von Bach:* Gavotte en Rondeau, Teil der Partita III E-dur, BWV 1006, von Johann Sebastian Bach (1685–1750); Gavotte: alter französischer Volkstanz der Gavots in der Region Dauphiné; seit dem 16. Jh. heiterer, mäßig schneller Gesellschaftstanz im 2/2-Takt.

64,30 *Eisler-Effekts:* Anspielung entweder auf den ›Doppler-Effekt‹ (Erkenntnis des österreichischen Physikers Christian Doppler, 1803–53): Phänomen der Frequenzveränderung, wenn Schall- oder Lichtquelle und Empfänger sich relativ zueinander bewegen; oder den ›Mössbauer-Effekt‹: quantenmechanischer Effekt der Festkörperphysik, Entdeckung des deutschen Physikers Rudolf Mössbauer, durch die eine genaue Messung kleinster Frequenz- und Energiedifferenzen möglich geworden ist.

65,2 *Revolver:* (von engl. *to revolve*, ›drehen‹) Trommelrevolver.

65,11 *Browning:* selbstladende Faustfeuerwaffe, auch als Pistole bezeichnet, deren Schloß jeweils die leere Patronenhülse auswirft und eine neue Patrone aus dem Magazin im Pistolengriff nachlädt; entwickelt von dem amerikanischen Konstrukteur John Moses Browning (1855–1926).

65,12 *Colt:* Revolver, benannt nach dem amerikanischen Ingenieur Samuel Colt (1814–62), Konstrukteur der ersten voll brauchbaren Faustfeuerwaffe mit automatischer Trommeldrehung und Arretierung für den Schießvorgang.

66,11 *Henkersmahlzeit:* letzte Mahlzeit des zum Tode Verurteilten kurz vor der Hinrichtung durch den Henker.

66,16 *Burgunder:* gute französische Rotweine aus Oberburgund (Departement Cote d'Or), den benachbarten Gebieten (u. a. Beaujolais) und Weißweine aus Niederburgund (Departement Yonne).

68,18 f. *Sie sind ein Genie und als solches Allgemeingut:* zynisch verwendeter Hinweis auf die moralische Verpflichtung der Wissenschaft, mit ihren Leistungen dem Wohle der Allgemeinheit zu dienen.

68,25 *Nobelpreis:* gestiftet von Alfred Nobel (1833–96), schwedischer Chemiker und Industrieller, erfand 1867 das Dynamit. Aus den Erlösen dieser und weiterer Erfindungen, Patente und Lizenzen, so bestimmte es Nobel in seinem Testament, richtete man eine Stiftung mit dem Grundkapital von 31 Mill. schwedischen Kronen ein. Der Auftrag dieser Stiftung ist es, aus dem Zinsertrag zu gleichen Teilen die jährliche Vergabe von fünf Preisen für bedeutende Leistungen auf den Gebieten der Physik, Chemie, Medizin, Literatur (Auswahl und Vergabe durch das Nobelkomittee in Stockholm) und des Völkerfriedens (Auswahl und Vergabe durch einen norwegischen Parlamentsausschuß in Oslo) zu finanzieren. 1968 stiftete die schwedische Reichsbank im Einvernehmen mit der Nobelstiftung einen Preis für Wirtschaftswissenschaften zu Ehren Nobels, der jährlich von der schwedischen Akademie der Wissenschaften vergeben wird.

69,2 *Gravitation:* vgl. Anm. zu 20,15 f.

69,8.10 *einheitliche Theorie der Elementarteilchen / einheitliche Feldtheorie:* einheitliche Quantenfeldtheorie, die es ermöglichen könnte, alle zwischen Elementarteilchen ablaufenden Prozesse zu beschreiben; bisher nicht gefunden. Bekannt sind Quantenfeldtheorien für bestimmte Gruppen von Elementarteilchen, u. a. die Quantenelektrodynamik, die Theorie der Wechselwirkungen zwischen Elektronen, Müonen und Photonen. Anfänge dieser Theorie (um 1930): P. A. M. Dirac, W. Heisenberg, P. Jordan, O. Klein, W. Pauli, E. P. Eigner (Rechnungen/Experimente dauern an). Neben der Quantenelektrodynamik gibt es Theorien zur schwachen und starken Wechselwirkung (schwache Wechselwirkung bewirkt z. B. den radioaktiven Zerfall des Neutrons und instabiler Atomkerne, die starke Wechselwirkung bindet die Protonen und Neutronen im Atomkern). Ein Schritt in Richtung auf die einheitliche Quantenfeldtheorie wurde 1967 von

S. L. Glashow, A. Salam und S. Weinberg durch Vereinheitlichung der schwachen und der elektromagnetischen Wechselwirkung vollzogen, die mathematische Formulierung 1971 durch G. t'Hofft gefunden. Als letzter Schritt zur Vereinheitlichung müßte die Integration der starken Wechselwirkung und der Gravitation erfolgen. – Feldtheorie: Die ersten, formal sehr ähnlichen Theorien über die gegenseitige Anziehung von Massen (I. Newton) oder Ladungen (C. A. Coulomb, 1736–1806) waren sog. Fernwirkungstheorien. Man stellte sich vor, die Kraft zwischen Massen bzw. Ladungen wirke über die Distanz zwischen den beteiligten Körpern und der Raum dazwischen bleibe völlig unverändert. Von M. Faraday stammt der Begriff des elektromagnetischen Feldes (1831); Faraday stellte sich vor, die Kraft zwischen zwei Ladungen (zwei Magnetpolen) sei die Folge der elektrischen (magnetischen) Feldlinien zwischen den Ladungen (Magnetpolen) – des »elektrischen (magnetischen) Feldes« –, die den Raum um die Ladungen (Magnetpole) erfüllen. Die mathematische Formulierung von Faradays Gedanken gelang J. C. Maxwell (1861) in Form der noch heute gültigen Maxwellschen Gleichungen für das elektromagnetische Feld, der ersten Feldtheorie.

69,12 *Weltformel:* populäre Formulierung des Begriffs der »einheitlichen Theorie der Elementarteilchen«, häufig mißverstanden als Formel für die Urbausteine des Kosmos. Man hofft u. a., mit einer solchen Theorie könne es gelingen, gewisse Naturkonstanten (Heisenbergs Annahme: sämtliche Elementarteilchen sind nur verschiedene stationäre Zustände ein und derselben Materie) und die verschiedenen Ladungsarten der Elementarteilchen, die bisher im Experiment gemessen und als Zahlenwert in die theoretischen Berechnungen eingegeben werden müssen, allein aus der Theorie zu berechnen.

Daß der Autor im Gegensatz zum tatsächlichen Stand der Wissenschaft die sog. Weltformel als gefunden annimmt, ist eine – entsprechend dem Dramenentwurf – notwendige Veränderung der wissenschaftlichen Gegenwartswirklichkeit zur literarischen Wirklichkeit als Zukunftsmöglichkeit: die Weltformel entspricht dem literarischen Topos von der absoluten Erkenntnis (ihr Urheber, Möbius, ist der ›Zauberlehrling der Welt‹) bzw. dem Motiv des wissenschaftlichen Schlüssels zur Welterklärung und Weltbeherrschung.

69,16 *en passant:* (frz.) im Vorübergehen, beiläufig, nebenbei.

69,22 *Kompendium:* (lat.) ›kurzer Weg‹; knappe Darstellung eines Sachgebietes in Form eines Abrisses, kurzgehaltenes Lehrbuch.

69,27–30 *Neue, unvorstellbare Energien ... in die Hände der Menschen fiele:* deutliche Anspielung auf die wissenschaftliche Entdeckung der Kernspaltung des Urans (1938) durch die deutschen Chemiker Otto Hahn (1879 bis 1968) und Fritz Straßmann (1902–80), die geregelte, langsame Kettenreaktion im Reaktor und die explosionsartige Kettenreaktion in der Atombombe und allen davon technisch abgeleiteten Kernwaffen mit ihren verheerenden, nicht mehr kontrollierbaren Vernichtungsvorgängen und Folgewirkungen.

70,4 *Generalstab:* in den Streitkräften eine besondere Gruppe führender Soldaten, überwiegend im Generalsrang, die den obersten militärischen Führer in Friedens- und Kriegszeiten bei der Erziehung, Ausbildung, Organisation, Gefechtsführung (taktisch und strategisch) und Versorgung der Truppen beraten.

70,15 f. *Pionierarbeit:* bahnbrechende, revolutionäre Arbeit.

70,16–18 *Ob die Menschheit ... nicht die unsrige:* Der Standpunkt, die Wissenschaft habe ausschließlich ihren Forschungsauftrag (unbegrenztes Erkenntnisstreben) zu verfolgen, stellt die gesellschaftlich problematische Position des ›Wissenschaftlers im Elfenbeinturm‹, des Rückzugs der Wissenschaft auf die reine Forschung, dar. Gemeint ist die Grundsatzdiskussion, ob Forschung ausschließlich um des dauernden und unbegrenzten Erkenntnisstrebens willen betrieben werden kann, weil dieses Verhalten zum elementaren Auftrag menschlichen Denkens und damit Daseins gehört oder ob Forschung um der Erkenntnis willen zwar grundsätzlich zu betreiben ist, immer aber in Relation zum noch begründbaren Sinn eines solchen Tuns und in Abhängigkeit davon, daß die möglichen Folgen bei der praktischen Anwendung der Erkenntnisse (z. B. Atomphysik/Kernwaffenproduktion, Genforschung/Genmanipulation) dem Gemeinwohl der Menschheit dienen.

70,19 *Ästhet:* von griech. *aisthetes* ›Wahrnehmender‹: Freund des Schönen, Schöngeist; hier im Sinne von: weltfremder Mensch.

70,24 f. *Auch unser politisches System muß der Wissenschaft aus der Hand fressen:* gemeint ist die Abhängigkeit der Politik von der Wissenschaft, die letzten Endes durch ihre Erfindungen die Machtmittel zur Verfügung stellt (z. B. besonders augenfällig im militärischen Bereich).

72,15 *Taktik:* im Unterschied zu Strategie (langfristige, umfassende Planung eines Vorhabens) das planmäßige, durch kurzfristig geschicktes Ausnutzen der jeweiligen Bedingungen bestimmte Vorgehen zu einem Ziel; militärischer Begriff seit Ende des 18. Jh.s.

72,25 *Sind diese Physiker frei?:* Die Bedeutung der Physik – aber auch anderer Wissenschaften – für die Interessen der politischen, also auch militärischen Macht hat in der Geschichte immer wieder dazu geführt, daß vor allem Naturwissenschaftler und Mathematiker für eine am Staatsanspruch orientierte Forschungsarbeit unter häufig isolierten Bedingungen zusammengezogen lebten und arbeiteten (z. B. Raketenentwicklung in Peenemünde, Deutsches Reich bis 1945; Atombombenentwicklung in Los Alamos, USA; Raumfahrtforschung usw. in Akademgorodok, UdSSR).

73,19 f. *Es gibt Risiken, die man nie eingehen darf: der*

Untergang der Menschheit ist ein solches: Festlegung einer definitiven Grenze, jenseits derer weder wissenschaftliche Forschung noch technologische Umsetzung ihrer Resultate erfolgen darf, weil sich der Mensch dadurch in seiner Existenz selbst bedroht und im Falle der Nichtbeachtung aufheben würde. Vgl. die Diskussionen und Aktionen von deutschen Physikern im sog. »Uran-Verein« (1939; s. Jungk, 1956; Herbig, 1979) mit ständigem Sitz am Kaiser-Wilhelm-Institut für Physik (Berlin), dessen Direktor 1940 der Physiker Werner Heisenberg (1901–76) wurde. Nach den widersprüchlichen Aussagen von Beteiligten und der umstrittenen subjektiven Einschätzung Heisenbergs soll es gelungen sein, bis zum Kriegsende die Kontrolle über die kernphysikalische Entwicklung und eine waffentechnische Nutzung im Deutschen Reich zu behalten und so zu verzögern, daß es nicht zur Produktion von Atomwaffen kam.

73,31 f. *Ich ließ meine akademische Karriere fahren:* Aufgabe des beruflichen Werdegangs an einer Hochschule, weil der kaum vermeidbare Zusammenhang von Forschung im Dienste der Wissenschaft und Forschung im Dienste der politischen und militärischen Macht erkannt worden ist und zu grundsätzlichen Zweifeln am Sinn und der moralischen Vertretbarkeit so mißbrauchbarer Erkenntnisse geführt hat.

74,1 f. *Ich wählte die Narrenkappe:* Narrenkappe: bunte Stoffbedeckung mit Schellen; sinnbildliche Redewendung, die sich auf die sog. Narrenfreiheit des seit dem 14. Jh. an den Höfen eingeführten Hofnarren bezieht, als ›lustiger Rat‹ oder ›weiser Narre‹ der Unterhaltung diente, aber vor allem das Vorrecht hatte, als einziger am Hofe die Wahrheit zu sagen. Möbius nutzt die gespielte Geisteskrankheit zum einen als ›Tarnkappe‹ und zum andern als ›Narrenkappe‹ (als Geisteskranker alles sagen zu dürfen, auch die Wahrheit), verwendet sein vorgebliches Narrentum als Fluchtexistenz in einer als verkehrt und damit gefährlich erkannten Welt. – Die Tradition der satirisch-didaktischen Narrenliteratur ist alt und groß. Der Narr hat den besonderen Auftrag, die menschlichen Schwächen, seien sie geistig, moralisch, politisch oder wissenschaftlich bestimmt, als öffentliche Mißstände auch öffentlich darzustellen, ohne Rücksichtnahme zu beurteilen und u. U. Wege der Lösung aufzuzeigen (vgl. Stichwort »Der weise Narr«, in: Elisabeth Frenzel, *Motive der Weltliteratur*, Stuttgart ^{2}1980).

75,8–10 *Nur im Irrenhaus sind wir noch frei ... Sprengstoff:* Für Möbius sind die Grundbedingungen menschlicher Existenz, wie sie die Aufklärung mit der Formel vom ›Denken in Freiheit und Öffentlichkeit‹ gefordert hat (vgl. Kants *Beantwortung der Frage: Was ist Aufklärung?*, 1783), von der Gesellschaft selbst außer Kraft gesetzt und nur noch unter den Bedingungen der Flucht in die Isolierung und des Rückzugs auf sich selbst und die eigene Gedankenwelt vorhanden (paradoxer Zustand der Gesellschaft).

75,22 f. *Sie begriff nicht, daß es heute die Pflicht eines Genies ist, verkannt zu bleiben:* Nach Auffassung der deutschen Aufklärung, des Sturm und Drang und der Romantik ist das Genie der überragende Ausnahmemensch, der kraft seiner genialen Begabung und der daraus resultierenden Einsicht in den Weltzusammenhang berechtigterweise die Welt zu bestimmen hat. Die Frage nach einem Zusammenhang von Genie und Wahnsinn kam auf, weil zahlreiche geniale Menschen tatsächlich dem Wahnsinn verfielen (Tasso, Swift, Lenau, Schumann, Haller, Hölderlin, Nietzsche u. a.) und der geniale Mensch in seinem extremen Schaffensdrang leichte psycho-pathologische Züge aufweist, z. B. visionäre Vorstadien von Schizophrenie (vgl. Gottfried Benn, *Das Genieproblem*, Essays, 1929).

78,3 f. *schwarze Uniform mit Mütze und Pistolen:* Die Uniformierung und Bewaffnung der vormals angeblichen Pfleger soll in assoziativer Bindung an die schwarzen Uniformen der SS mitteilen, daß nunmehr statt Krankenpflege eine machtorientierte Haftüberwachung und mißbräuchlich erzwungene Wissenschaftstätigkeit zu erwarten sind.

78,18f. *Sievers hängt das alte Porträt ab und das neue auf:* Der Austausch von Bildern der politisch Mächtigen in privaten und öffentlichen Räumlichkeiten, wenn sich die Machtverhältnisse verändert haben, ist ein allgemein geläufiges Ritual, um seine eigene Loyalität dem neuen Machthaber gegenüber zeigen und um den neuen Machthaber der Öffentlichkeit allgegenwärtig zu präsentieren; im Drama ist es ein sinnbildlicher Vorgang, der die Wiedereinführung früherer militärisch-autoritärer Machtverhältnisse sichtbar demonstriert.

78,22 *Haudegen:* Hiebwaffe mit zweischneidiger Klinge; in übertragener Bedeutung: alter, erprobter Krieger, Draufgänger; hier freundlich-ironisch gemeinte Bezeichnung eines tapferen und erfolgreichen Soldaten.

78,23 *Basedows:* Basedowsche Krankheit: eine zuerst von dem Arzt Karl von Basedow (1799–1854) erkannte Erkrankung, die sich u. a. durch erhöhte Herztätigkeit, Anschwellen der Schilddrüse (Kropfbildung), Hervortreten der Augäpfel (Glotzaugen) bemerkbar macht, worauf hier ironisierend-abwertend angespielt wird.

Heldentode: Anspielung auf den Namen »Leonidas« und seine historische Bindung an den Opfertod des gleichnamigen spartanischen Königs und seiner Soldaten am Engpaß der Thermopylen (480 v. Chr.) im Kampf gegen die Perser; zynische Verwendung des Wortes im Hinblick auf die totale Verfügungsgewalt, die die Anstaltsleiterin nunmehr über die anwesenden Physiker hat, und zwar bis zum Tod.

79,2f. *Generaldirektor Fröben ... mit seinen Helden:* Während die Physiker im Zusammenhang mit dem Weltherrschaftsplan der Anstaltsleiterin die Forschung zu leisten haben (1. Gruppe), sind dem Generaldirektor und seinen aus der Wirtschaft stammenden Mitarbeitern (2. Gruppe) die technisch-ökonomische Umsetzung der Forschungsresultate übertragen worden. Fröben: mögliche Anspielung auf den Mathematiker Georg Frobenius (1849 bis 1917), von 1875 bis 1891 Professor in Zürich, dessen Grundlagenarbeiten auf dem Gebiet der Algebra u. a. später für die Quantenmechanik wichtig wurden.

79,4 f. *Sekt und Kaviar:* erlesene Genußmittel (Kaviar: Rogen des Störs) als traditionelle Bestandteile einer vor allem symbolisch verstandenen Siegermahlzeit, allgemein auch als rhetorische Geste des Triumphes verwendet.

79,6 *Koryphäen:* Koryphäe: Chorführer im altgriechischen Schauspiel, ›an der Spitze Stehender‹; Erster, Ausgezeichneter, bedeutende Persönlichkeit, hervorragender Gelehrter oder Kenner bestimmter Sachgebiete.

79,24 f. *Sein weißer Schatten löst sich von der Wand:* Die Vision von der Erscheinung Salomos korrespondiert motivgeschichtlich mit Heinrich Heines Ballade *Belsatzar* (1837): »Und sieh! und sieh! an weißer Wand / Da kams hervor wie Menschenhand: // Und schrieb, und schrieb an weißer Wand / Buchstaben von Feuer, und schrieb und schwand.« Das Motiv stammt aus dem Alten Testament (Buch Daniel, Kap. 5): Beim Gastmahl des Königs Belsazar werden heilige Gefäße frevelhafterweise für das Trinkgelage verwendet; daraufhin erscheint in Flammenschrift der warnende Hinweis Gottes auf der Wand: »meneh tekel u pharsin« (aramäisch) »Er (Gott) hat (das Reich) gezählt, gewogen, zerteilt«. – Während in der Bibel die göttliche Gerechtigkeit wirksam eingreift und den Schuldigen vernichtet, ist Möbius' Vision lediglich Ausdruck seiner vorgetäuschten geistigen Verwirrung und damit auch nicht von der erforderlichen göttlichen Qualität (Gott schweigt), die im Falle des Dramengeschehens die Schuldigen bestrafen und die sich abzeichnende apokalyptische Entwicklung der Menschheit aufhalten könnte.

81,16 f. *Auch mir ist der goldene König Salomo erschienen:* Im Unterschied zu den drei Physikern Beutler, Ernesti und Möbius, die mit Decknamen auftreten und die geistige Verwirrung simulieren, erweist sich die Leiterin der

Irrenanstalt, Frl. Dr. von Zahnd, als tatsächlich geistig krank. Die folgenden Äußerungen weisen Symptome auf, die die Nähe zur Manie bzw. Schizophrenie zeigen: Verlust von normal-psychologischen Denkzusammenhängen und Schaffung von neuen Assoziationen, Wahnvorstellungen, Machtgefühl und Größenwahn, Verlust des emotionalen Kontaktes zu anderen Personen, Ich-Verlust, Herabsetzung der eigenen Person, Selbstliebe, Annahme der eigenen geistigen Gesundheit.

82,30 *Ich betäubte ihn:* vgl. Anm. zu 33,16.

83,8 *Trust:* aus engl. *trust company* ›Treuhandgesellschaft‹; Kapitalgesellschaft – im Unterschied zum Konzern straff organisierter Zusammenschluß von ehemals selbständigen Unternehmen –, die mit ihrem Kapital und ihren Produkten die Marktbeherrschung im Sinne einer monopolistischen Position verfolgt.

84,7f. *Ihr wart bestimmbar wie Automaten und habt getötet wie Henker:* deutliche Anspielung auf die verbrecherischen Aktivitäten von Wissenschaftlern im politischen Auftrag, z. B. im nationalsozialistischen Deutschland (Ingenieure: Gaskammern; Mediziner: Menschenexperimente).

84,23–85,8 *Ich aber übernehme seine Macht ... Jungfrau:* Monolog der Anstalts- und Trustleiterin, der deutliche Züge geistiger Verwirrung trägt; arrogantes Bekenntnis zum Anspruch auf die totale persönliche irdische und außerirdische Macht, begründet aus der eigenen physischen, psychischen und sozialen Benachteiligung. Hans Mayer: »Schon das von Giraudoux hinterlassene Komödienspiel von der ›Irren von Chaillot‹ war dahin gelangt, die Helenen und Undinen abzulösen durch die eigentlich geschlechtslosen, einer erotischen Partnerschaft unfähigen und unwilligen Alten Frauen« (*Außenseiter*, Frankfurt a. M. 1981, S. 140).

85,6 *Andromedanebel:* Andromeda: Sternbild am Nordhimmel mit dem Andromedanebel, einem mit bloßem Auge erkennbaren Spiralnebel, der mit 1,7 Mill. Licht-

Szenenfoto der Uraufführung im Schauspielhaus Zürich am 20. Februar 1962 mit Therese Giehse als Mathilde von Zahnd, Gustav Knuth als Newton, Theo Lingen als Einstein und Hans-Christian Blech als Möbius (Foto: René Haury, Regensberg)

jahren Entfernung das uns nächste Sternensystem ist. Die hier gemeinte Bedeutung der ins Unendliche des Alls sich zukünftig dehnenden Macht knüpft hintergründig an die griechische Sage an, nach der Andromeda, die Tochter des Äthiopierkönigs Kepheus und der Kassiopeia, von Perseus vor einem Meeresungeheuer, dem ihre Eltern sie opfern wollten, gerettet und geehelicht, später in ein Sternbild verwandelt worden ist. Perseus wurde als einziger Heros (Halbgott) in der griechischen Kunst mit Strahlen, Andromeda mit dem Nimbus (lat. ›Heiligenschein‹) versehen. Die Befreiung der Andromeda ist ein in der bildenden Kunst beliebtes Motiv. Beziehungsreiche Motivverknüpfung mit der doppelgesichtigen Dramen-Heldin: ihre nach außen positive und nach innen negative Erscheinung (Ärztin/Andromeda; Weltbeherrscherin/Medusa).

85,7 f. *Nicht zugunsten der Welt, aber zugunsten einer alten buckligen Jungfrau:* atheistisch-egozentrisches Zerrbild der personifizierten Machtgier (Anklang: Hexenmotiv), der pervertierten Emanzipation der Frau, einer radikalen matriarchalischen Weltführung angesichts des Versagens der patriarchalischen: abgründige Gegenprojektion zur biblischen Figur der Jungfrau Maria.

85,12 *Verwaltungsrat:* bei öffentlich-rechtlichen Anstalten, Körperschaften und Stiftungen häufig ein neben dem Vorstand an der Aufsicht und Leitung der Einrichtung beteiligtes Organ; hier im symbolischen Sinne verstanden als Teil des Machtapparates.

85,13 *Weltunternehmen:* Bezeichnung für globale Diktatur als Gegenbegriff zu der von Einstein vertretenen ›Weltregierung‹ zur Erhaltung von Demokratie, Frieden und Menschlichkeit.

85,27.86,14.28 *Newton/Einstein/Möbius:* Die drei kurzen, etwa gleich langen autobiographischen, teilweise selbstironisch eingefärbten Monologe, mit denen die drei Hauptpersonen das Drama abschließen, stellen dem Leser/Zuschauer Thema und Problem des Theaterstückes noch einmal in personalisierter Form vor. In historisch-chronologischer Anordnung benutzt der Autor die ausgewählten biographischen Elemente und fingierten Selbstkommentierungen (säkulare und biblische Bezüge) der Personen, um an den historischen Porträts/Selbstporträts die wohl unvermeidliche Widersprüchlichkeit und damit Schuldhaftigkeit der Wissenschaftlerexistenz zu demonstrieren und die selbst verursachte Entwicklung der Menschheit in den Untergang vorzuführen.

85,27 *Newton:* Die biographischen und wissenschaftlichen Umstände sind so ausgewählt, daß das Bemühen des historischen Newton deutlich wird, Leben und Werk eines Wissenschaftlers im umfassenden Zusammenhang zu sehen: 1. in wissenschaftsorganisatorischer Hinsicht (leitende Funktion in höchster Wissenschaftlervereinigung seiner Zeit); 2. in beruflicher Hinsicht (naturwissenschaftliches Tun unter streng mechanischen, kausalen und mathematischen Erklärungsbedingungen); 3. in weltanschaulicher Hinsicht (Respektierung des metaphysischen, unerklärlichen Bezugs alles menschlichen Tuns). Carl Friedrich von Weizsäcker (*Die Einheit der Natur*, 1971, S. 185): »Newton stabilisierte die Einheit der Mechanik. Die Hoffnung, auf eine Wissenschaft dieser Art die volle Einheit der Physik, ja eine universelle Ontologie zu begründen, nannte man das mechanische Weltbild.«

86,2 *Royal Society:* älteste englische Akademie der Wissenschaften, 1660 zur Förderung der Naturwissenschaften gegründet; Newton war von 1703 an ihr Präsident.

86,3 f. *Die mathematischen Grundlagen der Naturwissenschaft:* Hauptwerk: *Naturalis philosophiae principia mathematica* (1687, [3]1726; dt. 1872); Themen u. a.: Herleitung der Keplerschen Gesetze (Bewegung der Planeten, 1609 ff.) aus dem Newtonschen Gravitationsgesetz (1666; vgl. Anm. zu 20,15 f.) mit Hilfe der Differentialrechnung; Axiome der Mechanik (Grundlagen der klassischen theoretischen Physik und der Himmelsmechanik, Erscheinungen von Ebbe und Flut, akustische Probleme der Schwingung geklärt; ungelöst die Frage nach dem Wesen der Schwerkraft).

86,5 *Hypotheses non fingo:* (lat.) ›Hypothesen erdichte ich nicht‹, d. h.: Eine Hypothese ist nur solange haltbar, wie sie mit sicheren Erfahrungstatsachen nicht im Widerspruch steht; (Hypothese, von griech. *hypotithenai* ›dar-, unterstellen‹: Unterstellung, Voraussetzung, unbewiesener Grundsatz).

in der experimentellen Optik: Bau eines Spiegelteleskops; Zerlegung des Lichtes in Spektralfarben, Untersuchung von Interferenzerscheinungen (sog. Newtonschen Ringen) und Farbsäumen bei der Beugung des Lichtes; begründete die Emissionstheorie des Lichtes; Publikation *Opticks* (1704).

86,6 *in der theoretischen Mechanik:* vgl. Anm. zu 86,3 f.

86,6 f. *in der höheren Mathematik:* ab 1672 Korrespondenz mit dem deutschen Physiker und Mathematiker Gottfried Wilhelm Leibniz (1646–1716) über mathematische Fragen, 1705–12 Streit über die Priorität der Infinitesimalmethode; Entwicklung des binomischen Lehrsatzes, der Binominalverteilung, Arbeiten zur Differential- und Integralrechnung.

86,8 f. *die Frage nach dem Wesen der Schwerkraft mußte ich offenlassen:* Fortsetzung dieser Forschungen durch Einstein (vgl. Anm. zu 20,15 f.).

86,9 *Ich schrieb auch theologische Bücher:* mystische Sicht der metaphysischen Bezüge des Irdischen: absolute Zeit und absoluter Raum – die Bedingungen der gesetzmäßig ablaufenden physikalischen Vorgänge – als »Sinnesorgan« Gottes angesehen, dessen Existenz unerklärlich ist; aus dieser Einstellung Korrespondenz mit dem englischen Philosophen John Locke (1632–1704), dem Geistlichen und klassischen Philologen Richard Bentley (1662–1742), Arbeiten über die Propheten, zum Gottesbeweis, zur Chronologie der biblischen Ereignisse, Betrachtungen über die Offenbarung des Johannes.

86,10 *zum Propheten Daniel:* Buch Daniel: Buch des Alten

Testaments (überwiegend aus der Zeit um 165 v. Chr.); Hauptintention: Stärkung des Glaubens an den herrschenden und rettenden Gott Israels, der trotz aller negativen irdischen Entwicklungen doch Sieger bleibt; inhaltliche Teile, die im Zusammenhang mit dem Drama stehen: die drei Männer im Feuerofen (Dan. 3), Belsazars Gastmahl (Dan. 5), Daniels vier Visionen (Dan. 7–12).

86,10f. *zur Johannes-Apokalypse:* Der Verfasser der Offenbarung des Johannes, des letzten Buchs der Bibel (entstanden um das Jahr 95 n. Chr.), nennt sich zwar Johannes, ist aber wohl nicht identisch mit dem Apostel Johannes, der nach urchristlicher Überlieferung in Ephesus im 1. Viertel des 2. Jh.s n. Chr. starb. In Visionen, bildhaften Reden, Symbolen wendet sich der Verfasser an die bedrängten Gemeinden in Kleinasien, verfaßt ein Buch des Trostes, der den Gemeinden durch Gott zugesprochen wird. – Apokalyptik: Literaturgattung des 1. und 2. Jh.s n. Chr., weit verbreitet; in der aktuellen bedrängten Situation suchte man durch Berichte zum Weltende, zum Jüngsten Gericht und zum endgültigen Sieg Gottes und des Guten den Menschen Trost und Glauben an die Zukunft zu vermitteln. – Inhaltliche Teile, die im Zusammenhang mit dem Drama stehen: Erscheinung des verklärten Jesus Christus, Erscheinung Gottes, das Buch mit den sieben Siegeln und das Gericht Gottes über die Welt (Offb. 6–20); der Sieg Gottes über den Antichrist und die Offenbarung der göttlichen Herrlichkeit, die endgültige Gemeinschaft Gottes mit den Menschen (Offb. 21f.); durch Dürrenmatt Abtrennung der Apokalypse von der im christlichen Sinne damit verbundenen Heilserwartung: Apokalypse als sinnlose Menschheitskatastrophe.

86,14 *Einstein:* Auch im zweiten autobiographischen Monolog sind die berichteten Umstände so ausgewählt, daß in diesem Wissenschaftlerfall die Widersprüchlichkeit in Forscherleben und Forscherleistung deutlich wird: 1. in wissenschaftsorganisatorischer Hinsicht (wie Newton Angehöriger einer renommierten Wissenschaftlervereinigung, der Preußischen Akademie der Wissenschaften: Anerkennung des wissenschaftlichen Ethos; dagegen bis heute umstrittene Vorgänge im Zusammenhang mit seiner Empfehlung für den Bau der Atombombe, damit Verletzung des wissenschaftlichen Ethos); 2. in beruflicher Hinsicht (geniale Forscherleistung: Entdeckung der zentralen Formel der modernen Physik, spezialisierte Wissenschaft; aber fehlende metaphysische Bindung, Billigung des Baus von Vernichtungswaffen auf der Grundlage der eigenen wissenschaftlichen Erkenntnisse); 3. in weltanschaulicher Hinsicht (Humanist, Liebhaber der Kunst, Pazifist; aber Überzeugung vom unbegrenzten Forschungsauftrag des Menschen, im Zusammenhang mit der amerikanischen Atombombe akzeptierte Relativierung der moralischen Verpflichtung des genialen Wissenschaftlers, z. B. durch die Politik).

86,16 *Experte:* hervorragender Spezialist für ein bestimmtes Sachgebiet (vgl. dagegen Newtons Versuch der universalwissenschaftlichen Weltsicht).

am Eidgenössischen Patentamt in Bern: Verwaltungsbeamter von 1902 bis 1909 im Amt für geistiges Eigentum; optimale Arbeitsmöglichkeiten, die neben den beruflichen Verpflichtungen viel Zeit für die Forschungsarbeit zu den Problemen der theoretischen Physik übrigließen.

86,17 *meine spezielle Relativitätstheorie:* vgl. Anm. zu 21,14.

86,18f. *Mitglied der Preußischen Akademie der Wissenschaften:* Akademie der Wissenschaften: seit dem 18. Jh. Vereinigung von Gelehrten zur Pflege des wissenschaftlichen Austauschs und zur Förderung der Forschung, meist unter staatlicher Betreuung; Zahl der Mitglieder durch Satzung festgelegt; die Wahl zum Mitglied gilt als Auszeichnung für hervorragende wissenschaftliche Leistung. Preußische Akademie der Wissenschaften: gegründet 1700 durch König Friedrich I., geht auf einen Plan des Mathematikers und Physikers Leibniz zurück. Höhepunkte der Wirksamkeit in der Aufklärung, im Idealismus

(Gebrüder Humboldt, Schleiermacher) und besonders nach 1850 (Einsetzen der exakten Forschung in Natur- und Geisteswissenschaften). Einstein war von 1914 (Übernahme des Lehrstuhls für theoretische Physik am Kaiser-Wilhelm-Institut Berlin) bis 1933 Mitglied (Austritt angesichts der Machtergreifung der Nationalsozialisten und des Antisemitismus).

86,19 f. *Später wurde ich Emigrant. Weil ich ein Jude bin:* für diesen Zusammenhang wichtige biographische Umstände: als 15jähriger Lösung von der jüdischen Gemeinde (keine konfessionelle Bindung, aber geistige Verwurzelung), Reise nach Palästina (1919), sein Freund Walter Rathenau (Industrieller, 1922 Reichsaußenminister) wird von nationalistischen und antisemitischen Gruppen befehdet und ermordet (1922); Einstein nimmt bereits 1932 während eines USA-Aufenthaltes ein Stellenangebot des Institut for Advanced Studies in Princeton an und entscheidet sich 1933 – man hat seine Wohnung und seinen Besitz beschlagnahmt und ein Kopfgeld auf ihn ausgesetzt –, in den Staaten zu bleiben, um nie wieder nach Europa zu kommen.

86,20–22 *Von mir stammt die Formel $E = mc^2$, der Schlüssel zur Umwandlung von Materie in Energie:* vgl. Anm. zu 21,14. Die Formel erfaßt eine wesentliche Folgerung aus der speziellen Relativitätstheorie, das Anwachsen der Masse eines bewegten Körpers mit seiner Geschwindigkeit und den Zusammenhang von Masse und Energie: Energie (E) = Masse (m) × dem Quadrat der Lichtgeschwindigkeit (c). Grundlegende Erkenntnis für die Kernphysik und die Entwicklung der Atombombe (Umwandlung von Materie: Uran, in Energie: Kettenreaktion/Explosion).

86,22 *Ich liebe die Menschen:* Einstein wird allgemein von den ihn näher kennenden Zeitgenossen als lebensfroher, freundlicher, zu Freundschaft und herzlicher Kollegialität fähiger Mitmensch, Wissenschaftler und überzeugter Pazifist charakterisiert.

86,23 *liebe meine Geige:* Einstein erhält schon früh (ab 1885) Violinstunden (Einsteins Mutter war Pianistin), vervollkommnet sich systematisch im Violin- und Klavierspiel (1887), spielt regelmäßig die 2. Geige in einer Musikergruppe, trifft in New York mit Arturo Toscanini (1867–1957, Dirigent) und Fritz Kreisler (1875–1962, Geiger und Komponist) zusammen, gibt 1934 ein öffentliches Violinkonzert (Wohltätigkeitsveranstaltung) in New York für emigrierte deutsche Naturwissenschaftler, 1941 ein öffentliches Wohltätigkeitskonzert in Princeton für den Kinder-Hilfs-Fonds. Einstein spielte bevorzugt Bach, Mozart, Schumann (Lieder), Händel, italienische Volkslieder. Es war bezeichnend für sein Verhältnis zur Musik und zum Violininstrument, daß er ein Leben lang zu Akademie-Sitzungen immer mit dem Geigenkasten kam.

86,23 f. *auf meine Empfehlung hin baute man die Atombombe:* Einsteins politisches Engagement wird von den folgenden Umständen und Ereignissen bestimmt: 1914 Unterzeichnung des Friedenstraktats »Manifest to Europeans«, während des Ersten Weltkrieges Pazifist; unterstützt die Gründung eines Judenstaates in Palästina (1919); Korrespondenz mit Sigmund Freud über den Krieg und seine Verhinderung (1932); Verfolgter des Nationalsozialismus (Jude), als Emigrant in den USA; warnt die Welt vor Deutschlands Kriegsvorbereitungen (1933); gedrängt von anderen Wissenschaftlern Empfehlung an den amerikanischen Präsidenten Roosevelt für die Entwicklung von Atom-Energie (weniger von Waffen), ausgehend von der Annahme, daß Deutschland an der Atombombe bereits baue und die ›freie Welt‹ sie zuerst haben müsse (1939): »I am a dedicated but not an absolute Pacifist; this means that I am opposed to the use of force under any circumstances, except when confronted by an enemy who pursues the destruction of life as an end in itself«; 2. Brief an Roosevelt, die Entwicklung zu beschleunigen (1940); auf Rat von Kollegen Empfehlung an den Präsidenten, die Entwicklung atomarer Waffen zu beobachten (1945); 1. Atombombentest in den USA (16. Juli 1945), Atombombenabwürfe über Hiroshima und Nagasaki (6. und 9. August 1945); offener Brief über den Frieden an russische Wissenschaftler (1947); Mitglied einer deutschen Gesellschaft für eine Weltregierung (1948), der Max-Planck-Gesellschaft (1949), der deutschen Sektion der Internationalen Organisation des Widerstandes gegen den Wehrdienst.

86,28 *Möbius:* Der dritte Physiker, die erdachte Figur mit dem hinzugefügten Schatten des legendären Salomo, stellt die personale Klammer für die beiden Partnergestalten dar. Möbius demonstriert an sich selbst den historisch und zukünftig immer gegebenen Konflikt, der sich für den Forscher aus dem Zusammenhang von Erkenntnispflicht und Arbeitsethos der Wissenschaft, dem gesellschaftlichen Anspruch auf die Erkenntnisresultate und dem Wissen und der dadurch möglichen – politisch begründeten – mißbräuchlichen Verwendung ergibt. Er verkörpert den erfolgreichen Physiker in der Tradition der Genies wie Newton und Einstein, der die Tragweite seiner Erkenntnisse und die zu erwartenden negativen Folgen für die Welt, wenn die Menschen damit umgehen werden, ermessen kann; er verkörpert aber auch die Tragik des Wissenschaftlers, der seinen wissenschaftlichen Erkenntnissen und ethischen Einsichten nicht mehr entfliehen und die Anwendung des vom Naturwissenschaftler Gedachten nicht mehr verhindern kann, egal wohin er sich auch begibt.

Ich bin Salomo: nicht länger zur eigenen Tarnung und Sicherheitssuche vor der Welt mit ihren fatalen Ansprüchen an den Naturwissenschaftler vorgetäuschte Vision, sondern jetzt Identifikation mit dem zum Archetypus von Weisheit und Schuld mythisierten biblischen König (gebrochene Gestalt); Allegorisierung des Schicksals vom Physiker, Naturwissenschaftler, erkennenden Menschen überhaupt als einer negativen Apotheose, den Salomo-Stoff entsprechend der literarischen Absicht anverwandelnd (vgl. das biblische Salomo-Bild in 1. Kön. 3,5–15; Spr. 1,1–9 und 8,1–31); Vision vom sicheren Ende der Menschheit nach der atomaren Apokalypse, ausgelöst von der Hybris des Menschen in Wissenschaft und Politik. Durch die Deckungsgleichheit der Figuren Möbius und Salomo und der damit gemeinten zeitlichen Projektionen Zukunft und Vergangenheit wird die Vision zur totalen Schau und Beurteilung des grotesken und absurden Verhaltens der Menschheit, die wenige geniale Forscher hervorbringt (Gewinn der existentiellen Selbsterkenntnis), deren Erkenntnisse in breiter Anwendung die Menschheit in ihrer Existenz bedrohen (fehlende Erkenntnis von der bedrohten Existenz). – Der Mensch und die Wissenschaft befinden sich in einem zeitlich und moralisch geschlossenen Zirkel (jegliche Vergangenheit und jegliche Zukunft) der Menschheitsgeschichte, exemplarisch durch die Figuren des Stückes vorgeführt: Salomo – Newton – Einstein – Möbius – Salomo. Salomo als Allegorie der Janusköpfigkeit der Wissenschaft: die Weisheit des Königs Salomo (der moralisch gesicherte Erkenntnisauftrag der Wissenschaft und ihr Beitrag zum Fortschritt der Menschheit); die Hybris des Königs Salomo (der moralisch mißbrauchte Erkenntnisauftrag der Wissenschaft und sein Beitrag zum Untergang der Menschheit); die »Weltformel«: Sieg und Niederlage des menschlichen Geistes. – Salomo, »einst Idealbild der Gottesfurcht *und* Weisheit, des Friedens *und* der Macht, fiel, weil seine Weisheit und Macht seine Gottesfurcht und den Frieden zerstörten: Vernichtung durch ›Spaltung‹. Die Legende von Salomos einstiger Herrschaft über das Dämonenreich durch Besitz eines zauberkräftigen Siegelrings, der ihm von seinem Feind, dem schrecklichen Geisterfürsten Aschmedai geraubt wird und der dann auch Salomos Gestalt annimmt, präfuguriert den Fall des Salomo-Möbius, dessen Feindin, die Directrice des Irrsinns, Fräulein Doktor von Zahnd, ihm das weltformelkräftige Manuskript entwendet, auch ihrerseits nun die Gestalt Salomos ›annehmend‹. Unterschwel-

Alfred Rethel: Der Tod als Würger (Holzschnitt, 1849)

lig, bohrend präsent bleibt das nicht gestaltete Pendant zur Legende, wie Salomo seinen Doppelgänger auf äußerst beschwerliche Art besiegt und die Kontrolle über die Dämonenwelt zurückgewinnt.« (Knust, 1986, S. 128)

87,9 f. *Nur noch die Geige Einsteins ist zu hören:* Das Schlußbild demonstriert die Leere der Welt (die Ratio hat sich selbst aufgehoben, Geist und Vernunft sind ohne Zukunft) und die Chance der Kunst (Musik), die Welt zu erhalten, zu verändern, Existenzgrundlage der Welt zu sein, die Ratio zu überdauern; diese mögliche positive Perspektive wird mit der Figur des geigenden Einstein in der Rolle des Spielmanns (Allegorie des Todes, Aufspielen zum Totentanz) aufgehoben.

II. Zur Entstehungsgeschichte

1. Dürrenmatt über den Zusammenhang von Autor-Biographie, Stoffen und Literatur

»Es ist immer wieder von irgend jemandem versucht worden, sein eigenes Leben zu beschreiben. Ich halte das Unterfangen für unmöglich, wenn auch für verständlich. Je älter man wird, desto stärker wird der Wunsch, Bilanz zu ziehen. Der Tod rückt näher, das Leben verflüchtigt sich. Indem es sich verflüchtigt, will man es gestalten; indem man es gestaltet, verfälscht man es: So kommen die falschen Bilanzen zustande, die wir Lebensbeschreibungen nennen, manchmal große Dichtungen – die Weltliteratur beweist es –, leider oft für bare statt für kostbare Münze genommen.
Was nun mein Leben betrifft, so halte ich, es näher zu beschreiben, auch noch aus einem anderen Grunde für überflüssig. Gemessen am Schicksal von Millionen und Abermillionen, die lebten, leben, während ich lebe, und noch leben werden, wenn ich nicht mehr lebe, kommt mir mein Leben so privilegiert vor, daß ich mich schäme, es auch noch schriftstellerisch zu verklären.
Wenn ich trotzdem über mich schreibe, so nicht über die Geschichte meines Lebens, sondern über die Geschichte meiner Stoffe; denn in meinen Stoffen drückt sich, da ich Schriftsteller bin, mein Denken aus, auch wenn ich natürlich nicht nur in Stoffen denke. Aber die Stoffe sind die Resultate meines Denkens, die Spiegel, in denen, je nach ihrem Schliff, mein Denken und damit auch mein Leben reflektiert werden. Doch gehören zu diesen Stoffen nicht nur die Stoffe, die ich geschrieben, sondern auch jene, die ich nicht vollendet oder nicht geschrieben habe. Indem ich vor allem diese skizziere, taste ich in der Entwicklung meines Denkens zurück wie einer Spur, der ich folge, und was ich aufscheuche, ist mein Leben.
Gehe ich aber von meinem Leben aus, tauchen hinter mei-

nen geschriebenen Stoffen die ungeschriebenen auf. Sie ruhen in meinem Gedächtnis, durch die Zeit mehr oder weniger undeutlich geworden, wie versunkene Gegenstände. Oft sind nur Bruchstücke ahnbar, kaum je das Ganze, um so mehr wuchern gerade sie oft weiter, klagen mich an als ungenutzte oder verspielte Gelegenheiten. Gewiß, die geschriebenen Stoffe sind die Ergebnisse meines Lebens: Doch ist Leben nicht nur Handeln, es ist vorerst Erleben, und wie Handeln Erleben voraussetzt, setzt auch Nichthandeln Träumen und Tagträumen, Erleben voraus, Leben endlich. Wer schreibt, handelt, setzt Erlebtes und Leben um, unmittelbar oder mittelbar, den Beweggründen entsprechend, die einen zum Schreiben bringen, oft überlisten, je nach der Beschaffenheit dessen, der da schreibt: mittelbar, was mich betrifft.«

Friedrich Dürrenmatt: Labyrinth. Zürich: Diogenes Verlag, 1990. S. 11 f. –

»Der Entstehung von Stoffen nachzuspüren, ist nicht einfach. Oft sind es Erinnerungen, die sich im Unbewußten mit einem Einfall verbunden haben, der, taucht er wieder auf, scheinbar nichts mit den Erinnerungen zu tun hat. Indem ich die Entwicklung meines Denkens anhand der Geschichte meiner ungeschriebenen und damit, unwillkürlich, auch meiner geschriebenen Stoffe darzustellen versuche, genauer noch: der Beziehung zwischen Erleben, Phantasie und Stoff nachtaste, um eine Dramaturgie der Phantasie aufzuspüren, läßt sich Autobiographisches nicht vermeiden, damit auch nicht Lappalien, ja Läppisches, allein deshalb, weil auch im Nebensächlichsten oft die Keime zu Stoffen liegen; *bleibt* das Autobiographische jedoch nebensächlich, bloße Lappalie, ist es fallenzulassen.«

Ebd. S. 221.

»Schriftsteller sollten einander nach ihren Urstrukturen, Urmotiven und Urbildern zugeordnet werden, nicht chronologisch. Den Einfluß der Literatur auf Literatur streite ich nicht ab. Selbstverständlich wirkte sie auch auf mich ein. Doch noch entscheidender sind die Eindrücke, die durch die ›vorliterarischen‹ Eindrücke zu Literatur werden.«

Ebd. S. 71.

2. Biographische Einflüsse

Von den biographischen Umständen, die den Autor (1921–90) im Zusammenhang mit Thema, Stoff und Motiven bei seinen Recherchen für das Theaterstück und dessen Ausarbeitung beeinflußt haben, sind u. a. die folgenden Sachverhalte bei der Rezeption zu berücksichtigen (vgl. die autobiographischen Ausführungen in WA 2, S. 11 ff.; 27, S. 125 ff.; F. D., *Labyrinth*, Zürich 1990):

- Elternhaus und Schule wecken ein dauerndes Interesse an der antiken und mittelalterlichen Kultur, an den Themen der Bibel und an den astronomischen Verhältnissen.
- Studium (1941–45) der Literatur (kritisch-ablehnende Einstellung zur Literaturkritik; antike Tragödien, Aristophanes, Fontane, die Expressionisten, vor allem Georg Kaiser, Franz Kafka, Frank Wedekind, Karl Kraus), Philosophie (Kant, Aristoteles, Plato, Kierkegaard) und Naturwissenschaften in Zürich und Bern.
- Lebenslang kontinuierliche Beschäftigung mit den erkenntnistheoretischen und ethischen Fragen der Naturwissenschaften (Physik, Astrophysik) und Mathematik, damit verbunden der persönliche Kontakt zu Physikern, u. a. zu dem Kernphysiker Prof. Dr. Theodor Bleuler, der den Autor in naturwissenschaftlich-fachlichen Fragen beraten hat und dessen Name in der Personenbezeichnung »Herbert Georg Beutler« anklingt.
- Seit Ende der vierziger Jahre engagiert-skeptische Reflexion der weltpolitischen Entwicklung (vgl. Kap. II,3) und der isolationistischen Politik der Schweiz.

- Auseinandersetzung mit Theologie und Kirche als Folge des Berufes und der Tätigkeit seines Vaters Reinhold Dürrenmatt, eines protestantischen Pfarrers, der von 1935 an am Diakonissenhaus in Bern beschäftigt ist.
- Vertrautheit mit Parkanlage und Gebäuden der Heilanstalt »Préfargier« bei Neuchâtel, die zum Vorbild für den literarischen Schauplatz »des privaten Sanatoriums ›Les Cerisiers‹« wird.

»Meine Mutter erzählte die Bibel. Sie löste in der Sonntagsschule die Tochter des frommen Zahnarztes ab, bei der wir uns gelangweilt hatten. Wurden uns vorher fromme Sprüche mit sanfter kindlicher Stimme vorgeleiert, entrollte nun meine Mutter ein Epos. Zwar ließ sie Adam und Eva beiseite, die Geschichte war ihr zu genierlich, aber die Sintflut stellte sie gewaltig dar, Gottes Zorn: den ganzen Ozean kippte er über die Menschheit – nun schwimmt mal; Moses und Josua: Sonne, stehe still zu Gideon, und Mond im Tal Ajalon. Bei diesem Befehl ging ein Ruck durch das Weltgefüge, mit der Sonne und dem Mond verharrte auch die Milchstraße und weiter noch der Andromedanebel einen Tag und eine Nacht in Unbeweglichkeit, statt sich in rasender Geschwindigkeit zu drehen und aufeinander zuzuschießen, während auf der kleinen Erde eine Schlacht tobte, Schilde aneinanderprasselten, Rosse aufgeschlitzt und Menschen zerhackt wurden.«

Friedrich Dürrenmatt: Labyrinth. Zürich: Diogenes Verlag, 1990. S. 21. –

»Die Welt ist größer als das Dorf: über den Wäldern stehen die Sterne. Ich machte mit ihnen früh Bekanntschaft durch den Lehrer Fluri, einen stillen, ernsten Mann, der vor seiner Heirat bei uns logierte und der die obersten Klassen unterrichtete. Ich zeichnete die Konstellationen: den unbeweglichen Polarstern, den Kleinen und den Großen Bären mit dem geringelten Drachen zwischen ihnen; ich lernte die helle Wega kennen, den funkelnden Atair, den nahen Sirius, die ferne Deneb, die Riesensonne Aldebaran, die noch gewaltigeren Beteigeuze und Antares. Ich wußte, daß das Dorf zur Erde und die Erde zum Sonnensystem gehört, daß die Sonne mit ihren Planeten sich um das Zentrum der Milchstraße bewegt, Richtung Herkules, und ich vernahm, daß der gerade noch mit bloßem Auge erkennbare Andromedanebel eine Milchstraße sei wie die unsrige. Ich war nie Ptolemäer.«

Ebd. S. 20.

»Der Vorfall blieb nicht ohne Folgen: eine Vorliebe für die Physik hat mich seitdem nie mehr verlassen. Sie und die Mathematik sind die einzigen Fächer, von denen ich bedaure, sie in meiner Gymnasial- und Universitätszeit nicht fleißiger studiert zu haben. Die Erkenntnis, daß gerade sie für mich wichtig wären, kam zu spät, und nun bleibt mir nichts anderes übrig, als in ihnen zu stümpern. Wohl lese ich mathematische oder physikalische Bücher, doch vermag ich ihren Inhalt bloß zu ahnen.«

Ebd. S. 214.

»Mit dem Dorf und der Stadt, mit dem eingeschlossenen Land und mit dem an seinen Grenzen sich brechenden Krieg, mit meiner Pubertät, mit meiner Vertrautheit mit den griechischen Sagen und mit meiner jugendlichen und späteren Lektüre ist jedoch die Wahl meines ersten ›labyrinthischen‹ und meiner späteren labyrinthischen Stoffe noch nicht völlig erklärt, andere Stoffe wären auch denkbar gewesen. Fragen bleiben offen. Außer der ersten Umwelt und den ersten Büchern legen die persönlichen Verhältnisse die Gleise, die man später benutzt. Woher ich vorliterarisch und später literarisch das Motiv des Labyrinths kannte, läßt sich nachweisen; warum ich es anwandte, um die Welt nachzugestalten, die ich vorfand, ist nicht selbstverständlich.«

Ebd. S. 72.

3. Zeitgeschichtliche Einflüsse

Mit seinem Drama *Die Physiker* reagiert Dürenmatt auf die weltpolitisch unsichere und bedrohliche Lage. Die Zeit vom Ende des Zweiten Weltkrieges bis zum Beginn der sechziger Jahre wird bestimmt von der ideologischen, politischen und militärischen Konfrontation der beiden Weltmächte UdSSR und USA, die die Gefährdung der Menschheit durch einen Krieg mit Atomwaffen möglich erscheinen läßt.

Versuche der Neuorientierung (1957–1960)

Kriegsgefahr und Ansätze zur Rüstungsbegrenzung

Seit Mitte der fünfziger Jahre treten die Gefahren eines offenen Krieges zwischen den Supermächten USA und UdSSR in den Hintergrund, weil angesichts der *Gefahr eines Nuklearkrieges* jegliche direkte Konfrontation vermieden wird. Vor diesem Hintergrund verbessern sich auch ein wenig die *sowjetisch-amerikanischen Beziehungen in Europa*. Die UdSSR geht dabei zur wirtschaftlichen Expansion im internationalen Maßstab über, um den hier bestehenden Vorsprung der USA aufzuholen, während die USA ihre technologisch-militärischen Programme beschleunigen, um gegenüber der sowjetischen Aufrüstung mit Fernraketen nicht ins Hintertreffen zu geraten *(»Sputnik Effekt«)*.
Das Verhältnis zwischen den Blöcken verbessert sich leicht, so bei der *Frage der Abrüstung*, zumal die UdSSR zu Zugeständnissen bereit ist; Versuche mit Atomwaffen werden vorübergehend sogar eingestellt. Die sowjetische Regierung signalisiert den westlichen Regierungschefs, daß sie eine Expansionspolitik der *VR China* nicht mehr unterstützen würde. Andererseits beginnt ein *Raketenwettlauf* zwischen den USA und der UdSSR mit der massiven Installierung von Fernlenkraketen-Basen. Während der Westen die Bundesrepublik Deutschland aufrüstet, festigt die Sowjetunion auch militärisch die Position der DDR und übt anhaltend *Druck auf Berlin* aus.

Mitte der fünfziger Jahre sind die Großmächte über verschiedene Möglichkeiten des Ausbruchs eines atomar geführten Krieges besorgt, nämlich die Möglichkeit:
1. des unbeabsichtigten Krieges, der aufgrund technischen Versagens z. B. der Radarkontrollen oder der Interkontinentalraketen oder aufgrund menschlichen Versagens eines Befehlshabers gleichsam aus Versehen entstehen kann,
2. des Krieges durch Fehlkalkulation, die dann auftritt, wenn eine Großmacht die Risiken der Maßnahmen gegenüber der anderen falsch einschätzt, so wenn sie sich darauf versteift, in einer Krise hart zu bleiben, im Glauben, daß die andere Seite keinen Krieg will. Wenn indes die andere Seite überraschend doch nicht nachgibt, dann kann der Krieg folgen.
3. des kalkulierten Krieges, die dann real werden kann, wenn eine Großmacht der Überzeugung ist, daß der Eintritt in einen Krieg die am wenigsten unakzeptable ihrer Wahlmöglichkeiten ist, wozu auch ein aufgrund waffentechnischen Rückstandes notwendig erscheinender Präventivkrieg, selbst ein begrenzter zu rechnen ist, und
4. daß ein dritter Staat mit kleinem atomarem Potential die Großmächte in einen Krieg hineinzieht.
Die in der zweiten Hälfte der fünfziger Jahre einsetzenden Verhandlungen zwischen den Großmächten haben, so gesehen, weniger das Ziel abzurüsten, als durch bilaterale und multilaterale Verhandlungen die Risiken eines Kriegsausbruches zwischen ihnen unter Kontrolle zu bringen, die Weiterverbreitung von atomaren Waffen zu blockieren und die ökologischen und finanziellen Folgen des Wettrüstens zu mindern.

Der Große Ploetz. Auszug aus der Geschichte. 30. Aufl. Freiburg/Würzburg: Ploetz, 1986. S. 1247f. – Mit Genehmigung der Verlag Ploetz GmbH & Co. KG, Freiburg im Breisgau.

Tabellarische Übersicht zu den Ereignissen von Politik, Rüstung, Abrüstung und Raumfahrt vom Ende des Zweiten Weltkrieges (1945) bis zum Aufführungsjahr der *Physiker* (1962), die die Gefährdung des Friedens deutlich werden lassen und als Voraussetzungen für Dürrenmatts politisches Engagement einzuschätzen sind:

1945	Ende des *Zweiten Weltkrieges* Explosion des ersten Atomsprengkörpers (16. 7.) auf einem Testgelände bei Alamogordo (New Mexico / USA) Kapitulation des Deutschen Reiches (8. 5.) Abwurf von zwei Atombomben (USA) auf die japanischen Städte Hiroshima (6. 8.) und Nagasaki (9. 8.); Kapitulation Japans (2. 9.)
1946	Amerikanische Versuche mit Atomwaffen (Bikini-Atoll / Pazifik) *Baruch-Plan (USA):* Vernichtung sämtlicher Atomwaffen, internationale Kernenergie-Kontrolle; UdSSR lehnt ab
1948–56	Phase des *Kalten Krieges:* Bezeichnung für die nicht-kriegerische Konfrontation zwischen den USA und der UdSSR und den von ihnen angeführten Machtblöcken; die Auseinandersetzung zielte darauf ab, den Gegner durch die Einrichtung von Militärbündnissen, politischen Druck und militärische Drohung, die Unterstützung von Staatsstreichen, Propaganda, Spionage, Unterwanderung und die diplomatische Beeinflussung neutraler Staaten, bes. der Dritten Welt, zu schwächen
1948–49	*Berliner Blockade* (1. Berlin-Krise): Versuch der sowjetischen Besatzungsmacht, durch die Sperrung sämtlicher Land- und Wasserwege die Verbindung West-Berlins an die Bundesrepublik Deutschland zu trennen und ganz Berlin politisch

zu kontrollieren; scheitert am Widerstand der USA und der Berliner Bevölkerung, die durch eine *Luftbrücke* versorgt wird

1949 *Gründung der NATO* (North Atlantic Treaty Organisation): westliches Verteidigungsbündnis mit integriertem Militärsystem als Folge des sich ausdehnenden kommunistischen Machtbereichs in Mittel- und Ost-Europa
Staatsgründung der Deutschen Demokratischen Republik
Erster Atomwaffenversuch der UdSSR

1950–53 *Korea-Krieg:* erfolgreiche Zurückdrängung einer Invasion nordkoreanischer Truppen durch UN-Einheiten unter dem Oberbefehl des amerikanischen Generals McArthur; nach Angriff chinesischer Freiwilliger Gefahr der nuklearen Eskalation; Waffenstillstandslinie des 38. Breitengrades

1950 *Weltfriedensrat (Stockholm):* Aufruf zur Vernichtung sämtlicher Atomwaffen

1951 Erste explosionsartige Kernverschmelzung (USA) auf dem Eniwetok-Atoll (Pazifik)

1952 Die USA zünden die erste Wasserstoffbombe
Erste Detonation eines Atomsprengkörpers durch Großbritannien

1953 *Arbeiteraufstand in Ost-Berlin* und Niederschlagung auch durch sowjetische Truppen
Zündung des ersten Wasserstoffsprengkörpers durch die UdSSR

1954 Erprobung der ersten transportablen Wasserstoffbombe (USA)
Erstes Atom-U-Boot (USA)
Erstes Atomkraftwerk in der UdSSR
UdSSR lehnt britisch-französischen Plan zur Abrüstung ab

1955 Proklamation der vollen *Souveränität der Bundesrepublik Deutschland*

Eintritt der Bundesrepublik Deutschland in die NATO

Gründung des Warschauer Paktes (Vertrag über Freundschaft, Zusammenarbeit und gegenseitigen Beistand) durch die kommunistisch regierten europäischen Staaten unter Führung der UdSSR

Erste Unterwasser-Atomwaffe der USA

Erster Wasserstoffbombenabwurf vom Flugzeug durch die UdSSR

Wirkungsvolle Proklamation von Bertrand Russell und Albert Schweitzer gegen den Atomkrieg

Ab 1955 sog. internationale *»Pugwash«-Treffen* von Atomforschern im kanadischen Ort Pugwash (Nova Scotia)

1956 *Ungarnaufstand:* Aufruhr der Bevölkerung aus Unzufriedenheit mit der kommunistischen Führung, Niederschlagung durch sowjetische Truppen

Eintritt der DDR in den Warschauer Pakt

Suez-Krieg: Erfolglose militärische Intervention britischer, französischer und israelischer Truppen in Ägypten, um die wirtschaftlichen und politischen Interessen Großbritanniens am Suez-Kanal zu wahren

Londoner 5-Mächte-Konferenz: Beratung über Verringerung von Rüstung und Atomversuchen; weltweite Zunahme der *Anti-Atom-Bewegung*

Gründung der *Internationalen Atomenergie-Organisation* mit Sitz in Wien zum Zwecke des Informationsaustausches und der Durchführung von Sicherheitskontrollen

1957 Erster Wasserstoffbombenversuch Großbritanniens

Erster künstlicher Erdsatellit (»Sputnik«/UdSSR)

Erster erfolgreicher Flug amerikanischer und sowjetischer Interkontinentalraketen mit Atomsprengköpfen
Aufstellung von Mittelstreckenraketen mit Atomsprengköpfen durch die NATO in Mitteleuropa
Die britische Regierung verschweigt die Umstände des *ersten Reaktorunfalls* (Kernkraftwerk Windscale / heute: Sellafield), dem die atomaren Katastrophen von Harrisburg (USA, 1979) und Tschernobyl (UdSSR, 1986) folgen werden
Londoner 5-Mächte-Konferenz: Fragen der Einstellung sämtlicher Atomversuche
Rapacki-Plan (Warschau): atomwaffenfreies Mitteleuropa
Osterbotschaft Albert Schweitzers gegen Atomwaffen

1958 Die USA und Großbritannien unterbrechen ihre Kernwaffenversuche für ein Jahr, die UdSSR ebenfalls, Frankreich setzt diese fort
Erster amerikanischer Satellit (»Explorer I«)
Gründung der EURATOM (Europäische Atom-Gemeinschaft)
Genfer Konferenz zur Einstellung von Atomversuchen
14. UN-Vollversammlung: Britischer Dreistufenplan zum Atomwaffenverbot
Linus Pauling / Barry Commoner / E. U. Condone: *Manifest gegen Atomtests*, mit 9235 Unterschriften internationaler Physiker der UN übergeben
Erneute Osterbotschaft Albert Schweitzers gegen Atomwaffen

1960 *Abschuß eines amerikanischen U-2-Aufklärungsflugzeuges* über der Sowjetunion
Erster erfolgreicher Start einer Interkontinentalrakete von einem Atom-U-Boot (USA)
Atomwaffenversuche Frankreichs in der Sahara;

Beginn des Aufbaus einer französischen Atomstreitmacht
Genfer 10-Mächte-Konferenz u. a. zum Atomwaffenproblem und zu Rüstungsfragen

1961 *Kongo-Krise:* Eingreifen der Vereinten Nationen, der USA und der UdSSR
Errichtung der Berliner Mauer (2. Berlin-Krise) mit Unterstützung der Warschauer-Pakt-Staaten zur militärisch bewachten Abgrenzung von Ost- und West-Berlin, nachdem seit 1958 die UdSSR kontinuierlich die Aufhebung des Viermächte-Status Berlins und die Entmilitarisierung West-Berlins zur ›Freien Stadt‹ verlangt hat
Umsturz in der Dominikanischen Republik: Ermordung des Diktators R. Trujillo Morino, Vertreibung der herrschenden Familie Trujillo Morino durch den Staatspräsidenten Balaguer
Die UdSSR setzt ihre Kernwaffenversuche fort
Erstes bemanntes Raumschiff umkreist die Erde (Kosmonaut Jurij Gagarin / UdSSR)
Ausbau der militärischen Präsenz der USA in Südvietnam
Genfer 10-Mächte-Konferenz: Fortsetzung der Rüstungskontrollverhandlungen

1962–63 *Kuba-Krise:* Konflikt zwischen den USA und der UdSSR als Folge der Anlehnung Kubas an den Ostblock (1960), der gescheiterten Invasion der von den USA unterstützten Exilkubaner, vor allem aber der Stationierung von weitreichenden russischen Raketen auf der Insel; Gefahr einer nuklearen Auseinandersetzung zwischen den Großmächten

1962 *Genfer 18-Mächte-Konferenz* zur Rüstungskontrolle
Militärputsch in der Dominikanischen Republik
Umfangreiche amerikanische und sowjetische Atomwaffenversuche

4. Wissenschaftspublizistische Einflüsse

Die Entwicklung der Atomphysik und die technische Nutzung ihrer Resultate, die damit verbundenen persönlichen und beruflichen Beziehungen und menschlichen wie moralischen Probleme zahlreicher Naturwissenschaftler und Mathematiker, wie sie von dem Publizisten Robert Jungk (geb. 1913) in dem Buch *Heller als tausend Sonnen* (1956) dargestellt werden, führen zu einer öffentlichen Diskussion über das Selbstverständnis der Kernphysik und der Wissenschaft allgemein.
Dürrenmatt ist von Jungks Buch und der darin aufgeworfenen Thematik so beeindruckt, daß es von ihm in der Züricher *Weltwoche* (1956) besprochen und für sein Drama *Die Physiker* als wichtige Grundlage gewählt wird, deren stoffliche Bezüge die Rezension deutlich macht.

Über die Entstehung seines 1956 erstmals erschienenen Buches *Heller als tausend Sonnen* schrieb ROBERT JUNGK 1963:

Ein kurzer Werkstattbericht des Autors

Weshalb denken wir eigentlich immer nur darüber nach, was der Wissenschaftler *tut*, und niemals darüber, was er *ist?* Diese Frage, die ich in einem Aufsatz des amerikanischen Erziehers George N. Shuster fand, hat mich nicht losgelassen. Sie führte mich auf die lange Reise von Erdteil zu Erdteil, von Land zu Land, von Atomforscher zu Atomforscher, deren Resultat die vorliegende Arbeit ist.
Allerdings fiel der Samen dieses Ausspruches bereits auf vorbereiteten Boden. Am Ende meines ersten Besuches in der amerikanischen Atomstadt Los Alamos im August 1949 hatte mir ein seit Jahren dort lebender Forscher mitteleuropäischen Ursprungs, ein paar Minuten nur bevor der Bus abfuhr, plötzlich ein erschütterndes persönliches Geständnis gemacht: »Es ist doch seltsam, und ich kann es nicht begreifen«, sagte er, »meine Jugend stand ganz unter dem Zeichen

der Sehnsucht nach Wahrheit, Freiheit und Frieden. Und nun hat mich das Schicksal gerade hierher verschlagen, wo meine Bewegungsfreiheit eingeschränkt ist, die Wahrheit, die ich zu entdecken versuche, hinter Safetüren versperrt bleibt und meine Arbeit letzten Endes dem Bau der furchtbarsten Kriegswaffen gewidmet sein muß. Welch widerspruchsvolles Schicksal!«
Seither hatte ich oft über den Lebensweg der Atomforscher nachgedacht und auch versucht, die Tragödie eines solchen Menschen in Romanform zu erzählen. Um diesen Roman lebensecht zu gestalten, mußte ich beginnen, die wirklichen Hintergründe dieser Karriere zu studieren. [...]
Allerdings war es leichter, diesen Entschluß zu fassen, als ihn zu verwirklichen. Es gab zwar viele, beinahe zu viele Berichte über die wissenschaftliche und technische Geschichte der Atomentwicklung, aber kaum etwas Gedrucktes über die menschlichen und moralischen Probleme dieses Vorganges. So mußte ich noch stärker als geplant auf mündliche Aussagen gründen. [...]
Drei Widerstände waren es, die ich in fast allen diesen Unterhaltungen zu überwinden hatte. Erstens die Befürchtung des Befragten, durch seine Äußerungen einen oder mehrere seiner noch lebenden Kollegen zu verletzen. [...]
Ein zweiter Einwand, den ich hörte, war der, daß ich als jemand, der selbst der »Familie der Atomphysiker« nicht angehörte, unmöglich ihre wahre Geschichte erfassen könnte. Das mochte am Anfang meiner Recherchen wirklich so sein. Je weiter ich aber in die Materie eindrang, desto klarer wurden mir die persönlichen und historischen Bezogenheiten dieser Menschen, ja, es stellte sich heraus, daß ich schließlich mehr Übersicht über den Gesamtablauf dieses Schicksals einer besonders wichtigen und einflußreichen Gruppe besaß als die meisten einzelnen, die mir ihre Erlebnisse und Ansichten anvertrauten. Denn sie hatten ja – abgesehen von ganz wenigen Ausnahmen – nur den eigenen Abschnitt des Geschehens sehen können, während der Chronist aus seiner Kenntnis zahlloser Einzelheiten die

Verknüpfung der Ergebnisse und ihre, den Handelnden selbst meist unbekannte, wechselseitige Einwirkung aufeinander übersah. [...]
Eine dritte Schwierigkeit, der ich begegnete, war die bei zahlreichen Wissenschaftlern vorherrschende Einstellung, die private, die menschliche Geschichte der Wissenschaftler sei doch eigentlich unwichtig. Was zähle, sei nur ihre objektive Leistung. Hier zeigte sich eine Haltung, die recht eigentlich viele der in diesem Buche beschriebenen Gewissensqualen und Tragödien heraufbeschworen hat. Der Wissenschaftler, der meint, daß er – oder seine Kollegen – nichts anderes seien als »Werkzeuge der Erkenntnis«, deren persönlicher Charakter, deren Ambitionen, Hoffnungen und Zweifel »nichts bedeuteten«, denkt in Wahrheit unwissenschaftlich. Denn er ignoriert einen wichtigen, vielleicht den ausschlaggebenden Teil des wissenschaftlichen Experimentes, nämlich sich selbst, oder glaubt, ihn willkürlich ausschalten zu können.
Nur durch diese künstliche, erzwungene und unnatürliche Loslösung der wissenschaftlichen Forschungsarbeit von der Wirklichkeit des einzelnen Menschen konnten ja überhaupt Monstren wie die Atom- und Wasserstoffbomben entstehen. [...]
Viele Forscher [...] wissen [heute], daß sie nicht nur »Gehirne«, sondern ganze Menschen mit ihren Schwächen, ihrer Größe und ihrer Verantwortung sind. Dieser großen Gewissenskrise in ihrer Entstehung, im Versuch ihrer Meisterung nachzuforschen und sie dann trotz vieler einander widersprechender Aussagen so wahrheitsgetreu wie möglich aufzuschreiben, das war mein Bemühen. Das weite Echo, das mein Buch in den vielen Ländern, wo es erschien, auslöste, scheint anzuzeigen, daß die menschlichen Schicksale der Forscher, als der großen Umgestalter unserer Zeit, nicht weniger interessieren als die Beschreibung ihrer Leistungen. »Denn die Wissenschaftler sind die von Tragik umwitterten Könige unserer Zeit«, schrieb mir ein Leser.

»Hätte Shakespeare den ›Hamlet‹ in unserem Jahrzehnt geschrieben, er würde ihn nicht als Prinzen, sondern als Atomforscher auf die Bühne gebracht haben.«

Robert Jungk: Heller als tausend Sonnen. Das Schicksal der Atomforscher. Reinbek: Rowohlt, 1964. S. 7–10. – Mit Genehmigung von Robert Jungk, Salzburg.

Aus dem Nachwort JUNGKS zu *Heller als tausend Sonnen* (1956):

Am Ende einer Möglichkeit?

[...]
Es gibt unter den Atomforschern solche, die sich, enttäuscht von ihrem Mißerfolg im öffentlichen Leben, ins Laboratorium zurückgezogen haben und solche, die für eine immer intensivere Mitarbeit am Ganzen eintreten. Unter den Jüngeren sehen nicht wenige ihre wissenschaftliche Arbeit als eine Art von intellektuellem Wettbewerb ohne tieferen Sinn und Verpflichtung an, aber es gibt unter ihren Altersgenossen schon wieder einige, denen die Forschung ein »religiöses Erlebnis« vermittelt.

So kann der Berichterstatter in diesem Stadium der erst seit etwa einem Jahrzehnt erneut aufgelebten Auseinandersetzung über die Rolle und die Aufgaben des Naturwissenschaftlers noch kein klares Fazit ziehen. Das Experiment, dem die Atomforscher unterworfen worden sind, befindet sich noch in voller Entwicklung.

Und doch scheint diesem Beobachter, der sich bewußt ist, daß er damit vielleicht ein vorschnelles und zu subjektives Urteil fällt, die geistige Unruhe und seelische Erschütterung, die er bei den Atomforschern fand, schon an sich ein beachtenswertes Phänomen zu sein. Während dreier Jahrhunderte glaubte der Naturwissenschaftler, er könne sich aus der Welt herausstellen, nun aber beginnt er, sich als ein Teil von ihr zu sehen: bedingt, begrenzt und mit dieser Einsicht auf dem Weg zu einer neuen Bescheidenheit. Er hat erkennen müs-

sen, daß er wie jeder Mensch »sowohl Zuschauer wie Darsteller in dem großen Drama des Daseins ist«. (Bohr).
Hinter der neuzeitlichen Naturwissenschaft stand bisher der »stolze Wille, die Natur zu beherrschen« (Pauli), eine Haltung, die vor allem in Bacons Ausspruch »knowledge is power« (Wissen ist Macht) ihren Ausdruck gefunden hat. Heute aber hört man weit öfter: »Wissen ist leider Macht«. Dem Forscher ist »vor seiner Gottähnlichkeit bange« geworden, und er bekennt sich gegenüber den »unbeantwortbaren Geheimnissen des Universums, die unbeantwortet bleiben sollen«, zur »Demut des Intellekts«. (Feynman.) In der Epoche, die in der Entwicklung der »absoluten Waffen« einen Höhepunkt erreichte, wurde der Fortschritt fast allgemein dem wissenschaftlichen und technischen Fortschritt gleichgesetzt, nun aber erklärt ein hervorragender Physiker: »Der Raum, in dem sich der Mensch als geistiges Wesen entwickelt, hat mehr Dimensionen als die eine, in der er sich während der letzten Jahrhunderte ausgebreitet hat.« (Heisenberg).
Die neue Bescheidenheit wuchs wie die unmenschlichen und übermenschlichen Waffen zuerst am Baum der Atomforschung. Denn aus dem Studium der atomaren Welt gewannen die theoretischen Physiker die längst von den Religionen verkündete, nun aber auch wissenschaftlich nachweisbare Erkenntnis von der Begrenztheit menschlichen Beobachtungs- und Urteilsvermögens. So stammt die Atombombe, in deren Gewalt die Maßlosigkeit des modernen Menschen ihren deutlichsten Ausdruck fand, aus der gleichen Wurzel wie die neue auf kernphysikalischen Daten beruhende Philosophie des Maßes.
Als H. G. Wells 1946 kurz vor seinem Tod den Zusammenbruch des wissenschaftlichen Fortschrittglaubens erlebte, meinte er verkünden zu können, der Mensch sei am »Ende seiner Möglichkeiten« angelangt und fast unvermeidlich zum baldigen Untergang bestimmt. Vermutlich ist er jedoch nur am »Ende *einer* Möglichkeit« angelangt.
Wohin der Weg nun führen könnte, hat der einst in der

»Familie« der Atomforscher als Zweifler bekannte Wolfgang Pauli angedeutet. 1932 in Kopenhagen war er der »Mephisto« im »Faust«. 1955 aber hatte dieser scharfe Geist sein Blickfeld so sehr erweitert, daß er zum beredten Schilderer eines lang vernachlässigten »inneren Heilsweges« wurde und zum Abschluß eines Vortrages über »Wissenschaft und abendländisches Denken« erklärte: »Entgegen der seit dem siebzehnten Jahrhundert strengen Einteilung der Tätigkeiten des menschlichen Geistes in getrennte Gebiete halte ich die Vorstellung vom Ziel einer Überwindung der Gegensätze, zu der auch eine das rationale Verstehen wie das mystische Einheitserlebnis umfassende Synthese gehört, für den ausgesprochenen oder unausgesprochenen Mythos unserer eigenen, heutigen Zeit.«
Kann die »neue Bescheidenheit«, gepaart mit der Wiederanerkennung eines inneren Heilsweges, auf kommende Jahrhunderte einen ähnlich starken Einfluß ausüben wie der nunmehr als verhängnisvoll erkannte Geist der Hybris?
Der Chronist wagt nicht zu prophezeien. Er will nur schildern und damit zu jenem großen Gespräch beitragen, das vielleicht einmal eine Zukunft ohne Furcht vorbereiten kann.

Ebd. S. 308–320.

Friedrich Dürrenmatt, *»Heller als tausend Sonnen«. Zu einem Buch von Robert Jungk* (Die Weltwoche, 7. Dezember 1956):

»Ein Journalist hat es unternommen, der Geschichte der Atomforscher nachzugehen. Es ist ein spannendes Buch entstanden und ein wichtiges. Eine notwendige Information. Es tut gut zu wissen, wie weit der Ast angesägt ist, auf dem wir sitzen. Eine Chronik vom Untergang einer Welt der reinen Vernunft. Robert Jungk verzichtet darauf, den Gegenstand der bedenklichen Forschung näher darzustellen, um die es hier geht, die Verhaltensweisen kleinster Teile von Materie, er zeichnet die Akteure.

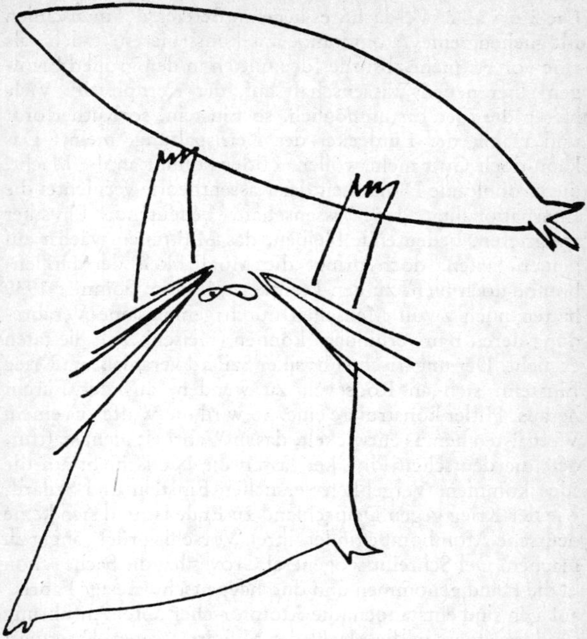

Bleistiftzeichnung von Friedrich Dürrenmatt zu »Die Physiker«. Aus: Elisabeth Brock-Sulzer: Friedrich Dürrenmatt. Stationen seines Werkes. Mit Fotos, Zeichnungen, Faksimiles. Zürich 1986. –

Die Story: Der Verdacht, es liege im Bereich des menschlich Möglichen, eine Atombombe zu konstruieren, taucht als eine vorerst mehr absurde Idee mitten in den großen Erfolgen einer neuen Wissenschaft auf, der Kernphysik. Viele halten die Idee für unmöglich, so Einstein, so Rutherford, und Hahn, der Entdecker der Kernspaltung, meint: Das kann doch Gott nicht wollen. Hitler kommt an die Macht, die strohblonde Dummheit der Rassentheorie vernichtet die Internationalität der Wissenschaft, bedeutende Physiker emigrieren, bedeutende bleiben, das Mißtrauen wächst auf beiden Seiten, doch dringt die Möglichkeit der Höllenbombe noch nicht zu den Politikern, und im Sommer 1939 hätten noch zwölf Menschen durch gemeinsame Verabredung deren Bau verhindern können (Heisenberg). Sie taten es nicht. Der ungarische Physiker Szilard veranlaßt im Krieg Einstein, sich an Roosevelt zu wenden, aus der Furcht heraus, Hitler konstruiere eine. So wird die Waffe aus einem Wettrüsten heraus entwickelt, das in Wahrheit nicht stattfindet: die deutschen Physiker lassen die Nazis nicht auf die Idee kommen. Vergeblich versuchen Einstein und Szilard, wie der Krieg gegen Deutschland zu Ende ist und sich keine deutsche Atombombe findet, ihren Vorschlag rückgängig zu machen. Der Schreibtischgeneral Groves hat die Sache schon in die Hand genommen und durchgepeitscht, riesige Fabrikanlagen sind entstanden, die Atomforscher unter Anführung Oppenheimers in die Macht der Militärs geraten, kaserniert und überwacht, zwei Milliarden Dollars sind aufgewendet, und so wird am 16. Juli 1945 ›Trinity‹ zur Explosion gebracht, und im August fallen ›Thin Boy‹ und ›Fat Boy‹ auf ein schon kapitulationsbereites Japan.

Der weitere Verlauf ist noch tragischer. An die Stelle des fingierten Wettrüstens USA-Deuschland tritt das wirkliche USA-Sowjetunion, eingeleitet durch den irrsinnigen Versuch, die Atombombe geheimzuhalten, Wissenschaft als ein Staatsgeheimnis zu behandeln, kalter Krieg und Verrat, um endlich, wie beide Mächte die Bombe besitzen, mit dem Bau der Wasserstoff- und der Dreistufenbombe – Waffen ohne

Grenzen, ermöglicht durch die Elektronen-Rechenmaschine ›Maniac‹ = ›Wahnsinniger‹, – die Menschheit als solche zu gefährden.
Die Aktualität dieses außerordentlichen Buches liegt jedoch nicht so sehr in der Chronik der Ereignisse, sondern im Umstand, daß gezeigt wird, inwiefern Wissen Macht sein kann und, vor allem, wie aus Wissen Macht wird. Das ungeheuerlichste Machtmittel der Gegenwart beruht auf einem so sublimen Wissen, daß die Frage lautet: Wie war es möglich, daß sich dieses spezielle und durch die Schwierigkeit seines Verstehens an sich geschützte Wissen in Macht umwandeln konnte, daß sich auf der menschlichen Ebene etwas Ähnliches ereignete wie auf der physikalischen, in der sich Materie in Energie verwandelte?
Dieser Prozeß wurde mittels der Zertrümmerung einer internationalen Elite von Wissenschaftlern durch die Politik ausgelöst. Der Gedanke, welcher der Atombombe zugrunde liegt, die tiefe Einsicht in die Struktur der Materie, ist ein Gedanke der Menschheit, gleichsam vertreten durch eine kleine Elite von Forschern, und nicht von einer Nation zu pachten. Auch gibt es keine Möglichkeit, Denkbares geheim zu behalten. Jeder Denkprozeß ist wiederholbar. Das Problem der Atomkraft – die Atombombe ist nur ein Sonderfall dieses Problems – kann nur international gelöst werden. Durch Einigkeit der Wissenschaftler. Daß diese Voraussetzung schon durch Hitler zerstört wurde, schuf das Verhängnis. Es zwang die Physiker, ihr Wissen an eine Macht zu verraten, aus dem Reiche der reinen Vernunft in jenes der Realität überzusiedeln.
Ein Trost kann gewagt werden. Wenn wir die Atombombe überstehen, werden wir die Atomkraft einmal nötig haben. Auch die Elektrizität wurde zu einer Zeit entdeckt, als sie noch nicht ›nötig‹ war. Was wir Technik nennen, ist etwas biologisch Notwendiges, doch muß der Mensch, der Einzelmensch, logischerweise, seine Erfindungen und Entdeckungen oft vor ihrer allgemeinen Notwendigkeit machen. Ein Teil der Technik ist immer vorweggenommene Zukunft.

Was biologisch einmal notwendig sein wird, um das Leben der Menschheit zu ermöglichen, erscheint jetzt noch als Störfaktor, als eine Bedrohung des Lebens, aber gerade dadurch als Zeichen, daß die Politik und ihr letztes Mittel, der Krieg, nicht mehr stimmen, daß das menschliche Zusammenleben neu überdacht werden muß, die Organisation dieser Welt.

Das Prinzip, das der Wasserstoffbombe zugrunde liegt, entdeckte Houtermans, indem er über Vorgänge in der Sonne nachdachte. Das Pech Houtermans' besteht darin, in einer Welt zu leben, in der eine gewisse Art von Denken offenbar gefährlich ist, wie das Rauchen in einer Pulverfabrik. Nun ist es unmöglich, die Pflicht, ein Dummkopf zu bleiben, als ethisches Prinzip aufzustellen. Die Frage lautet, wie sich die Physiker in der heutigen Welt verhalten müssen, und nicht nur die Physiker – Denken kann vielleicht überhaupt in Zukunft immer gefährlicher werden. Die Elite, von der Jungk berichtet, wäre dann nur ein Vorposten. Sie hatte insofern Erfolg, als sich ihre Berechnungen durch die Atombombe bestätigten, doch ihr Erfolg war ihr Versagen, denn sie konnte die Atombombe nur bauen, indem sie sich den Politikern und Militärs auslieferte. Ihr Fehler war es, daß sie nie als Einheit handelte, daß sie im Grunde die einmalige Stellung nie begriff, in der sie sich befand, daß sie sich weigerte, Entscheidungen zu fällen. Das Wissen fürchtete sich vor der Macht und lieferte sich deshalb den Mächten aus. Aus dieser Schwäche heraus hoffte diese Elite, daß die Politik der Atombombe gewachsen sein werde, daß die Politik realisiere, was sie selber nicht vermochte. Doch war die Welt auf alles, nur nicht auf die Atombombe vorbereitet. Diese Waffe stellte nicht nur neue Aufgaben, die noch niemand vorher überdacht hatte, sondern auch Vorbedingungen, die nicht nur nicht erfüllt, sondern auch nie geplant waren. Alle Resolutionen der Wissenschafter – auch der Frank-Report – kamen zu spät, oder besser gesagt: richteten sich an eine Menschheit, die gar nicht in der Lage war, diese Forderungen zu realisieren: es sind Forderungen an eine imaginäre Welt, Forderungen, nicht zu sündigen nach dem Sündenfall. Über die Atomkraft verfügen nun die, die sie nicht begreifen. Es ist daher nicht zu bestreiten, daß die Elite versagte. Der Ausspruch des Mathematikers Hilbert, den Jungk überliefert, daß die Physik für die Physiker zu schwer sei, bestätigte sich auf eine gespenstische Weise. Wie dieses Versagen bei den Hauptakteuren zutage tritt, zeigt Jungk erschütternd: der Abwurf der Bomben auf Japan, ja auch der Bau der Wasserstoffbombe hätten vermieden werden können. Im Grunde wußte niemand, was er tun sollte. Was ›technisch süß‹ war, verführte die meisten, und oft war es einfach nicht möglich, schuldlos zu bleiben. Daß alles menschlich verständlich ist, macht die Geschichte teuflisch. So entsteht schließlich der Eindruck, daß all diese apokalyptischen Bomben nicht erfunden wurden, sondern sich selber erfunden haben, um sich, unabhängig vom Willen Einzelner, vermittels der Materie Mensch zu verwirklichen.«

WA 28. S. 20–24.

5. Literarische Einflüsse

Dürrenmatts Auseinandersetzung mit der Dramaturgie und Weltanschauung Bertolt Brechts (vgl. S. 122 ff.), mit dem Thema und der Intention seines Stückes *Leben des Galilei* ist ein wichtiger entstehungsgeschichtlicher Umstand. Anzunehmen ist auch, daß Jean Giraudoux' Drama *Die Irre von Chaillot* (1945; Auff. in Zürich 1947), das in vielerlei Hinsicht stoffliche, motivliche, personale, thematische und intentionale Parallelen zu den *Physikern* aufweist, dem Autor zumindest bekannt gewesen ist.

In seinem Schauspiel *Leben des Galilei* (3. Fassung 1954–56; erste Aufführung: 1957, Berlin) folgt Brecht weitgehend den historischen Vorgängen um den italienischen Astronomen. Der Dramatiker läßt seinen Helden den eigenen Widerruf als

Verrat an der gebotenen Zweckfreiheit der Wissenschaft und damit als Unrecht an der Gesellschaft verurteilen. Dramatischer Vorgang und Intention folgen damit der ideologischen Überzeugung des Dichters und seinem Verständnis vom didaktischen Auftrag der Literatur.

Die entscheidenden Ereignisse werden in der 13. und 14. Szene gestaltet, in denen Galilei die Veröffentlichung seines Widerrufs erfährt und in einem längeren Monolog sein Verständnis vom Zusammenhang zwischen Wissenschaft, Gesellschaft und politischer Macht erläutert. In vier gedanklichen Schritten läßt der Dichter seinen negativen Helden das Resultat langen Nachdenkens in den »freien Stunden« sprechen.

Im ersten Schritt benennt Galilei den Auftrag der Wissenschaft, die mit »Wissen, gewonnen durch Zweifel«, zu ›handeln‹ habe. Dies aber vollziehe sich in einer Gesellschaft absolutistischer Grundordnung, die das bekannte »Elend der Vielen« bewirke, das »von Kanzel und Katheder herab für unzerstörbar erklärt« wird.

Mit dem zweiten Schritt verfolgt Galilei den Effekt, den das wissenschaftliche Verhalten (›Wissen durch Zweifel‹) auf Untertanen und Obrigkeit habe. Das »große Publikum« sehe plötzlich die Möglichkeit der Befreiung. Die »Peiniger«, »diese selbstischen und gewalttätigen Männer, die sich die Früchte der Wissenschaft gierig zunutze gemacht haben, fühlten zugleich das kalte Auge der Wissenschaft auf ein tausendjähriges, aber künstliches Elend gerichtet, das deutlich beseitigt werden konnte, indem sie beseitigt wurden«.

Daraus, bekennt Galilei, ergebe sich die entscheidende Frage: »Aber können wir uns der Menge verweigern und doch Wissenschaftler bleiben?« Die Wissenschaft habe also »mit beiden Kämpfen zu tun«, mit dem um die reine Erkenntnis und mit dem anderen der sozialen Verpflichtung: »Eine Menschheit, stolpernd, in diesem tausendjährigen Perlmutterdunst von Aberglauben und alten Wörtern, zu unwissend, ihre eigenen Kräfte voll zu entfalten, wird

nicht fähig sein, die Kräfte der Natur zu entfalten, die ihr [die Wissenschaft] enthüllt.«
Galilei folgert für die Wissenschaft daraus, »daß das einzige Ziel der Wissenschaft darin besteht, die Mühseligkeit der menschlichen Existenz zu erleichtern«. Wenn das so anzunehmen sei, dann allerdings könne auch die »Wissenschaft zum Krüppel gemacht werden«, wenn nämlich Wissenschaftler, »eingeschüchtert durch selbstsüchtige Machthaber, sich damit begnügten, Wissen um des Wissens willen aufzuhäufen«. Dann aber werde der Fortschritt »doch nur ein Fortschreiten von der Menschheit weg sein, der vielleicht irgendwann dazu führe, »daß euer Jubelschrei über irgendeine neue Errungenschaft von einem universalen Entsetzensschrei beantwortet werden könnte.«
Dieser Analyse von Wissenschaftsauftrag und Wissenschaftsverhalten fügt Galilei in seinem letzten Schritt Selbsteinschätzung und Schuldbekenntnis an. Er habe die »einzigartige Möglichkeit« nicht genutzt, mit der »Standhaftigkeit eines Mannes große Erschütterungen hervor[zu]rufen«. Statt etwas Ähnliches wie einen »hippokratischen Eid der Ärzte« für die »Naturwissenschaftler« zu finden, habe er für alle Zukunft eine Entwicklung unterstützt, die als das »Höchste« ein »Geschlecht erfinderischer Zwerge« hervorbringe, »die für alles gemietet werden können«. Und sein Fazit lautet: »Ich habe meinen Beruf verraten.«

Aus Brechts 1939 verfaßtem, erst posthum veröffentlichten »Vorwort« zum *Leben des Galilei:*

»Es ist bekannt, wie vorteilhaft die Überzeugung, an der Schwelle einer neuen Zeit zu stehen, die Menschen beeinflussen kann. Ihre Umgebung erscheint ihnen da als noch ganz unfertig, erfreulichster Verbesserungen fähig, voll von ungeahnten und geahnten Möglichkeiten, als fügsamer Rohstoff in ihrer Hand. Sie selbst kommen sich vor wie am Morgen, ausgeruht, kräftig, erfindungsreich. Bisheriger Glaube wird als Aberglaube behandelt, was gestern noch als selbstverständlich erschien, wird neuem Studium unterworfen. Wir sind beherrscht worden, sagen die Menschen, aber nun werden wir herrschen.

Keine andere Zeile eines Liedes begeisterte die Arbeiter um die Jahrhundertwende stärker als die Zeile »Mit uns zieht die neue Zeit«; die Alten und Jungen marschierten unter ihr, die Ärmsten und Ausgemergeltsten und die sich schon etwas von der Zivilisation erkämpft hatten; sie schienen sich alle jung. Unter dem Anstreicher wurde die unerhörte Verführungskraft dieser Worte ebenfalls erprobt, auch er verhieß eine neue Zeit. Die Worte zeigten da ihre Vagheit und Leere. Ihre Unbestimmtheit, die nun von den Verführern der Massen ausgenutzt wurde, hatte lange die Stärke ausgemacht. Die neue Zeit, das war etwas und ist etwas, was alles betrifft, nichts unverändert läßt, aber doch eben ihren Charakter erst entfalten wird, etwas, in dem alle Phantasie Raum hat, was durch allzu bestimmte Aussagen nur eingeschränkt werden kann. Geliebt wird das Anfangsgefühl, die Pioniersituation, begeisternd wirkt die Haltung des Beginners. Geliebt wird das Glücksgefühl derer, die eine neue Maschine ölen, bevor sie ihre Kraft zeigen soll, derer, die in eine alte Landkarte einen weißen Fleck ausfüllen, derer, die den Grund eines neuen Hauses ausheben, ihres Hauses.

Dieses Gefühl kennt der Forscher, der eine Entdeckung macht, die alles verändert, der Redner, der eine Rede vorbereitet, die eine neue Situation schaffen wird. Furchtbar die Enttäuschung, wenn die Menschen erkennen oder zu erkennen glauben, daß sie einer Illusion zum Opfer gefallen sind, daß das Alte stärker ist als das Neue, daß die »Tatsachen« gegen sie und nicht für sie sind, daß ihre Zeit, die neue, noch nicht gekommen ist. Es ist dann nicht nur so schlecht wie vorher, sondern viel schlechter; denn sie haben allerhand geopfert für ihre Pläne, was ihnen jetzt fehlt, sie haben sich vorgewagt und werden jetzt überfallen, das Alte rächt sich an ihnen. Der Forscher oder Entdecker, ein unbekannter, aber auch unverfolgter Mann, bevor er seine Entdeckung veröffentlicht hat, ist nun, wo sie widerlegt oder diffamiert

ist, ein Schwindler und Scharlatan, ach, allzusehr bekannt, der Unterdrückte und Ausgebeutete nun, nachdem sein Aufstand niedergeschlagen wurde, ein Aufrührer, der besonderer Unterdrückung und Bestrafung unterzogen wird. Der Anstrengung folgt die Erschöpfung, der vielleicht übertriebenen Hoffnung die vielleicht übertriebene Hoffnungslosigkeit. Die nicht in Stumpfheit und Teilnahmslosigkeit zurückfallen, fallen in Schlimmeres; die die Aktivität für ihre Ideale nicht eingebüßt haben, verwenden sie nun gegen dieselben! Kein Reaktionär ist unerbittlicher als der gescheiterte Neuerer, kein Elefant ein grausamerer Feind der wilden Elefanten als der gezähmte Elefant.
Und doch mögen diese Enttäuschten immer noch in einer neuen Zeit, Zeit des großen Umsturzes, leben. Sie wissen nur nichts von neuen Zeiten.«

Bertolt Brecht: Gesammelte Werke in acht Bänden. Bd. 7: Schriften I. Zum Theater. Frankfurt a. M.: Suhrkamp, 1967. S. 1103 f. –

Aus BRECHTS 1946 geschriebenen Vorrede zur amerikanischen Fassung des *Galilei*:

Ungeschminktes Bild einer neuen Zeit

Als ich in den ersten Jahren des Exils in Dänemark das Stück »Leben des Galilei« schrieb, halfen mir bei der Rekonstruktion des ptolemäischen Weltbilds Assistenten Niels Bohrs, arbeitend an dem Problem der Zertrümmerung des Atoms. Meine Absicht war unter anderem, das ungeschminkte Bild einer neuen Zeit zu geben – ein anstrengendes Unternehmen, da jedermann ringsum überzeugt war, daß unserer eigenen alles zu einer neuen Zeit fehlte. Nichts an diesem Aspekt hatte sich geändert, als ich, Jahre danach, daran ging, zusammen mit Charles Laughton eine amerikanische Fassung des Stückes herzustellen. Das »atomarische Zeitalter« machte sein Debüt in Hiroshima in der Mitte unserer Arbeit. Von heute auf morgen las sich die Biographie des

Begründers der neuen Physik anders. Der infernalische Effekt der Großen Bombe stellte den Konflikt des Galilei mit der Obrigkeit seiner Zeit in ein neues, schärferes Licht. Wir hatten nur wenige Änderungen zu machen, keine einzige in der Struktur. Schon im Original war die Kirche als weltliche Obrigkeit dargestellt, ihre Ideologie als im Grunde austauschbar mit mancher anderen. Von Anfang an war als Schlüsselpunkt der riesigen Figur des Galilei dessen Vorstellung von einer volksverbundenen Wissenschaft benutzt. Für Jahrhunderte und ganz über Europa erwies ihm das Volk in der Galilei-Legende die Ehre, nicht an seinen Widerruf zu glauben, als es schon lange die Wissenschaftler als einseitige, unpraktische und eunuchenhafte Käuze verlachte.
Schon dem Wort »Der Gelehrte« haftet etwas Lächerliches an; es hat etwas vom »Abgerichteten«, etwas Passives.

Ebd. S. 1106 f.

Brecht zum Hintergrund der amerikanischen *Galilei*-Aufführung (1947):

»Man muß wissen, unsere Aufführung fiel in die Zeit und das Land, wo eben die Atombombe hergestellt und militärisch verwertet worden war, und nun die Atomphysik in ein dichtes Geheimnis gehüllt wurde. Der Tag des Abwurfs wird jedem, der ihn in den Staaten erlebt hat, schwer vergeßlich sein. Der japanische Krieg war es, der die Staaten wirklich Opfer gekostet hatte. Die Transporte der Truppen gingen von der Westküste aus, und dorthin kehrten die Verwundeten und die Opfer der asiatischen Krankheit zurück. Als die ersten Blättermeldungen Los Angeles erreichten, wußte man, daß dies das Ende des gefürchteten Krieges, die Rückkehr der Söhne und Brüder bedeutete. Aber die große Stadt erhob sich zu einer erstaunlichen Trauer. Der Stückschreiber hörte Autobusschaffner und Verkäuferinnen in den Obstmärkten nur Schrecken äußern. Es war der Sieg, aber es war die Schmach einer Niederlage. Dann kam die Geheimhaltung der gigantischen Energiequelle durch die Militärs und Politiker, welche die Intellektuellen aufregte. Die Freiheit der Forschung, das Austauschen der Entdeckungen, die internationale Gemeinschaft der Forscher war stillgelegt von Behörden, denen stärkstens mißtraut wurde. Große Physiker verließen fluchtartig den Dienst ihrer kriegerischen Regierung; einer der namhaftesten nahm eine Lehrstelle an, die ihn zwang, seine Arbeitszeit auf das Lehren der elementarsten Anfangsgründe zu verschwenden, nur um nicht unter dieser Behörde arbeiten zu müssen. Es war schimpflich geworden, etwas zu entdecken.«

Ebd. S. 1107 f.

Bert Brecht, *Preis oder Verdammung des Galilei?* (1947)

»Es wäre eine große Schwäche des Werkes, wenn die Physiker recht hätten, die mir – im Ton der Billigung – sagten, Galileis Widerruf seiner Lehre sei trotz einiger ›Schwankungen‹ als vernünftig dargestellt mit der Begründung, dieser Widerruf habe ihm ermöglicht, seine wissenschaftlichen Arbeiten fortzuführen und der Nachwelt zu überliefern. In Wirklichkeit hat Galilei die Astronomie und die Physik bereichert, indem er diese Wissenschaften zugleich eines Großteils ihrer gesellschaftlichen Bedeutung beraubte. Mit ihrer Diskreditierung der Bibel und der Kirche standen sie eine Zeitlang auf der Barrikade für *allen* Fortschritt. Es ist wahr, der Umschwung vollzog sich trotzdem in den folgenden Jahrhunderten, und sie waren daran beteiligt, aber es war eben ein Umschwung anstatt einer Revolution, der Skandal artete sozusagen in einen Disput aus, unter Fachleuten. Die Kirche und mit ihr die gesamte Reaktion konnte einen geordneten Rückzug vollziehen und ihre Macht mehr oder weniger behaupten. Was diese Wissenschaften selber betrifft, erklommen sie nie mehr die damalige große Stellung in der Gesellschaft, kamen nie mehr in solche Nähe zum Volk.

Galileis Verbrechen kann als die ›Erbsünde‹ der modernen Naturwissenschaften betrachtet werden. Aus der neuen Astronomie, die eine neue Klasse, das Bürgertum, zutiefst interessierte, da sie den revolutionären sozialen Strömungen der Zeit Vorschub leistete, machte er eine scharf begrenzte Spezialwissenschaft, die sich freilich gerade durch ihre ›Reinheit‹, das heißt ihre Indifferenz zu der Produktionsweise, verhältnismäßig ungestört entwickeln konnte.
Die Atombombe ist sowohl als technisches als auch soziales Phänomen das klassische Endprodukt seiner wissenschaftlichen Leistung und seines sozialen Versagens.
Der ›Held‹ des Werks ist so nicht Galilei, sondern das Volk, wie Walter Benjamin gesagt hat. Es ist etwas zu knapp ausgedrückt, wie mir scheint. Ich hoffe, das Werk zeigt, wie die Gesellschaft von ihren Individuen erpreßt, was sie von ihnen braucht. Der Forschungstrieb, ein soziales Phänomen, nicht weniger lustvoll oder diktatorisch wie der Zeugungstrieb, dirigiert Galilei auf das so gefährliche Gebiet, treibt ihn in den peinvollen Konflikt mit seinen heftigen Wünschen nach anderen Vergnügungen. Er erhebt das Fernrohr zu den Gestirnen und liefert sich der Folter aus. Am Ende betreibt er seine Wissenschaft wie ein Laster, heimlich, wahrscheinlich mit Gewissensbissen. Angesichts einer solchen Lage kann man kaum darauf erpicht sein, Galilei entweder nur zu loben oder nur zu verdammen.«

Ebd. S. 1108 f.

BERT BRECHT, *»Leben des Galilei« ist keine Tragödie* (1939)

»Es wird sich so für die Theater die Frage erheben, ob sie ›Leben des Galilei‹ als eine Tragödie oder als ein optimistisches Stück aufführen sollen. Sollen sie sich, was den Grundton betrifft, an die ›Begrüßung der neuen Zeit‹ durch Galilei in der ersten Szene oder an gewisse Partien der vierzehnten Szene halten? Nach den herrschenden Regeln des Stückebaus muß der Schluß eines Stückes schwerer gewogen werden. Aber das Stück ist nicht nach diesen Regeln gebaut. Das Stück zeigt den Anbruch einer neuen Zeit und versucht, einige Vorurteile über den Anbruch einer neuen Zeit zu revidieren.«

Ebd. S. 1109f.

6. Werkgeschichtliche Umstände

a. Zur Konzeption

DÜRRENMATT im Gespräch mit Jürg Ramspeck (1987):

»Konzipiert wurden ›Die Physiker‹, zusammen mit dem ›Meteor‹ und der Erzählung ›Weihnacht‹, die noch nicht erschienen ist, 1959 auf Spaziergängen im Bündnerland. ›Ich war im »Waldhaus« Tarasp zur Kur und absolvierte täglich einen Zweistundenmarsch. Da sind in meinem Kopf die »Physiker« entstanden.‹ Leitend war der Gedanke, ein vergleichsweise einfaches Stück zu schreiben. In den Knochen saß ihm der Mißerfolg, den er und Paul Burkhard mit ›Frank dem Fünften – Oper einer Privatbank‹ soeben eingesteckt hatten: ›Ein wildes Stück, und noch immer eines meiner liebsten.‹«

Jürg Ramspeck: »Das einzige, was wirkt, ist die Angst«. Friedrich Dürrenmatt über die »Physiker«, die Katastrophenwelt und das Sprechtheater. In: Die Weltwoche. 15. Oktober 1987. – Mit freundlicher Genehmigung der Diogenes Verlag AG, Zürich.

FRIEDRICH DÜRRENMATT, *Nachwort zum Nachwort* (1976):

»Doch nun wird mir am Ende dieses Abenteuers auch klar, warum ich diesen Stoff damals liegenließ, zur Hintertür hinauswarf, in den Hintergrund schob, zurück ins Unbewußte, wenn man will, er war damals, als ich ihn konzipierte, kein Stoff, den ich für die Bühne brauchen konnte, er war nichts als verdichtete Atmosphäre, ein Vorwand nur, um ein Erlebnis in den Griff zu bekommen, das Erlebnis der Riesenstadt New York. Doch dann, als ich nach Europa zurückkehrte, konzipierte ich noch im gleichen Jahr die *Physiker* und den *Meteor*, zwei Stoffe, deren Geheimnis wie bei den Stoffen der antiken Tragödie in der Handlung lag, war ich doch damals der Meinung, die Handlung sei das Wichtige, in ihr sei die Aussage versteckt, sie sage das Entscheidende aus.«

WA 14. S. 324 f.

Horst Bienek, *Friedrich Dürrenmatt* (1962):

»Sein Arbeitszimmer ist eine richtige Schriftstellerwerkstatt. Ein riesiger Tisch, über und über mit Papieren und Büchern besät, an der Seite eine ganz neue elektrische Schreibmaschine. Hinter ihm Kompaß, Fernglas, Meßuhren und alte physikalische Instrumente, beinahe ein kleines Observatorium, das vielleicht auf naturwissenschaftliche Neigungen des Autors hinweist. Auf den Stühlen, auf dem Boden, überall Schallplatten, meist mit Kreisler- oder Oistrach-Aufnahmen. Ich frage ihn, ob er Violinmusik besonders liebe, aber er wehrt ab. ›Ich schreibe an einem Stück‹, sagt er, ›das »Die Physiker« heißen wird, es spielt in einem Irrenhaus, dort sitzt ein Mann, der sich für Einstein hält und den ganzen Tag fidelt. Ich muß also jetzt immer Geigenmusik hören, um solch eine Atmosphäre herauszubekommen.‹ Wie es scheint – eine typische Dürrenmatt-Situation.«

Horst Bienek: Werkstattgespräche mit Schriftstellern. München: Hanser, 1962, S. 99 f. –

Dürrenmatt im Gespräch mit Fritz Raddatz (1985):

»Zuerst hatte ich einen Irrenarzt konzipiert. Dann begriff ich, daß der streng logischen Welt der drei Physiker nur eine verrückte Frau gegenüberstehen kann. Wie ein verrückter Gott, der sein Universum gestaltet: Das kann man nur als Komödie schreiben. Komödie ist für mich einfach ein

Bewußtseinsgrad. Dabei identifiziere ich mich nicht so wie zum Beispiel Kleist, der von seiner Penthesilea sagt, daß er sogar geweint habe über sie. Ich bin ja der Schöpfer der Dinge, Gestalten, Schicksale. Warum soll ich noch darüber schluchzen? Schluchzt Gott?«

Fritz Raddatz: »Ich bin der finsterste Komödienschreiber, den es gibt.« Ein ZEIT-Gespräch mit Friedrich Dürrenmatt. In: Die Zeit. 16. August 1985. – Mit freundlicher Genehmigung der Diogenes Verlag AG, Zürich.

DÜRRENMATT im Gespräch mit Jürg Ramspeck (1978):

»Ich habe in der Tat der Giehse den Entwurf der ›Physiker‹ gezeigt, worauf die Giehse sagte, den Irrenarzt möchte sie spielen. So wurde eben eine Frau daraus.«

Jürg Ramspeck: »Das einzige, was wirkt, ist die Angst«. Friedrich Dürrenmatt über die »Physiker«, die Katastrophenwelt und das Sprechtheater. In: Die Weltwoche. 15. Oktober 1987. – Mit freundlicher Genehmigung der Diogenes Verlag AG, Zürich.

b. Zum Schauplatz

Die Wahl des Handlungsortes, eine Irrenanstalt, und damit auch die Entscheidung für die Darstellung der Welt unter den Bedingungen einer solchen Einrichtung der geistig Kranken wird durch eine autobiographische Erfahrung (1950) und die Kenntnis der Heilanstalt »Préfargier« in der Nähe seiner Heimatstadt Neuchâtel beeinflußt. Schon in dem Roman *Das Versprechen* (1957) benutzt Dürrenmatt die Anlage von »Préfargier« für die Ausgestaltung eines Schauplatzes im epischen Vorgang (WA 22, S. 84 ff.). Es ist nicht auszuschließen, daß Dürrenmatt auch die literarischen Verwendungen in dem Roman *Der wunderbare Fischzug* (1938) von Guy de Portalès und in der Skizze *Beschreibung einer Landschaft* (1946) von Hermann Hesse bekannt sind. Rückblickend berichtet DÜRRENMATT:

PLAN D'ENSEMBLE DE PRÉFARGIER

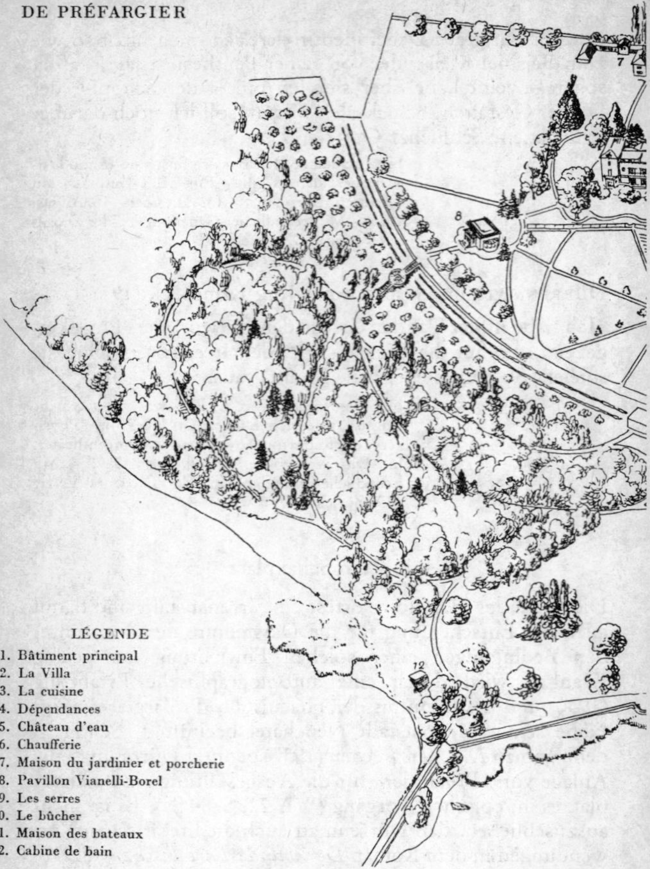

LÉGENDE

1. Bâtiment principal
2. La Villa
3. La cuisine
4. Dépendances
5. Château d'eau
6. Chaufferie
7. Maison du jardinier et porcherie
8. Pavillon Vianelli-Borel
9. Les serres
10. Le bûcher
11. Maison des bateaux
12. Cabine de bain

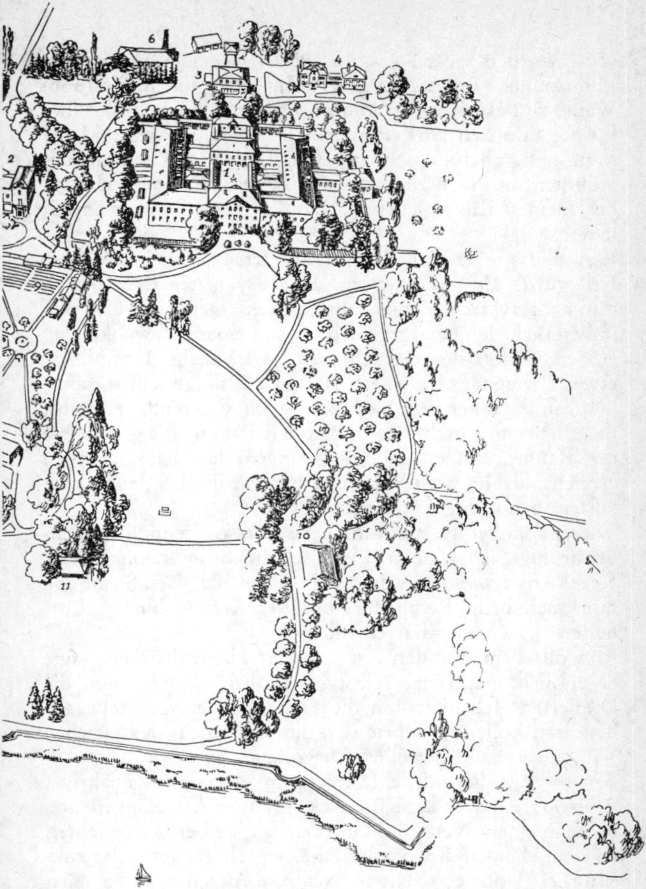

Das Sanatorium Préfargier mit Parkanlagen und der ›Villa‹. Aus: Guy de Meuron: La Maison de santé de Préfargier. 1849–1949. Préfargier 1949.

»Wir wurden etwa im Jahre 1950 von einem Freund des Philosophen [Rudolf Kassner] eingeladen, ihn in Sierre im Wallis zu besuchen; ein Landstrich, den ich von früher her kannte und den wiederzusehen ich neugierig war. Meine Frau und ich fuhren zuerst von Ligerz, wo wir damals wohnten, mit dem Zug nach Lausanne. Wir übernachteten bei meiner Kusine, deren Mann eine große Irrenanstalt leitete.
Es war das erste Mal, daß ich eine Irrenanstalt besichtigte. Ich wurde als Arzt getarnt. Der Psychiater führte mich durch die verschiedenen Abteilungen. Der Eindruck war unheimlich. Ich bewegte mich wie auf einem schwankenden Boden. Schon der Geruch war merkwürdig. Überall lag etwas Drohendes. In einem Saal für Unruhige schritt plötzlich ein Kranker auf mich zu; mich fixierend, aufrecht, unaufhaltsam durchmaß er, wie ein Fatum, die Diagonale des Raums, um zu mir zu gelangen; fast hatte er mich erreicht, als ihn zwei Wärter aufhielten, ihn bei den Armen faßten, beunruhigt, mißtrauisch.
Was er denn wolle, fragte ihn der Professor freundlich, nicht beunruhigt, aber doch wissenschaftlich interessiert. Der Kranke fixierte mich weiter, Schweigen allerseits, Spannung nun auch beim Psychiater, nur der Kranke blieb gelöst, heiter, trotz seines starren Blicks.
Er wolle dem fremden Arzt nur die Hand drücken, sagte er endlich, natürlich, selbstverständlich – wir waren die Düpierten. Ich hielt ihm die Hand hin, er schüttelte sie, herzhaft, kollegial, kehrte sich um und schritt den gleichen Weg zurück, auf derselben Diagonale.
Am meisten beeindruckte mich ein etwa zwanzigjähriger Schizophrener, er lag halb nackt in einer Art Hängematte, mehr in einem Netz, das Glied erregt, steil emporgerichtet, an den Händen Boxhandschuhe, er schlug um sich, zukkend, als wolle er schattenboxen, die Augen blickten starr, die Augenlider waren rot entzündet.
Wir übernachteten in einem Zimmer, dessen Fenster über dem Hof der Irrenanstalt lag. In der Mitte des Hofs war ein

Gebäude, wahrscheinlich Küche und Heizung zugleich. Um halb vier am Morgen weckte uns ein gewaltiges, zischendes und pfeifendes Getöse, wir stürzten aus den Betten ans Fenster, aus dem Gebäude stieg eine Dampfsäule pfeilschnell in den Himmel. Die Fenster zum Hof hin, alle vergittert, waren dicht besetzt, die Kranken standen Kopf an Kopf und starrten wie wir die unaufhörlich in den Morgenhimmel hinaufstoßende Dampfsäule an. Ich regte mich maßlos auf über die mittelalterliche Weise, mit der man die Kranken hier noch zu wecken pflegte. Meine Frau teilte meine Empörung, wir waren überzeugt, in eine von anderen Gesetzen bestimmte Welt geraten zu sein. Beim Frühstück erfuhren wir, das Ventil des Heizkessels sei weggesprengt worden, zum Glück sei niemand verletzt.
Auch das, der Eindruck, den mir diese Irrenanstalt damals machte, dieses doch so scheinbar Nebensächliche, Anekdotische, gerade gut genug, um an einem Stammtisch erzählt zu werden, ist mehr als es ist, bedeutet mehr, wie in der Ästhetik des Grotesken der Identitätssatz nicht mehr gilt. Es sollte darum nicht nur unlösbar mit meinen Besuch in Sierre verbunden bleiben, mehr, es wucherte in mir weiter, verdichtete sich Jahre später zur Atmosphäre einer Komödie, zu den *Physikern*; so sehr hängt in meinem Leben alles voneinander ab, ist alles miteinander verfilzt, erscheint die Literatur vom Leben und das Leben von der Literatur her gesehen ein einziger Schachtelsatz.«

Friedrich Dürrenmatt: Labyrinth. Zürich: Diogenes Verlag, 1990. S. 298–300. –

Werbetext der privaten Nervenklinik Préfargier:

»Die psychiatrische Klinik Préfargier erfreut sich einer sehr idyllischen Lage am Ufer des Neuenburgersees und besitzt einen herrlichen Park von mehr als dreißig Hektaren, was ihr erlaubt, den Pensionären einen außerordentlich schönen und wohltuenden Aufenthaltsort zu bieten. Ausserdem

laden sie das Neuenburger Weinland, der See und die nahegelegenen Jurahöhen zu vielen schönen Ausflügen ein.
Die Klinik Préfargier ist sieben Kilometer von der historischen Stadt Neuenburg, dem bekannten Studien- und Sportzentrum, entfernt. Man kann sie sehr leicht erreichen: mit der Bahn (Linie Neuenburg–Bern, mit Halt in Marin), mit dem Autobus von Neuenburg (Endstation St. Blaise) oder auch mit dem Auto. Alle näheren Auskünfte können bei der Direktion erhalten werden.
Die als Privatstiftung gegründete Klinik Préfargier nimmt erwachsene Patientinnen und Patienten, die allen Kategorien der Psychiatrie angehören, ohne Unterschied der Nationalität und des Wohnorts auf. Auch Jugendliche werden angenommen, im Prinzip aber keine Kinder. Die Anstalt verfügt über ungefähr zweihundert Betten. Sie umfaßt ein Hauptgebäude mit verschiedenen, größtenteils offenen Abteilungen und eine etwas abgelegene Villa, die speziell für Pensionäre eingerichtet wurde, welche ein sehr freiheitliches Regime genießen.
Die vorgenommenen Behandlungen basieren auf neuzeitlichen therapeutischen Methoden. Sie umfassen biologische (hauptsächlich medikamentöse) Kuren, die mit psycho- und ergotherapeutischen Behandlungen verbunden werden, und zwar unter der Aufsicht von sieben Spezialärzten, die hauptberuflich in der Klinik beschäftigt sind.«

Prospekt (1983).

c. Zur Werkgeschichte

Das Drama *Die Physiker* ist parallel zu der Komödie *Der Meteor* (Zürich 1966) und der Erzählung *Weihnacht* konzipiert worden. Dürrenmatt arbeitet daran im Laufe des Jahres 1961. Diese Textfassung wird im Zusammenhang mit der Aufführung um die Regieanweisungen ergänzt und 1962 veröffentlicht (Zürich: Arche Verlag). Die beiden Textfassungen von 1962 (Zürich: Arche Verlag), und von 1980 (Band 7 der Werkausgabe in dreißig Bänden, Zürich: Dioge-

nes Verlag) unterscheiden sich nur unwesentlich in Details der Textorganisation und Textstraffung.
Werk- und themengeschichtlich wird das Theaterstück durch den Sketch *Der Erfinder* (1980) vorbereitet, den der Autor 1950 für das Zürcher ›Cabaret Cornichon‹ unter seinem Leiter Walter Lesch schreibt. Darin begegnet Professor Zweistein, der »Erfinder der Atombombe«, »Präsident des internationalen Komitees zur Bekämpfung der Furcht unter den Menschen« und Händler in Sachen Atombomben dem Präsidenten der Arche, einer Karikatur der weltfremden Schweizer Selbsteinschätzung in der internationalen Politik. In dem grotesk-satirischen Stück greift der Autor eher spielerisch eine Reihe von Sachverhalten und Motiven bereits auf, die dann in den *Physikern* dramatisch ausgearbeitet werden.

Der Erfinder

Salon der Arche.
Links auf einer kleinen Säule ein Glas mit zwei Goldfischen, rechts auf einer gleichen Säule eine Vase.
An der linken Wand: Der ›Tell‹ von Hodler.
An der rechten Wand: Die ›Toteninsel‹ von Böcklin.
Hintergrund: Das Meer, davor ein Kanapee, das sehr lang ist. Links von ihm ein Radio.
Zweistein, seine Sekretärin, ein Dienstmädchen. Die Personen sind frei erfunden.
Zweistein trägt einen Tropenhelm, einen weißen Anzug und einen Stock.
Es ist Nachmittag bei klarstem Sonnenschein.
Die Sekretärin trägt ein graues Kleid und eine Damentasche.
Zweistein und Sekretärin tragen Brillen.
Zweistein nimmt seinen Tropenhelm ab, entnimmt ihm eine Visitenkarte, gibt sie dem Dienstmädchen und setzt den Tropenhelm wieder auf.
[...]
ZWEISTEIN Ich bin nicht nur in meiner Eigenschaft als Erfin-

der der Atombombe zu Ihnen gekommen, sondern auch als Präsident des internationalen Komitees zur Bekämpfung der Furcht unter den Menschen.

PRÄSIDENT Sind Sie amerikanischer Staatsbürger?

ZWEISTEIN Ich bin im Interesse meines Geschäfts selbständig.

PRÄSIDENT *befremdet* Ihres Geschäfts?

ZWEISTEIN Ich bin neben meiner aufopfernden Tätigkeit für das internationale Komitee zur Bekämpfung der Furcht unter den Menschen noch in der Wirtschaft tätig.

PRÄSIDENT Darf ich Sie fragen, um was für ein Geschäft es sich handelt?

ZWEISTEIN Ich beliefere die großen Nationen mit Atombomben, was viel zur gegenwärtigen freundlichen Weltlage beiträgt.

[...]

FRAU PRÄSIDENT Sie waren krank?

ZWEISTEIN Ich war im Irrenhaus.

FRAU PRÄSIDENT O!

PRÄSIDENT Ihre Erfindung muß Sie sehr überanstrengt haben.

ZWEISTEIN Die Öffentlichkeit hat keine Ahnung von der geistigen Verfassung des Erfinders der Atombombe. Als Erfinder der Atombombe habe ich die Pflicht, verrückt zu sein.

[...]

PRÄSIDENT Sie sind aus dem Irrenhaus entwichen?

ZWEISTEIN Ich wurde von hundertfünfundsiebzig Wärtern bewacht.

FRAU PRÄSIDENT *elektrisiert* Wie interessant!

PRÄSIDENT Es mußte schwierig sein, hundertfünfundsiebzig Wärtern zu entkommen.

ZWEISTEIN Es ist für einen modernen Physiker eine Kleinigkeit, hundertfünfundsiebzig Wärter auf die Seite zu schaffen. Es war auch kein nennenswertes Problem, das Irrenhaus in die Luft zu sprengen. Aber dann mußte ich die vier Kilometer bis zum Strand, wo meine Sekretärin mit der Privatatomkraftjacht wartete, zu Fuß gehen. Ich bin gewohnt, im Atomkraftautomobil zu fahren, mein Herr. Die Füße tun mir noch weh. *Er verzieht das Gesicht.*

[...]

ZWEISTEIN Nach der Explosion pflegt allerding nichts mehr zu leben. Die Archen verschwinden vollständig, was sehr bedauerlich ist, da es mich zwingt, immer neue Archen in die Luft zu sprengen.

PRÄSIDENT *sachlich* Sie betreiben Massenmord.

ZWEISTEIN *noch sachlicher* Man muß den Menschen übersehen, um den Fortschritt unserer Zeit zu sehen.

PRÄSIDENT *entschlossen und gläubig* Der Mensch darf nicht übersehen werden.

ZWEISTEIN *noch entschlossener und noch gläubiger* Politik ist nur möglich, weil sie den Menschen übersieht.

[...]

ZWEISTEIN Ein Nazistaat treibt Massenmord, um die Menschen in Tiere zu verwandeln, ein Sklavenstaat, um sie in Dinge zu verwandeln, und ein Geldstaat, um sie in Dollar zu verwandeln.

PRÄSIDENT Und in was verwandeln Sie die Menschen mit Massenmord?

ZWEISTEIN In Nichts. Darum geht allein meine Rechnung auf. Ich bin der einzig berechtigte Massenmörder der Welt.

[...]

ZWEISTEIN Ich muß auf irgendeine Weise die Atombombe zur Explosion bringen. Die Wissenschaft muß wissen, woran sie ist.

[...]

ZWEISTEIN Das war zur Zeit der Hexenverbrennung und der Nationalkriege. Heute geht es um den Konflikt zwischen der Erhaltung der Menschheit und der Erhaltung der Wissenschaft.

PRÄSIDENT Um die Menschheit zu erhalten, ist unter Umständen auch ein Mord berechtigt.

ZWEISTEIN Ein Mord ist nur berechtigt, um die Wissenschaft zu erhalten.

[...]

ZWEISTEIN Wenn ich nun die Atombombe nicht zur Explosion bringe, so nicht deshalb, weil ich mein Leben als wertvoller einschätze als das Ihre, sondern nur, weil die Möglichkeit besteht, wie meine Sekretärin eben bemerkt hat, daß ich einmal die Ultrasuper-Atombombe erfinden werde. Diese Möglichkeit muß im Interesse der Wissenschaft weiter bestehen. *Er schaut auf die Uhr.* Ich muß mich nun verabschieden.

[...]

PRÄSIDENT Gertrud, er het doch nid öppe es Atombömbeli chönne verstecke, won er mit dir gredt het?

FRAU PRÄSIDENT Aber Werner.

PRÄSIDENT Mon dieu, mir wäre verlore.

FRAU PRÄSIDENT E gwaltige Ma!

PRÄSIDENT Gertrud?

FRAU PRÄSIDENT Werner?

PRÄSIDENT Was hesch du da im Chleid, Gertrud?

Sie greift unsicher in den Busen und zieht eine Atombombe hervor.

FRAU PRÄSIDENT O! *Sie fällt in Ohnmacht.*

Der Archenpräsident hält zitternd die Atombombe in der Hand.

Nur noch die ›Toteninsel‹ von Böcklin leuchtet einsam im Raum.

WA 17. S. 136–151.

III. Dürrenmatt über Literatur, Gesellschaft und »Die Physiker«

1. »Die Physiker« und die Rezeption

Friedrich Dürrenmatt, *21 Punkte zu den Physikern* (1962):

1
Ich gehe nicht von einer These, sondern von einer Geschichte aus.

2
Geht man von einer Geschichte aus, muß sie zu Ende gedacht werden.

3
Eine Geschichte ist dann zu Ende gedacht, wenn sie ihre schlimmstmögliche Wendung genommen hat.

4
Die schlimmstmögliche Wendung ist nicht voraussehbar. Sie tritt durch Zufall ein.

5
Die Kunst des Dramatikers besteht darin, in einer Handlung den Zufall möglichst wirksam einzusetzen.

6
Träger einer dramatischen Handlung sind Menschen.

7
Der Zufall in einer dramatischen Handlung besteht darin, wann und wo wer zufällig wem begegnet.

8
Je planmäßiger die Menschen vorgehen, desto wirksamer vermag sie der Zufall zu treffen.

9
Planmäßig vorgehende Menschen wollen ein bestimmtes

Ziel erreichen. Der Zufall trifft sie dann am schlimmsten, wenn sie durch ihn das Gegenteil ihres Ziels erreichen: Das, was sie befürchteten, was sie zu vermeiden suchten (z. B. Oedipus).

10
Eine solche Geschichte ist zwar grotesk, aber nicht absurd (sinnwidrig).

11
Sie ist paradox.

12
Ebensowenig wie die Logiker können die Dramatiker das Paradoxe vermeiden.

13
Ebensowenig wie die Logiker können die Physiker das Paradoxe vermeiden.

14
Ein Drama über die Physiker muß paradox sein.

15
Es kann nicht den Inhalt der Physik zum Ziele haben, sondern nur ihre Auswirkung.

16
Der Inhalt der Physik geht die Physiker an, die Auswirkung alle Menschen.

17
Was alle angeht, können nur alle lösen.

18
Jeder Versuch eines Einzelnen, für sich zu lösen, was alle angeht, muß scheitern.

19
Im Paradoxen erscheint die Wirklichkeit.

20
Wer dem Paradoxen gegenübersteht, setzt sich der Wirklichkeit aus.

21
Die Dramatik kann die Zuschauer überlisten, sich der Wirklichkeit auszusetzen, aber nicht zwingen, ihr standzuhalten oder sie gar zu bewältigen.

WA 7. S. 91–93.

FRIEDRICH DÜRRENMATT, *Nachwort* (1976):

»Während wir zum Auto zurückgehen, um Erdwälle herumkurven, aufgeschüttet, um vor harten Strahlungen zu schützen, denke ich an *Doc*, die Hauptfigur des *Mitmachers*, die ich in Mannheim, ein halbes Jahr vorher, Comics lesen ließ auf Vorschlag des Hauptdarstellers, denke ich an *Möbius* aus den *Physikern*, an meine Inszenierung dieses Stücks in Reinach, denke ich schließlich wieder an *Faust.* [...] Faust ist der ›freie‹ Wissenschaftler, Möbius will noch der ›freie‹ bleiben, Doc ist der ›unfreie‹, auch darin eben der Wissenschaftler in seiner modernen Form, zu dem die Unfreiheit gehört – gleichgültig, in welchem ideologischen Machtbereich er sich aufhält: Forschung vermag sich immer mehr nur der Staat zu leisten und damit eine ganz bestimmte Menge Wissenschaftler [...]. Wird Faust als Wissenschaftler in die Magie getrieben, flüchtet sich Möbius vor dem Ruhm und vor den Folgen seiner Wissenschaft ins Irrenhaus, wird Doc auf die Straße gesetzt – das ist der triste Unterschied. Faust läßt sich mit dem Teufel ein, Möbius wird zum Mörder, Doc fährt Taxi; die drei nehmen dialektisch drei verschiedene Positionen zu ihrem Scheitern ein: Faust verzweifelt, Möbius wird verrückt, Doc gibt sich auf, wobei die dritte dramaturgisch und rhetorisch den unergiebigsten Fall darstellt: Liegt in der Verzweiflung noch ein Aufbegehren, wenn auch ein ohnmächtiges (weshalb Kierkegaard in ihr etwas Positives erblickt), liegt im Verrücktwerden ein ›Sichbefreien‹, ein ›Entschwinden in eine andere Dimension‹, so wird in der Selbstaufgabe der ›Nullpunkt‹ erreicht, worunter wir vorerst etwas verstehen, das ich als ›existentielle Fiktion‹ bezeichnen möchte.«

WA 14. S. 119f.

Friedrich Dürrenmatt interviewt F. D. (1980):

Die Physiker

Bei diesem Gespräch verhielt sich F. D. wie bei der *Alten Dame*: Es langweilte ihn offenbar, von diesem Stück zu sprechen; gab rätselhafte Sätze von sich; so etwa, dieses Stück werde immer inszeniert, statt interpretiert, erläuterte er in halb angefangenen und halb beendigten Sätzen; dozierte, wie der Wahnsinn zu spielen sei, so nämlich, daß es dem Zuschauer erst allmählich aufgehe, die Irrenärztin sei verrückt; kam dann auf die Schwierigkeiten der Liebesszene zu sprechen, die erst möglich werde, wenn sie als Liebesszene gespielt werde; machte sich über den Einwand lustig, den er oft gehört hätte: Wenn Möbius Monika wirklich liebte, könnte er sie nicht erdrosseln; nur wenn Möbius wirklich liebe, werde die Szene ungeheuerlich. Dann sann F. D. dem Zufall nach, der dramaturgisch ›nicht am Rande, sondern in der Mitte‹ (?) liegen müsse usw., um dann zu äußern – ich zitiere: »*Die Physiker* denken das Ödipus-Motiv weiter. An die Stelle des Orakels ist die Wissenschaft getreten. Der Wissenschaftler ist in der Lage, abschätzen zu können, was die Ergebnisse seiner Forschungen unter Umständen zu bewirken vermögen: die Vernichtung der Menschheit. Möbius versucht, den Gefahren seiner physikalischen Ergebnisse dadurch zu entgehen, daß er sich ins Irrenhaus flüchtet. Er stellt sich verrückt. Dieses entspricht der Flucht des Ödipus vor dem Schicksal, das ihm das Orakel ankündigt, nach Theben. Hier greift der Zufall ein. Ödipus flüchtet in die falsche Stadt, Möbius in das falsche Irrenhaus. Indem die verrückte Irrenärztin Mathilde von Zahnd die gespielte Verrücktheit des Möbius als Wahrheit auffaßt und somit seine Entdeckungen, die sie sich aneignet, nicht als Verrücktheiten, sondern als das ansieht, was sie sind, als geniale Entdeckungen, hebt sie den Sinn seiner Flucht auf. Möbius und seine zwei Genossen, gleichfalls Physiker, verhalten sich wie drei Reisende, die, in den falschen Zug gestiegen, nach hinten rennen, um so doch noch den Ort zu erreichen, von dem sich der Zug in rasender Fahrt immer weiter entfernt. Daß die Irrenärztin in der ersten Fassung ein Irrenarzt war, stimmt. Therese Giehse las diese Fassung, seufzte und meinte, den Irrenarzt möchte sie gern spielen, worauf ich aus ihm eine Frau machte, eine Vorläuferin der ›Unsterblichen‹ in der *Frist*.«

WA 25. S. 150–152.

DÜRRENMATT im Gespräch mit Jürg Ramspeck (1987):

»Die ›Physiker‹ zeigen nicht das Problem der Wissenschaft, sondern seine Ausweglosigkeit auf. ›Die Physiker‹ handeln gar nicht von Physik. Mir hat schon einmal Curd Jürgens, bedauernd, gesagt: ›Schade, daß Sie in ihrem Stück die Physik so wenig erklären!‹ Die ›Physiker‹ sind wohl entstanden, weil ich mich ein Leben lang mit Physik beschäftigt und den Umgang mit Physikern gesucht habe; das war die stoffliche Anregung. Für das Theater habe ich aber einen umgekehrten Ödipus schreiben wollen. Ödipus erfährt vom Orakel, daß er seinen Vater töten und seine Mutter heiraten wird. Also flüchtet er. Er flüchtet aber in die falsche Richtung. Er flüchtet nach Theben, in die Welt. Der Physiker Möbius flüchtet vor der Erkenntnis, daß sein Wissen die Welt zerstören wird, in die richtige Richtung: ins Irrenhaus. Er verläßt die Welt. Aber am Ende führen beide Wege in die Katastrophe: Ödipus tötet seinen Vater und heiratet seine Mutter, Möbius kann das von ihm Gedachte nicht ungedacht machen.«

»Die ›Physiker‹ sind das am meisten schlecht gespielte meiner Stücke [. . .]. Wenn Beutler-Newton sagt: ›. . . und dazu mußte ich Deutsch lernen!‹, sollten die Leute nicht über eine banale Pointe lachen, es müßte etwas von einer Verzweiflung wirksam werden, die sich in einem Sprach-Gag entlädt. Und wenn Ernesti-Einstein nachdoppelt, für nichts und wieder nichts habe er sich also mit dem Erlernen des Geigenspiels abgequält, muß das als ein Aufschrei verstehbar sein.

Die ›Physiker‹ sind voller dramaturgischer Fallen, und die meisten Aufführungen, die ich gesehen habe, laufen in diese Fallen hinein. Zum Beispiel muß im zweiten Akt, wenn sich die drei Physiker beim Nachtessen gegenseitig ihre Identität offenbaren, deutlich werden, daß ihr Gespräch utopisch ist. Gespenstisch. Wie ein Zug, der rückwärts fährt.«

Jürg Ramspeck: »Das einzige, was wirkt, ist die Angst«. Friedrich Dürrenmatt über die »Physiker«, die Katastrophenwelt und das Sprechtheater. In: Die Weltwoche. 15. Oktober 1987. – Mit freundlicher Genehmigung der Diogenes Verlag AG, Zürich.

2. Schriftstellerauftrag und literarische Arbeit

FRIEDRICH DÜRRENMATT, *Fingerübungen zur Gegenwart* (1952):

»Ich bin daher in diesem Lande Schriftsteller geworden, *gerade weil* man da die Schriftstellerei nicht nötig hat. Ich bin es geworden, um den Leuten lästig zu fallen. Ob ich ein guter Schriftsteller bin, weiß ich nicht, und ich kümmere mich nicht sehr um diese müßige Frage; aber ich hoffe, daß man von mir sagen wird, ich sei ein unbequemer Schriftsteller gewesen. So fällt es mir denn gar nicht ein, mich in erster Linie an die Deutschen zu wenden, sondern ich wende mich vor allem an die Schweizer, vor allem, da Sie nun ja vor mir sitzen, an Sie, meine Damen und Herren. Man wird mir vorwerfen, die Schweiz sei eine Provinz und wer sich an eine Provinz wende, sei ein provinzieller Schriftsteller. Gesetzt, daß es noch Provinzen gibt, haben jene unrecht, die so sprechen. Man kann heute die Welt nur noch von Punkten aus beobachten, die hinter dem Mond liegen, zum Sehen gehört Distanz, und wie wollen die Leute denn sehen, wenn ihnen die Bilder, die sie beschreiben wollen, die Augen verkleben?«

WA 26. S. 31 f.

Friedrich Dürrenmatt, *Literatur nicht aus Literatur. Für Kurt Hirschfeld* (1962):

»Die erste Frage lautet daher, ob der Schriftsteller da mitmache, ob er sich als Geist mit Sondererlaubnissen in Extraposition betrachte oder als ehrlichen Geschäftsmann. Es ist eine Gewissensfrage, wenn nicht *die* Gewissensfrage. Schätzt sich der Schriftsteller als ein erhabenes Wesen ein, wertet er sich zum Dichter auf, so muß er die Frage nach seinem Geschäft als frivol bezeichnen, nicht einen Beruf ausüben, sondern als Berufener auftreten. Das tun denn auch viele und oft hemmungsloser, als man das für möglich hielte. Sie sind in relativer Sicherheit. Geistliche und Dichter fragt man nicht nach ihren Geschäften, die wickelt der Himmel ab. Reiht sich jedoch der Schriftsteller ein, zählt er sich zu den Geschäftsleuten, so kann er immer noch danach trachten, der Prostitution zu entgehen, für Geist Geld zu nehmen: indem er sich nämlich entschlossen weigert, geistige Werte zu liefern, indem er Stoffe, aber keinen Trost fabriziert, Sprengstoff, aber keine Tranquillizer. Auf die Ware kommt es an.«

WA 24. S. 88.

Dürrenmatt im Gespräch mit Horst Bienek (1962):

Bienek: Wie lange schreiben Sie denn eigentlich an einem Stück?
Dürrenmatt: Im großen ganzen etwa ein Jahr.
Bienek: Und wann können Sie am besten schreiben, morgens oder nachts?
Dürrenmatt: Meistens schreibe ich von 10 bis 12 Uhr morgens und von 2 bis 5 Uhr nachmittags so etwa, in einem Büro, in einem freundlichen.
Bienek: Das ist eine Einteilung wie Bürostunden, oder wie bei einem Handwerker.
Dürrenmatt: Ich glaube, daß ich ein Arbeiter, ein Handwerker bin. Schreiben ist für mich nicht so sehr eine Sache der

Stimmung. Ich muß zum Arbeiten zuhause sein. Ich kann eigentlich nur in meiner Schreibstube arbeiten.

[...]

Bienek: Und wären Sie nicht lieber Maler geworden? Das hatten Sie ursprünglich doch einmal vor.

Dürrenmatt: Ich kann es mir nicht leisten. Ich fasse Schriftstellerei streng als einen Beruf auf, als meinen Beruf. Ich mußte sehr vieles schreiben, weil ich Geld verdienen mußte, um mich und meine Familie durchzubringen: Kriminalromane, Hörspiele. Ich habe es nie bereut, und ich habe auch nie abgeleugnet, daß ich diese Dinge geschrieben habe, um Geld zu verdienen.

Horst Bienek: Werkstattgespräche mit Schriftstellern. München: Hanser, 1962. S. 108. – © Carl Hanser Verlag München Wien 1962.

FRIEDRICH DÜRRENMATT, *Nachwort* (1976):

»Ich strebe mit meinem Endspiel das schlimmstmögliche Ende an, das Schachmatt, während andere nur das Patt suchen. Das schlimmstmögliche Ende zeigt daher nur die Denkrichtung meiner Schriftstellerei an, sagt aber nichts über meine Existenz aus, über mein Dasein, über meine Schuld oder Nichtschuld. Meine Schriftstellerei vermag nichts unmittelbar über das Existentielle auszusagen, nur mittelbar, nur verschlüsselt; auch dann, wenn ich dieses mein Leben unmittelbar darzustellen versuchte, wäre dieses mein Bekenntnis nichts Existentielles, sondern bloß Literatur. Literatur bleibt einem logischen System verhaftet, und sei es bloß dem der Begriffe, der Sprache, nicht jedoch das Leben, die Existenz, über sie lassen sich nur Gleichnisse sagen, in Bildern und Zeichen, die an sich wieder logisch sind, wie eine physikalische oder biologische Theorie oder Hypothesen oder im weitesten, vagesten Sinne eben wie Geschichten leichtsinniger Schriftsteller.«

WA 14. S. 189.

DÜRRENMATT im Gespräch mit Peter André Bloch (1980):

»Ich muß wieder auf Lessing zu sprechen kommen, der sich mit so vielen Dingen auseinandersetzte, die wir gar nicht mehr kennen, vor allem auch mit theologischen Fragen. Ich setze mich mit Mathematik und Physik – statt mit Theologie – auseinander, das nennt man Verschiebung. Meine Theorien sind möglicherweise ebenso rätselhaft wie diejenigen Lessings. Nur hat die Physik vielleicht eine andere Zukunft als die Theologie. – Ich selber bin ja nicht Mathematiker, ich bin Schriftsteller. Das Weltall; die Mathematik, die Physik sind meine Träume. Wir sind ebenso real wie das Ganze und gleichermaßen hypothetisch. Ich bin für Sie ein Andromedanebel wie Sie für mich. Ich weiß, daß wir in einer Welt der Hypothesen leben. Und dieses Bewußtsein ist für mich entscheidend. Ich bin eine Art Naiver, ich mache Hypothesen ins Leere hinaus. Als Interpreten der Welt werfen wir ein Netz über das Ganze. (schweigt)
Ich bin ein alter Mann, Diabetiker seit 30 Jahren, ich hatte zwei Herzinfarkte; wie viele Jahre ich noch vor mir habe, weiß ich nicht. Ich bin ein Mensch, der in der Einsamkeit lebt. Und ich arbeite drauflos, an einer verrückten Logik. Ich erkenne, die Menschheit geht unter, es gibt eine Katastrophe. Und mein Schicksal ist es, Analytiker dieser Katastrophe zu sein. Wer sollte meinen Bildern in der heutigen Verblendung glauben?«

Peter André Bloch: Gespräch mit Friedrich Dürrenmatt zum Thema »Bild und Gedanke« in Neuenburg am 18. Februar 1980. In: Bild und Gedanke. Festschrift für Gerhart Baumann. Hrsg. von Günter Schnitzler in Verbindung mit Gerhard Neumann und Jürgen Schröder. München: Fink, 1980. S. 20 – Mit freundlicher Genehmigung der Diogenes Verlag AG, Zürich.

DÜRRENMATT im Gespräch mit Fritz Raddatz:

Dürrenmatt: [...] Für mich ist Schreiben vor allem Denken, und ich laufe daher Gefahr, ins Abseits zu denken: Die

Resultate meines Denkens zu schreiben, ohne den oft verschlungenen Weg aufzuzeigen, der mich zu ihnen geführt hat. Ich bin Anti-Ideologe. Mich interessiert die Grenze des Menschen, die Grenze seiner Erkenntnismöglichkeit, seine Gefährdung, wo sind seine Klippen. Ich stelle gern scharfsinnige Menschen dar, die an Lächerlichkeiten scheitern. Oder ich treibe die Gerechtigkeit ad absurdum. Vielleicht habe ich mich ad absurdum getrieben, mich in meine eigene Welt eingekerkert: in meine Freiheit.
F. J. R.: Aber wenn Sie Ihr Gedankengebäude definieren müßten, wie hieße das?
Dürrenmatt: Ein Schriftsteller in Rebellion gegen Ideologen und Gläubige aller Art. Gott ist für mich nicht mehr denkbar geworden. Das ist eine Sache der gedanklichen Ehrlichkeit. Aus den Trümmern, die das Gedankengebäude hinterließ, mit dem er erschaffen wurde, versuche ich meine Welt zu erschaffen: die Form, in der ich rebelliere. Aber ich bin kein Nihilist. Ich komme nicht ohne Glauben aus. Wir wissen von der Welt nicht die Wahrheit, sondern nur Annäherungen an die Wahrheit. Ich bin immer wieder gezwungen, den Sprung zu wagen, um zu glauben, was mir einleuchtet.

Fritz Raddatz: »Ich bin der finsterste Komödienschreiber, den es gibt« – Ein ZEIT-Gespräch mit Friedrich Dürrenmatt. In: Die Zeit. 16. August 1985. – Mit freundlicher Genehmigung der Diogenes Verlag AG, Zürich.

»Schreiben«, so Dürrenmatt weiter, sei für ihn »fast ein musikalischer Vorgang«, »ein Variieren von Themen, die mich nicht in Ruhe lassen«.

F. J. R.: Welches wären die Themen? Sie haben vorhin gesagt, das Sterben des Menschen ist eines der großen Themen. Welches sind die anderen Themen?
Dürrenmatt: Der Rebell (die ewige Rebellion), Atlas (das Weltertragen), Sisyphos (das Nieaufgeben), Minotaurus (der Vereinzelte), das Labyrinth (das undurchschaubar gewor-

dene Ich, die undurchschaubar gewordene Politik, die undurchschaubar gewordene Technik, der undurchschaubar gewordene Kosmos).

Ebd.

FRIEDRICH DÜRRENMATT: *Das Theater als moralische Anstalt heute* (Rede zur Verleihung des Schiller-Gedächtnispreises, 1986):

»Das frei gewordene Theater muß sich, will es noch immer um seine Freiheit kämpfen, seine Unfreiheit selber erschaffen. Die heutige Kunst gleicht einem Stück Land, das, vom Ufer losgerissen, einen Strom hinunter treibt, einem Katarakt entgegen, sich dabei in mehrere Inseln aufteilt. Ein jeder kann sich auf seiner Insel frei bewegen, der Richtung des Stroms entgegenschreiten, rundherumrennen, auf dem Kopf stehen, es ist gleichgültig, was er treibt, die Insel treibt dem Katarakt entgegen, die Kultur, unfähig, den Verlauf des Stromes zu ändern oder sein immer schnelleres Dahinschießen zu verhindern, ist unwirksam geworden, überflüssig dem Weltgeschehen gegenüber.
Schreiben wird zur privaten Angelegenheit, die allzuleicht in die Gefahr gerät, privat zu werden. Wer aber heute vorgibt, für die Ewigkeit zu schreiben, ist ein Narr. Das Ende der Menschheit, noch in meiner Jugend in astronomischer Milliardenjahren-Ferne durch ein Aufblähen der immer heißeren Sonne, verknüpft mit der Hoffnung, die Menschheit würde inzwischen schon einen Weg gefunden haben, sich im Weltall anderswo anzusiedeln, ist durch den Menschen selber jederzeit möglich geworden. Tritt die atomare Selbstvernichtung nicht ein, gerät die Menschheit in eine noch nie geahnte geopolitische Zwangslage, Eingriffe in die Wirtschaft und in die Persönlichkeitsrechte werden notwendig, politische Umwälzungen.«

Friedrich Dürrenmatt: Versuche. Zürich: Diogenes Verlag, 1988. S. 102 f. –

3. Schiller, Brecht und die dramatische Tradition

DÜRRENMATT im Gespräch mit Horst Bienek (1962):

»Mein größtes literarisches Erlebnis war Aristophanes, ein Dramatiker, den man nur mit Einbildungskraft lesen und überhaupt nicht mehr aufführen kann. Im übrigen, um auf Brecht zurückzukommen, ich kann es mir gar nicht leisten, mich mit Brecht zu beschäftigen – ich muß schließlich selber schreiben, und wenn ich schreibe, stört mich jeder andere Schriftsteller, auch Aristophanes, auch Shakespeare, alle. Ich beschäftige mich überhaupt immer weniger mit Literatur, ich mache leider selber welche, und im übrigen kommt Literatur nicht durch Beschäftigung mit Literatur zustande, sondern durch Bewältigung von Welt. Schreiben ist das Bewältigen der Welt durch die Sprache.«

Horst Bienek: Werkstattgespräche mit Schriftstellern. München: Hanser, 1962. S. 103. –

DÜRRENMATT im Gespräch mit Fritz Raddatz (1985):

F. J. R.: Bleiben wir einmal beim Theater-Autor Dürrenmatt. Setzen Sie sich mit dem modernen Theater auseinander?

Dürrenmatt: Nein, ich kann nicht gleichzeitig konsumieren und produzieren. Schreiben ist Konzentration.

F. J. R.: Kann man schreiben, ohne im Konsensus seiner Zeitgenossen zu sein? Kann man Dramatiker sein und Beckett ignorieren?

Dürrenmatt: »Warten auf Godot« ist für mich eines der wichtigsten Werke der Weltliteratur. Aber ich kann mir meine Stücke ohne Beckett denken. Ionesco, Albee, Pinter, Frisch usw., alle wichtig. Meine eigene Entwicklung ist ohne sie denkbar. Nicht aber ohne Aristophanes, die griechischen Tragiker, Shakespeare, Swift, Lessing, Wedekind. Das ist ungefähr der literarisch evolutionäre Stammbaum, an dem ich baumle. Irgendwo am gleichen Baum baumelt Achternbusch.

Fritz Raddatz: »Ich bin der finsterste Komödienschreiber, den es gibt« – Ein ZEIT-Gespräch mit Friedrich Dürrenmatt. In: Die Zeit. 16. August 1985. – Mit freundlicher Genehmigung der Diogenes Verlag AG, Zürich.

Aus DÜRRENMATTS Rede *Friedrich Schiller*, anläßlich der Übergabe des Mannheimer Schillerpreises (1959):

»Die Dramaturgie wird betrieben, wie sie Lessing betrieb, als eine Kunst des Stückeschreibens, als eine Reflexion darüber, was das Theater kann und will, als etwas Erlernbares, als eine Wissenschaft eigentlich. Schiller beherrscht die dramaturgischen Regeln, indem er sie herrschen läßt. Seine Dramatik beruht auf einer durchaus sicheren, handfesten Dramaturgie, nicht ohne Grund ist gerade *er* der Dramatiker der Schulmeister geworden.
Diese Dramaturgie zielt auf das Rhetorische. Der Mensch wird in Szene gesetzt, um rhetorisch ausbrechen zu können. Operndramaturgie. [...]
Das rhetorische Drama setzt eine geschlossene und sozial gestufte Welt voraus, eine Hierarchie, die auf der Bühne vorausgesetzt wird, aber auch dargestellt werden kann, zu einem Spielrahmen verdichtet, in welchem die einzelnen Spielzüge auf ihre Richtigkeit hin überprüfbar sind. Diese Voraussetzung der alten Dramatik ist auch Schillers Voraussetzung.«

WA 26. S. 86 f.

FRIEDRICH DÜRRENMATT, *Theaterprobleme* (1954):

»Schiller schrieb so, wie er schrieb, weil die Welt, in der er lebte, sich noch in der Welt, die er schrieb, die er sich als Historiker erschuf, spiegeln konnte. Gerade noch. War doch Napoleon vielleicht der letzte Held im alten Sinne. Die heutige Welt, wie sie uns erscheint, läßt sich dagegen schwerlich in der Form des geschichtlichen Dramas Schillers bewältigen, allein aus dem Grunde, weil wir keine tragischen Helden, sondern nur Tragödien vorfinden, die von Weltmetzgern inszeniert und von Hackmaschinen ausgeführt werden.«

WA 24. S. 59.

Aus Dürrenmatts Schiller-Rede (1959):

»*Ist* nämlich der naive Dichter Natur, wie sich Schiller ausdrückt, muß er auch in der Wirklichkeit die Natur sehen, somit die Wirklichkeit akzeptieren, sie durch das Theater nachahmen, in ein Spiel verwandeln. Er versetzt das Publikum in Mitleid und Schrecken oder bringt es zum Lachen. Im naiven Theater wird die Wirklichkeit nicht durchschaut, sondern als göttliche Ordnung erlebt, als Schöpfung, als Naturgesetz, als Auswirkung des Milieus und der Herkunft, eine Möglichkeit des Dramas, die Schiller nicht voraussehen konnte, die die Wissenschaftlichkeit des neunzehnten Jahrhunderts voraussetzt, die jedoch tatsächlich wieder naives Theater schuf. Der naive Dichter ist kein Rebell. [...] Der sentimentalische Dichter klärt das Publikum auf. Es soll die Ungerechtigkeit der Welt nicht nur erleben, nicht nur Mitleid empfinden, nicht nur Schrecken, sondern auch als eine Wirkung ganz bestimmter Ursachen erkennen. [...].
Doch ist an dieser Stelle nun die Frage berechtigt, ob diese Haltung denn genüge, ob nicht gerade die Erkenntnis, daß sich die Welt in einem schlechten Zustande befinde, nicht nur die Einsicht voraussetze, wie die Welt sein sollte, sondern auch moralischerweise den Hinweis notwendig mache, auf welche Weise die Welt wieder in Ordnung kommen könne, und ob dieser Hinweis dann nicht die Aufforderung in sich schließen müsse, diesen Weg auch zu beschreiten. Wird aber diese Frage bejaht, genügt es nicht, die Welt als ungerecht zu beschreiben. Sie muß dann als eine veränderbare Welt beschrieben werden, die wieder in Ordnung kommen kann und in welcher der Mensch nicht mehr ein

Opfer zu sein braucht. Ist dies aber so, verwandelt sich der Schriftsteller aus einem Rebellen in einen Revolutionär.«
»Dies zugegeben, drängt sich die Beschäftigung mit Schiller erneut auf. Als Dramatiker ist er vielleicht ein Verhängnis des deutschen Theaters, will man ihn als Lehrmeister einsetzen. Seine Regeln und Kniffe leben möglicherweise nur durch ihn, schon bei Grillparzer und Hebbel wird alles zweifelhafter, gut für Studenten der Germanistik, bei Schiller ist offenbar nichts zu lernen, er ist wahrscheinlich der Unwiederholbarste, ein Sonderfall, totgepriesen und mit Vorurteilen über ihn behaftet, dies sei alles dahingestellt und nicht näher untersucht, es ist unwichtig: Was bleibt, ist ein mächtiger Impuls, eine reine Kraft, ein einmaliges Wagnis, nichts für große Zeiten, aber für schwere. Er wurde durch die geschichtlichen Umstände gezwungen, eine Welt zu akzeptieren, die er verurteilte (Brecht in Ostberlin mußte verurteilen, was er akzeptiert hatte, das Schicksal jedes echten Revolutionärs). Er griff nicht an, sondern versuchte, die Freiheit des Menschen unangreifbar zu machen. Die Revolution war für ihn sinnlos, weil er die Freiheit tiefer durchdachte als sie. Er versuchte nicht, die Verhältnisse zu ändern, um den Menschen zu befreien, er hoffte, den Menschen für die Freiheit zu ändern.«

WA 26. S. 90–92 und 97.

FRIEDRICH DÜRRENMATT, *Nachwort zum Nachwort* (1976):

»Brecht dagegen war schon aus dramaturgischem Instinkt Marxist, ob er es auch als Nicht-Dramaturg war, weiß ich nicht. Er wollte als Dramatiker bewußt vom Allgemeinen her schreiben: Dieser Eintrittspreis war mir stets zu hoch. Doch ist Brechts Dramaturgie nicht nur von seiner Bühnenpraxis her zu begreifen, zum großen Teil ist sie vor ihr entstanden; sie ist aus einer Zeit heraus zu verstehen, die Brecht als derart finster empfand, daß er bat, man solle seiner einmal mit Nachsicht gedenken. Sie war so finster, ja noch finsterer. Nicht einmal die Hoffnung erfüllte sich ihm, daß die Herrschenden ohne ihn sicherer gewesen wären, seine Proteste nützten nichts, die Mächtigen veränderten schließlich den Weltwinkel, in welchen er sich hatte hineinlocken lassen, indem sie ihn mißbrauchten, und sei es nur, daß er sich von ihnen ein Theater schenken ließ.«

»Es ging Brecht ums Ganze, um seine Ideologie. Darum die verräterische Unterscheidung in Wahrheiten, die sich lohnen, und in solche, die sich nicht lohnen: wer regt sich schon auf, wenn Wahrheiten, die nicht lohnen, unterdrückt werden. Brecht wollte ungleich radikaler aufräumen, die Dichter waren ihm nebensächlich, es ging Brecht um seine Wahrheit, nicht um die Dichtkunst, es ging ihm um die Ideologie, die er zur Wahrheit erklärte [...].«

WA 14. S. 317 und 319.

DÜRRENMATT im Gespräch mit Fritz Raddatz (1985):

»Für mich ist die Gesellschaft ein Problem, ich stehe der Gesellschaft nicht gegenüber, ich bin ein Teil von ihr. Wie für Brecht. Aber für Brecht war das Problem lösbar, für mich nicht. Ein unlösbares Problem ist ein Paradoxon, in seiner Erscheinung eine Groteske. Für mich ist der Kapitalismus ein Ausdruck der menschlichen Natur. Die ist schrecklich. Der Marxismus ist eine intellektuelle Idee, die immer wieder an der menschlichen Natur scheitert.«

Fritz Raddatz: »Ich bin der finsterste Komödienschreiber, den es gibt« – Ein ZEIT-Gespräch mit Friedrich Dürrenmatt. In: Die Zeit. 16. August 1985. – Mit freundlicher Genehmigung der Diogenes Verlag AG, Zürich.

FRIEDRICH DÜRRENMATT, *Dramaturgische Überlegungen zu den »Wiedertäufern«* (1967):

»Die Komödie der Handlung ist die Theaterform, die Brecht von unserem Zeitalter der Wissenschaft fordert unter der Berücksichtigung der Tatsache, daß der Zuschauer zu nichts gezwungen werden kann. Das Theater ist nur insofern eine moralische Anstalt, als es vom Zuschauer zu einer gemacht wird. Darin, daß viele der heutigen Zuschauer in meinen Stücken nichts als Nihilismus sehen, spiegelt sich nur ihr eigener Nihilismus wieder. Sie haben keine andere Deutungsmöglichkeit.«

WA 10. S. 134.

FRIEDRICH DÜRRENMATT, *Monstervortrag über Gerechtigkeit und Recht, nebst einem helvetischen Zwischenspiel* (1969):

»Das dramaturgische Denken, auf die Politik angewandt, versucht hinter ihre Regeln zu kommen, nicht hinter ihren Inhalt. Zugegeben, das mag manchen wenig spannend vorkommen: Die Regeln, nach denen *Hamlet* gebaut ist, sind einfach, aber welch ein Stück!
Doch diese Tatsache könnte das dramaturgische Denken für die Politik brauchbar machen. Es ist ein Korrektiv. Es rückt die politische Wirklichkeit in ein anderes Licht, ins Licht der Bühnenscheinwerfer, ins grelle Licht der Satire. Das dramaturgische Denken weist auf den Widerspruch zwischen dem Denken und dem Handeln des Menschen hin. Es ist eine Anleitung, spielerisch über die Wirklichkeit kritisch nachzudenken, ein Vorschlag, wie vielleicht auch die Politik bisweilen über die Wirklichkeit reflektieren sollte: Unideologisch und mit Phantasie – die ja die Fähigkeit ist, vorauszusehen. Das dramaturgische Denken könnte die Politik hindern, sich ihren Maßstab, ihr Ziel und ihre Gegner absolut zu setzen. Möglicherweise.«

WA 27. S. 92f.

FRIEDRICH DÜRRENMATT, *Nachwort zum Nachwort* (1976):

»Ist in der griechischen Tragödie der Mensch durch das Schicksal zugleich bedroht und gehalten, ist sein Schicksal eins mit ihm, seine Charakterisierung, so ist er in der Welt des Zufalls nur noch bedroht, aber nicht mehr gehalten, er ist dem Zufall gegenüber, als dem Unvorhersehbaren, nur noch ein Opfer.«

WA 14. S. 314 f.

Friedrich Dürrenmatt, *Standortbestimmung* (1960):

»Gefahr, ins Leere zu stoßen: Ist die Forderung einmal fallengelassen worden, die Welt des Theaters und die Wirklichkeit müßten übereinstimmen, ist eine neue Freiheit erreicht. Aber auch eine neue Gefahr. Der Vorteil der alten Dramatik lag in ihrer Wirksamkeit; da sie die Welt so sah, wie sie sie darstellte, konnte sie auch unmittelbar Stellung nehmen. Gesellschaftlich orientiert, war sie politisch wirksam (auch die Klassiker). Sie deutete die Welt, und das Publikum will sich die Welt deuten lassen. Die Gefahr einer anders konzipierten Dramatik liegt in ihrem Hang, ins Leere zu stoßen, sich im bloß Ästhetischen oder bloß Geistreichen zu verlieren.«

WA 6. S. 156 f.

Friedrich Dürrenmatt, *Nachwort* (1976):

»Ich weigere mich, mein Denken, mein Schreiben nach einem logischen System zu richten, das mich von meiner Existenz her, als Mitmacher, freisprechen könnte; und wenn irgendein Kritiker einmal schrieb, ich hätte Brecht nicht zu Ende gedacht, so denke ich, daß dies nicht meine Aufgabe ist, weil ich nicht von Brecht herkomme, und wenn es meine Aufgabe darstellte, wäre sie unmöglich, es wäre töricht, sie mir gestellt zu haben, denn das Zu-Ende-Denken setzt ein Ende des Denkens voraus, ein Ankommen bei der Wahrheit, als sei die Wahrheit eine Endstation, in die das Denken nur hereindampfen müsse.«

WA 14. S. 187.

4. Dramatisierte Wirklichkeit, das Publikum und die Kritiker

FRIEDRICH DÜRRENMATT, *Vom Sinn der Dichtung in unserer Zeit* (1956):

»Wie aber formt der Schriftsteller die Welt, wie gibt er ihr ein Gesicht? Indem er entschieden etwas anderes betreibt als eine Philosophie, die vielleicht nicht mehr möglich ist. Indem er entschieden den Tiefsinn fahren läßt, indem er die Welt als Materie verwendet. Sie ist der Steinbruch, aus dem der Schriftsteller die Blöcke zu seinem Gebäude schneiden soll. Was der Schriftsteller treibt, ist nicht ein Abbilden der Welt, sondern ein Neuschöpfen, ein Aufstellen von Eigenwelten, die dadurch, daß die Materialien zu ihrem Bau in der Gegenwart liegen, ein Bild der Welt geben. [...]
Der Schriftsteller hat ein Arbeiter zu werden. Er hat sich die Stoffe nicht durch eine Dramaturgie zu verbauen, sondern jeden Stoff durch die dem Stoffe gemäße Dramaturgie zu ermöglichen. Es gibt in der deutschen Sprache die zwei Ausdrücke ›sich ein Bild machen‹ und ›im Bilde sein‹. Wir sind nie ›im Bilde‹ über diese Welt, wenn wir uns von ihr kein Bild machen. Dieses Machen ist ein schöpferischer Akt. Er kann auf zwei Arten verwirklicht werden: durch Nachdenken, dann werden wir notgedrungen den Weg der Wissenschaft gehen müssen, oder durch Neuschöpfen, das Sehen der Welt durch die Einbildungskraft. Den Sinn dieser beiden Haltungen, oder besser – dieser beiden Tätigkeiten, stelle ich dahin. Im Denken manifestiert sich die Kausalität hinter allen Dingen, im Sehen die Freiheit hinter allen Dingen. In der Wissenschaft zeigt sich die Einheit, in der Kunst die Mannigfaltigkeit des Rätsels, das wir Welt nennen. Sehen und Denken erscheinen heute auf eine eigenartige Weise getrennt. Eine Überwindung dieses Konflikts liegt darin, daß man ihn aushält. Nur durch Aushalten wird er überwunden. Kunst, Schriftstellerei ist, wie alles andere auch, ein Bewähren. Haben wir das begriffen, ahnen wir auch den Sinn.«

WA 26. S. 67–69.

Friedrich Dürrenmatt, *Theaterprobleme* (1954):

»Die Kunst dringt nur noch bis zu den Opfern vor, dringt sie überhaupt zu Menschen, die Mächtigen erreicht sie nicht mehr.«

WA 24. S. 60.

Friedrich Dürrenmatt, *Dramaturgische Überlegungen zu den »Wiedertäufern«* (1967):

»Der Zuschauer identifiziert sich mit jedem, geht mit Freuden mit jedem der Helden, und führe er mit Mephistopheles in die Hölle. Wer möchte nicht gern einmal Nero, wer nicht einmal gar der Teufel sein.«

WA 10. S. 130.

In seinem Gespräch mit Dürrenmatt spricht Horst Bienek eine Stelle in Dürrenmatts Selbstkommentar zu *Frank V.* an.

Bienek: [. . .] Es heißt da – und ich zitiere wörtlich –: »Ist die Forderung einmal fallengelassen worden, die Welt des Theaters und die der Wirklichkeit müsse übereinstimmen, ist eine neue Freiheit erreicht.« Können Sie das vielleicht etwas näher erklären?

Dürrenmatt: Der Sinn meines Satzes – und ich hoffe, ich interpretiere mich richtig, man interpretiert sich ja oft am falschesten –, der Sinn meines Satzes ist wohl der, daß ich mir nicht zutraue, mit einem Theaterstück die Wirklichkeit wiedergeben zu können; dazu halte ich die Wirklichkeit für zu gewaltig, für zu anstößig, für zu grausam und zu dubios und vor allem für viel zu undurchsichtig. Ich stelle mit einem Theaterstück nicht die Wirklichkeit dar, sondern für den Zuschauer eine Wirklichkeit auf. Für das Publikum nämlich, glaube ich, ist ein Theaterstück in einem ganz naiven Sinne immer wirklich, es wird auf der Bühne für das Publikum wirklich gemordet, begraben, geliebt, geschwindelt. Das Publikum ist immer naiv. Auch heute, gerade auch heute, Gott sei Dank. Ohne diese Voraussetzung gibt es kein Theater. Das Publikum akzeptiert sein Theaterstück, macht instinktiv mit, will mitspielen. Nur durch sein Mitmachen wird die Freiheit des Dramatikers legitim, die Freiheit, die im Recht besteht, Fiktion aufstellen zu dürfen, eigene Welten zu schaffen, Eigenwelten. Der Dramatiker hat diese Freiheit auszunützen. Wagt er dies entschlossen, kommt der Zuschauer immer nach, hängt er nie in der Luft, denn so grotesk ein Theaterstück auch sein mag, so entfernt jeder Wirklichkeit – es vermag gar nicht aus der Wirklichkeit herauszufallen, weil jedes Theaterstück von der Wirklichkeit genährt, inspiriert wird. Das Ziel jedes Theaterstückes ist es, mit der Welt zu spielen. Theater ist also, für meine Überzeugung, nicht Wirklichkeit, sondern ein Spiel mit der Wirklichkeit, deren Verwandlung im Theater. Ich glaube, daß Wirklichkeit an sich nie erkennbar ist, sondern nur ihre Metamorphosen.

Dürrenmatt: [. . .] Die Ansicht Ionescos, die Bühne verfolge keine didaktische Absicht, *dürfe* keine didaktische Absicht verfolgen, teile ich, nur gilt dieser Satz, glaube ich, nur für den Schriftsteller und nicht für das Publikum. Ich könnte als Schriftsteller gar nicht schreiben, wenn ich dabei die Pose eines Weltlehrers annehmen müßte, schon das Wort Dichter bringt mich in Rage, das Wort Sendung kann ich überhaupt nicht hören. Das Schlimmste, was ich mir vorstellen kann, ist, in einem Schaufenster einmal ein Buch ausgestellt zu sehen: Trost bei Dürrenmatt.
Aber wie nun das Publikum an sich, seiner Bestimmung nach, naiv ist, so ist es auch ratlos: es sucht Hilfe, es wird von Zeitfragen bedrängt, von Furcht, sucht Antworten – das ist verständlich. Das Publikum stellt eigentlich die Verbindung zwischen Theater und Wirklichkeit her, findet seine Welt in der unsrigen, ob wir wollen oder nicht. Alles Moralische, Didaktische muß in der Dramatik unbeabsichtigt geschehen, nur dem kann ich eine Antwort auf seine Fragen geben, der diese Antwort selber findet, nur dem

Trost, der selber mutig ist: das ist die grausame menschliche Begrenztheit der Kunst. Sie ist an sich ohnmächtig, kein Trost, keine Religion, ein Zeichen nur, daß hin und wieder irgend jemand in der allgemeinen Verzweiflung nicht verzweifelte. Mehr als dieses Zeichen kann ich nicht geben. Der Schriftsteller kann seiner moralischen Aufgabe nur dann nachkommen, ich möchte dieses Wort gebrauchen, wenn er Anarchist ist. Er muß angreifen, aber nicht engagiert sein. Der einzige Platz, der ihm zukommt, ist der zwischen Stuhl und Bank.

Horst Bienek: Werkstattgespräche mit Schriftstellern. München: Hanser, 1962. S. 100 und 106. –

DÜRRENMATT im Gespräch mit Fritz Raddatz (1985):

»Ich bin selbst mein Publikum. Ich schreibe für mich. Ich fange an, daß ich mir die Bühne überlege. Ich führe beim Schreiben eine Art Rohregie, dann kommen die Proben, die Arbeit mit den Schauspielern, die Diskussionen, die Engpässe, die Striche, die Textänderungen: Das meiste während der Proben. Ein Stück entsteht mit den Schauspielern. Ich bin früher bei allen Proben dabeigewesen, griff im Schauspielhaus Zürich immer unmittelbar ein, führte oft selber Regie. Dann jedesmal der Schock der Generalprobe. Plötzlich kommen Zuschauer. Als ob plötzlich im Schlafzimmer fremde Leute wären. Mit der Generalprobe hört für mich die Theaterarbeit auf. Die Premieren zählen nicht mehr dazu. Die finden vor dem Publikum statt. Aber das Premierenpublikum ist nicht das Publikum. Zuviel Schickeria und vor allem – Verzeihung – zu viel Kritiker. Der Kritiker ist der schlechteste Zuschauer, sonst wäre er nicht Kritiker. Eine Aufführung ist ein Ereignis. Ein Ereignis erlebt man, strenggenommen ist es unmöglich, gleichzeitig zu erleben und kritisch zu sein. Nach der Premiere kommt dann das eigentliche Publikum. Das kann aus jedermann bestehen. Weder für das Premierenpublikum noch für jedermann kann man schreiben. Was ist also Publikum? Ich weiß es nicht.«

Fritz Raddatz: »Ich bin der finsterste Komödienschreiber, den es gibt« – Ein ZEIT-Gespräch mit Friedrich Dürrenmatt. In: Die Zeit. 16. August 1985. – Mit freundlicher Genehmigung der Diogenes Verlag AG, Zürich.

FRIEDRICH DÜRRENMATT, *Plauderei über Kritik vor der Presse* (1966):

»Der naive Dramatiker vergißt sich wie ein Kind in seinem Spiel, er hält das Theater für die Wirklichkeit und seine Worte für Wahrheiten. Der bewußte Dramatiker weiß, daß Theater nichts anderes sein kann als Theater, ein brüchiges Gleichnis, immer wieder neu zu erdenken, für die Tendenzen der Wirklichkeit. Dieses Wissen ist seine Ironie. Ihr sollte die Ironie des Kritikers entsprechen, die von der Fragwürdigkeit einer jeden Kritik weiß, doch findet sich oft nur ein Zynismus, der eine schwere Aufgabe leicht lösen will, indem er sich durch voreilige Urteile vor der Notwendigkeit drückt, nachdenken zu sollen.«

WA 25. S. 96.

FRIEDRICH DÜRRENMATT, *Standortbestimmung* (1960):

»Aufgabe der Kritik: Ich deute die Welt nicht. Als Bühnenschriftsteller ist dies nicht meine Aufgabe. Damit will ich nicht behaupten, daß mit *Frank dem Fünften* nicht bestimmte Strukturen menschlicher Beziehungen gedeutet werden können. Das ist logisch durchaus möglich. Doch ist die Untersuchung darüber, was mit meinen Werken gedeutet werden kann, nicht meine Aufgabe, ja, wahrscheinlich überhaupt nicht ehrlicherweise von mir zu leisten. Meine Vermutung, daß auch in meinen dramatischen Werken ein Werkzeug liege, die Welt zu deuten, stützt sich weniger auf eine logische Erkenntnis als auf den Glauben, daß es für das künstlerische Denken unmöglich sei, aus der Welt zu fallen.

Dies alles enthebt den Kritiker jedoch nicht der Pflicht, gerade das zu tun, was ich mir verbiete, die Welt in meinen möglichen Welten zu entdecken. Er höre auf mitzudichten, beginne wieder nachzudenken. Begreift er dies, wird auch seine Kritik ein notwendiger Prüfstein.«

WA 6. S. 157.

5. Dramaturgie und Komödie

FRIEDRICH DÜRRENMATT, *Theaterprobleme* (1954):

»Dann möchte ich bitten, in mir nicht einen Vertreter einer bestimmten dramatischen Richtung, einer bestimmten dramatischen Technik zu erblicken oder gar zu glauben, ich stehe als ein Handlungsreisender irgendeiner der auf den heutigen Theatern gängigen Weltanschauungen vor der Tür, sei es als Existentialist, sei es als Nihilist, als Expressionist oder als Ironiker, oder wie nun auch immer das in die Kompottgläser der Literaturkritik Eingemachte etikettiert ist. Die Bühne stellt für mich nicht ein Feld für Theorien, Weltanschauungen und Aussagen, sondern ein Instrument dar, dessen Möglichkeiten ich zu kennen versuche, indem ich damit spiele.«

WA 24. S. 31 f.

FRIEDRICH DÜRRENMATT, *Monstervortrag über Gerechtigkeit und Recht* (1969):

»Meine Damen und Herren, ich denke dramaturgisch. Das heißt, meine Denktechnik als Dramatiker besteht darin, die gesellschaftliche Wirklichkeit des Menschen in Theater zu verwandeln und mit dieser verwandelten Wirklichkeit weiterzudenken. Ich denke die Welt durch, indem ich sie durchspiele. Das Resultat dieses Denkprozesses ist nicht eine neue Wirklichkeit, sondern ein komödiantisches Gebilde, in dem sich die Wirklichkeit analysiert wiederfindet, genauer, in dem sich der Zuschauer analysiert wiederfindet.

Diese Analyse ist von der Einbildungskraft bestimmt, vom Gedankenexperiment, von der Spielfreude, sie ist darum nicht streng wissenschaftlich, sie ist in vielem leichtfertig, doch gerade darum nützlich.
[...]
Das dramaturgische Denken untersucht die Wirklichkeit auf ihren inneren Spannungsgehalt hin. Je paradoxer sie dargestellt werden kann, desto besser eignet sich die Wirklichkeit als theatralischer Stoff. Das dramaturgische Denken ist dialektisch, doch nicht in einem politisch-ideologischen Sinne.«

WA 27. S. 91.

FRIEDRICH DÜRRENMATT, *Theaterprobleme* (1954):

»Die Einheit des Ortes, der Zeit und der Handlung nämlich setzt der Hauptsache nach die griechische Tragödie als Bedingung voraus. Nicht die Einheit des Aristoteles macht die griechische Tragödie möglich, sondern die griechische Tragödie die Einheit des Aristoteles. So abstrakt eine ästhetische Regel auch zu sein scheint, so ist doch das Kunstwerk, aus dem sie gefolgert wurde, in ihr enthalten. [...] Da die Einheit die Allgemeinheit des Stoffs voraussetzt – eine geniale Ausnahme ist etwa der *Zerbrochene Krug* von Kleist – und damit das religiöse, mythische Theater, mußte eben, sobald das Theater die religiöse, mythische Bedeutung verlor, die Einheit des Aristoteles umgedeutet oder fallen gelassen werden. Ein Publikum, das sich einem fremden Stoff gegenüber sieht, achtet mehr auf den Stoff als auf die Behandlung des Stoffs, notwendigerweise muß deshalb ein solches Theaterstück reicher, ausführlicher sein als eines mit bekannter Handlung. [...] Doch ist damit die Einheit des Aristoteles nicht veraltet: was einmal eine Regel war, wird nun eine Ausnahme, ein Fall, der immer wieder eintreten kann. Auch der Einakter gehorcht ihr, wenn auch unter einer anderen Bedingung. An Stelle der Vorgeschichte dominiert die Situation, wodurch die Einheit wieder möglich wird.

Was aber von der Dramaturgie des Aristoteles gilt, ihre Gebundenheit an eine bestimmte Welt und ihre nur relative Gültigkeit, gilt auch von jeder anderen Dramaturgie. Brecht ist nur konsequent, wenn er in seine Dramaturgie jene Weltanschauung einbaut, der er, wie er meint, angehört, die kommunistische, wobei sich dieser Dichter freilich ins eigene Fleisch schneidet. So scheinen seine Dramen manchmal das Gegenteil von dem auszusagen, was sie auszusagen behaupten, doch kann dieses Mißverständnis nicht immer dem kapitalistischen Publikum zugeschoben werden, oft ist es einfach so, daß der Dichter Brecht dem Dramaturgen Brecht durchbrennt, ein durchaus legitimer Vorfall, der nur dann bedrohlich wird, wenn er nicht mehr stattfindet.«

»In dem Maße aber, wie es einen einheitlichen Theaterstil nicht mehr gibt, nicht mehr geben kann, in dem Maße wird das Theaterschreiben ein Problem und damit schwieriger. So ist denn das heutige Theater zweierlei, einerseits ein Museum, anderseits aber ein Feld für Experimente, so sehr, daß jedes Theaterstück den Autor vor neue Aufgaben, vor neue Stilfragen stellt. Stil ist heute nicht mehr etwas Allgemeines, sondern etwas Persönliches, ja, eine Entscheidung von Fall zu Fall geworden. [...]
Gibt es nur noch Stile, gibt es nur noch Dramaturgien und keine Dramaturgie mehr: die Dramaturgie Brechts, die Dramaturgie Eliots, jene Claudels, jene Frischs, jene Hochwälders, eine Dramaturgie von Fall zu Fall: Dennoch ist eine Dramaturgie vielleicht denkbar, eine Dramaturgie aller möglichen Fälle eben, so wie es eine Geometrie gibt, die alle möglichen Dimensionen einschließt. Die Dramaturgie des Aristoteles wäre in dieser Dramaturgie nur eine der möglichen Dramaturgien. Von einer Dramaturgie wäre zu reden, welche die Möglichkeiten nicht einer bestimmten Bühne, sondern *der* Bühne untersuchen müßte, von einer Dramaturgie des Experiments.«

WA 24. S. 34–37 und 41 f.

FRIEDRICH DÜRRENMATT, *Dramaturgische Überlegungen zu den »Wiedertäufern«* (1967):

»Das Dilemma der Tragödie: Nur das Wirkliche berührt uns tragisch. Ein wirklicher Todesfall usw. Wir brauchen die Illusion, auf dem Theater werde wirklich gestorben, wollen wir uns durch einen Theatertod erschüttern lassen. Die Tragödie braucht die Illusion des Zuschauers, sein Mitspielen, für die Tragödie gilt: Theater = Wirklichkeit. Die Tragödie, die Fiktion ablehnt, ohne die sie nicht möglich ist, denn jedes Theater ist eine Fiktion. Das Verhältnis der Tragödie zur Wirklichkeit ist naiv. Ihre Wirkung hängt von der Illusionskraft der Bühne ab, erreichte im Naturalismus letzte Höhepunkte, seitdem ist die Tragödie – da wir der Bühne ihre Illusionen nicht mehr so recht glauben – fast nur noch in Filmen heimisch. Die Tragödie neigt dazu, sich als abgebildete Wirklichkeit auszugeben, das Tragische der Wirklichkeit zu entlehnen, sie will zeigen, was war (oder was ist). Tragödie heute: Hochhuth: Endlose Belege, die geschichtlichen Fiktionen, die er macht, als Wahrheit zu installieren, statt sich auf die Wahrheit in der Fiktion zu verlassen.«

WA 10. S. 130.

FRIEDRICH DÜRRENMATT, *Theaterprobleme* (1954):

»Doch ist das Tragische immer noch möglich, auch wenn die reine Tragödie nicht mehr möglich ist. Wir können das Tragische aus der Komödie heraus erzielen, hervorbringen als einen schrecklichen Moment, als einen sich öffnenden Abgrund, so sind ja schon viele Tragödien Shakespeares Komödien, aus denen heraus das Tragische aufsteigt.

Nun liegt der Schluß nahe, die Komödie sei der Ausdruck der Verzweiflung, doch ist dieser Schluß nicht zwingend. Gewiß, wer das Sinnlose, das Hoffnungslose dieser Welt sieht, kann verzweifeln, doch ist diese Verzweiflung nicht eine Folge dieser Welt, sondern eine Antwort, die man auf diese Welt gibt, und eine andere Antwort wäre das Nichtverzweifeln, der Entschluß etwa, die Welt zu bestehen, in der wir oft leben wie Gulliver unter den Riesen. Auch der nimmt Distanz, auch der tritt einen Schritt zurück, der seinen Gegner einschätzen will, der sich bereit macht, mit ihm zu kämpfen.«

WA 24. S. 62f.

Aus DÜRRENMATTS Rede *»Der Rest ist Dank«* anläßlich der Übergabe des Großen Preises der Schweizerischen Schillerstiftung (1960):

»Auch neigt ja unsere Zeit vielleicht etwas dazu, die Komödie und das Komödiantische als zweitrangig zu betrachten. Logischerweise, verwandelt doch der Komödienschreiber eine Welt, in der einem das Lachen vergeht, in eine Bühnenwelt, über die er lacht – oft allein. So mag denn das Komödiantische notgedrungen als suspekt erscheinen, der Situation nicht gewachsen. Doch ist dies vielleicht eine Täuschung. Nur das Komödiantische ist möglicherweise heute noch der Situation gewachsen. Wer verzweifelt, verliert den Kopf; wer Komödien schreibt, braucht ihn.
[...] Sterben ist auf der Bühne immer noch einer der besten aller denkbaren Abgänge, denn das Theater ist an sich komödiantisch, und auch die Tragödie, die es spielt, kann es nur durch die komödiantische Lust an eben der Tragödie vollziehen. Die literarische Unterscheidung zwischen der Tragödie und der Komödie wird von der Bühne, vom Schauspieler her bedeutungslos. Der Dramatiker kann heute nicht mehr von der Bühne abstrahiert werden, die Frage, wie soll er gespielt, ist eins mit der Frage, wie soll er, wie muß er interpretiert, ja gesprochen werden; das Komödiantische ist das Medium, in welchem er sich bewegen muß, aus welchem er, das ist sein Gesetz, sowohl das Tragische wie auch das Komische zu erzielen hat.«

WA 26. S. 110f.

FRIEDRICH DÜRRENMATT, *Theaterprobleme* (1954):

»Endlich: Durch den Einfall, durch die Komödie wird das anonyme Publikum als Publikum erst möglich, eine Wirklichkeit, mit der zu rechnen, die aber auch zu berechnen ist. Der Einfall verwandelt die Menge der Theaterbesucher besonders leicht in eine Masse, die nun angegriffen, verführt, überlistet werden kann, sich Dinge anzuhören, die sie sich sonst nicht so leicht anhören würde. Die Komödie ist eine Mausefalle, in die das Publikum immer wieder gerät und immer noch geraten wird. Die Tragödie dagegen setzt eine Gemeinschaft voraus, die heute nicht immer ohne Peinlichkeit als vorhanden fingiert werden kann: es gibt nichts Komischeres etwa, als in den Mysterienspielen der Anthroposophen als Unbeteiligter zu sitzen.«

WA 24. S. 64.

FRIEDRICH DÜRRENMATT:

»Was heute gilt, galt damals: Dramaturgie des Labyrinths, Minotaurus. Indem ich die Welt, in die ich mich ausgesetzt sehe, als Labyrinth darstelle, versuche ich, Distanz zu ihr zu gewinnen, von ihr zurückzutreten, sie ins Auge zu fassen wie ein Dompteur ein wildes Tier. Die Welt, wie ich sie erlebe, konfrontiere ich mit einer Gegenwelt, die ich erdenke.

Nun sind die Bilder, zu denen man greift, nicht zufällig, auch sie sind schon etwas Vorhandenes, jedes Gedachte ist schon einmal gedacht, jedes Gleichnis schon einmal angewandt worden. In der Phantasie gibt es nichts Neues, alle Strukturen gehen auf Urstrukturen, alle Motive auf Urmotive, alle Bilder auf Urbilder zurück. Selbst die komplizierte räumliche Struktur des Kettenmoleküls, das die Eigenschaften eines jeden Individuums speichert, war in der Einbildungskraft schon vorhanden – sonst hätte sie nicht entdeckt werden können. Urstrukturen, Urmotive und Urbilder sind allen gemeinsam.«

Friedrich Dürrenmatt: Labyrinth. Zürich: Diogenes Verlag, 1990. S. 70f. – © 1990 by Diogenes Verlag AG, Zürich.

6. Groteske und Paradoxie, Parodie und Humor

DÜRRENMATT im Gespräch mit Fritz Raddatz (1985):
»Nicht ich lasse die Welt grimassieren, die Welt grimassiert. Blicke ich der heutigen Welt ins Gesicht, erblicke ich eine Fratze. Soll ich sie ins Erträgliche schminken?«

Fritz Raddatz: »Ich bin der finsterste Komödienschreiber, den es gibt.« Ein ZEIT-Gespräch mit Friedrich Dürrenmatt. In: Die Zeit. 16. August 1985. – Mit freundlicher Genehmigung der Diogenes Verlag AG, Zürich.

FRIEDRICH DÜRRENMATT, *Etwas über »Die Ehe des Herrn Mississippi« und etwas über mich* (1967):
»Von hier aus, von diesem Begriff des Grotesken aus, glaube ich, kommt man mir am besten bei. Doch muß man auch hier klar unterscheiden. Ich bin nicht grotesk als Romantiker, der mit diesem Mittel Gefühle des Schauerlichen oder des Absonderlichen erwecken will, sondern grotesk, wie einstmals Aristophanes oder Swift grotesk gewesen sind: aus der Notwendigkeit heraus, genau zu sein und kein Blatt vor den Mund zu nehmen, aus einem Willen heraus, tendenziös und künstlerisch zugleich aufzutreten, konkret und abstrakt zugleich, zugleich ein Pamphlet und ein Kunstwerk zu geben. Wie wäre dies anders möglich als durch die Groteske? Es ist die Fähigkeit, Sprengstoff zu dosieren, die unsere Kunst bestimmt. Nicht daß ich mich mit den hohen Herren, auf die ich anspiele, auf die gleiche Stufe stellen möchte: aber ich begebe mich entschlossen in ihr Gefolge als einer ihrer Lanzenknechte.«

WA 3. S. 218.

FRIEDRICH DÜRRENMATT, *Theaterprobleme* (1954):

»Unsere Welt hat ebenso zur Groteske geführt wie zur Atombombe, wie ja die apokalyptischen Bilder des Hieronymus Bosch auch grotesk sind. Doch das Groteske ist nur ein sinnlicher Ausdruck, ein sinnliches Paradox, die Gestalt nämlich einer Ungestalt, das Gesicht einer gesichtslosen Welt, und genau so wie unser Denken ohne den Begriff des Paradoxen nicht mehr auszukommen scheint, so auch die Kunst, unsere Welt, die nur noch ist, weil die Atombombe existiert: aus Furcht vor ihr.«

WA 24. S. 62.

FRIEDRICH DÜRRENMATT, *Anmerkungen zur Komödie* (1952):

»Es ist wichtig, einzusehen, daß es zwei Arten des Grotesken gibt: Groteskes einer Romantik zuliebe, das Furcht oder absonderliche Gefühle erwecken will (etwa indem es ein Gespenst erscheinen läßt), und Groteskes eben der Distanz zuliebe, die *nur* durch dieses Mittel zu schaffen ist. Es ist nicht zufällig, daß Aristophanes, Rabelais und Swift kraft des Grotesken ihre Handlungen *in* ihrer Zeit abspielen ließen, Zeitstücke schrieben, *ihre* Zeit meinten. Das Groteske ist eine äußerste Stilisierung, ein plötzliches Bildhaftmachen und gerade darum fähig, Zeitfragen, mehr noch, die Gegenwart aufzunehmen, ohne Tendenz oder Reportage zu sein.

[...] Das Groteske ist eine der großen Möglichkeiten, genau zu sein. Es kann nicht geleugnet werden, daß diese Kunst die Grausamkeit der Objektivität besitzt, doch ist sie nicht die Kunst der Nihilisten, sondern weit eher der Moralisten, nicht die des Moders, sondern des Salzes. Sie ist eine Angelegenheit des Witzes und des scharfen Verstandes (darum verstand sich die Aufklärung darauf), nicht dessen, was das Publikum unter Humor versteht, einer bald sentimentalen, bald frivolen Gemütlichkeit. Sie ist unbequem, aber nötig...«

WA 24. S. 24f.

FRIEDRICH DÜRRENMATT, *Theaterprobleme* (1954):

»Aus diesem Grunde muß denn auch der Künstler die Gestalten, die er trifft, auf die er überall stößt, reduzieren, will er sie wieder zu Stoffen machen, hoffend, daß es ihm gelinge: Er parodiert sie, das heißt, er stellt sie im bewußten Gegensatz zu dem dar, was sie geworden sind. Damit aber, durch diesen Akt der Parodie, gewinnt er wieder seine Freiheit und damit den Stoff, der nicht mehr zu finden, sondern nur noch zu erfinden ist, denn jede Parodie setzt ein Erfinden voraus. Die Dramaturgie der vorhandenen Stoffe wird durch die Dramaturgie der erfundenen Stoffe abgelöst. Im Lachen manifestiert sich die Freiheit des Menschen, im Weinen seine Notwendigkeit, wir haben heute die Freiheit zu beweisen.

[...] So hat sich denn die Parodie in alle Gattungen geschlichen, in den Roman, ins Drama, in die Lyrik. Weite Teile der Malerei, der Musik sind von ihr erobert, und mit der Parodie hat sich auch das Groteske eingestellt, oft getarnt, über Nacht: es ist einfach auf einmal da.«

WA 24. S. 68.

FRIEDRICH DÜRRENMATT, *Rede von einem Bett auf der Bühne aus* (1969):

»Der Humor teilt die Welt in zwei Lager. So wie es Menschen ohne und mit Humor gibt, gibt es eine Kultur ohne Humor und mit Humor. Humor versteht nur, wer Humor hat. Darum ist wohl selten ernsthaft über den Humor nachgedacht worden, wobei die Frage offenbleibt, ob der, welcher den Humor hat, es noch nötig habe, ernsthaft über ihn nachzudenken, und ob der, welcher ihn nicht hat, überhaupt auf ihn komme, wenn er ernsthaft über ihn nachdächte. Ich bin skeptisch. Gewiß hat die Literaturwissenschaft zum Beispiel vom Humor Kenntnis genommen, das kann jedoch nur heißen, daß die humorlose Seite von ihm Kenntnis genommen hat. [...] Kierkegaard, der weit schärfer über die Kunst nachdachte als die meisten nach ihm, schrieb einmal, der Humor enthalte eine weit tiefere Skepsis als die Ironie, denn beim Humor drehe sich alles nicht um die Endlichkeit, wie bei der Ironie, sondern um die Sündigkeit; liege die Skepsis der Ironie in ihrer Unwissenheit, so liege die Skepsis des Humors im alten Satze: Credo quia absurdum; aber der Humor enthalte auch eine weit tiefere Positivität, denn er finde nicht Ruhe darin, daß er den Menschen zum Menschen mache, sondern darin, daß er den Menschen zum Gottmenschen mache. Damit umschreibt Kierkegaard nicht den Humor an sich, nicht einmal den christlichen Humor, den die Christen so selten haben, er umschreibt genau genommen nur seinen eigenen Humor. Humor an sich gibt es nicht.«

WA 26. S. 181 f.

7. Naturwissenschaft, Mathematik und Kunst

FRIEDRICH DÜRRENMATT, *Georg Büchner und der Satz vom Grunde* (Festansprache bei der Verleihung des Georg-Büchner-Preises am 10. Oktober 1986 im Darmstädter Staatsschauspiel):

»Seit Kant gibt es zwei Kulturen, eine wissenschaftliche und eine literarische. Führt die wissenschaftliche Kultur ins Nicht-Wissen, indem dieses anwächst, je mehr man weiß, rennt die literarische, insofern sie sich noch für Philosophie hält, wie eine Ratte hilflos im Labyrinth der Sprache herum und läßt sich wie die Religionen zur Begründung der Macht jener verwenden, die an der Macht sind oder an die Macht wollen, insofern sie Literatur ist, ist sie vollends wirkungslos geworden, es sei denn man messe der Mode Bedeutung zu.
Man trägt Kultur, entweder von der Stange oder maßgeschneidert. Die vollständige Überflüssigkeit der Literatur ist ihre einzige Berechtigung. Es gibt keine erhabenere.«

Friedrich Dürrenmatt: Versuche. Zürich: Diogenes Verlag, 1988. S. 66 f. –

FRIEDRICH DÜRRENMATT, *Albert Einstein. Ein Vortrag* (1979):

»Meine Damen und Herren,
der Grund, weshalb ich die Einladung der Eidgenössischen Technischen Hochschule angenommen habe, einen Vortrag über Einstein zu halten, liegt darin, daß heute die Mathematik, die Naturwissenschaften und die Philosophie derart ineinander verflochten sind, daß sich auch Laien mit diesem gordischen Knoten befassen müssen. Denn überlassen wir die Physiker, die Mathematiker und die Philosophen sich selber, treiben wir sie endgültig in die Ghettos ihrer Fachgebiete zurück, wo sie hilflos und unbemerkt den Raubzügen der Techniker und der Ideologen ausgeliefert sind; Raubzüge, die immer stattfanden und immer wieder stattfinden.«

WA 27. S. 150.

FRIEDRICH DÜRRENMATT, *Vom Sinn der Dichtung in unserer Zeit* (1956):

»Der Mensch sieht sich immer gewaltiger von Dingen umstellt, die er zwar handhabt, aber nicht mehr begreift. Dazu kommt, daß der Friede vorläufig nur deshalb besteht, weil es Wasserstoff- und Atombomben gibt, die für den unermeßlich größten Teil der durch sie bedrohten wie auch bewahrten Menschheit vollends unverständlich sind. Die Technik, können wir mit einer gewissen Vorsicht sagen, ist das sichtbar, bildhaft gewordene Denken unserer Zeit. Sie steht zur Physik ähnlich wie die Kunst zur Religion des alten Ägypten, die nur noch von einer Priesterkaste verstanden wurde.«

WA 26. S. 63.

FRIEDRICH DÜRRENMATT, *Literatur nicht aus Literatur. Für Kurt Hirschfeld* (1962):

»Fragt man etwa nach dem Sinn der Natur, wird der Naturwissenschaftler in der Regel ausweichen. Seine Aufgabe ist nicht, dem Sinne der Natur nachzuforschen, sondern der Natur selber nachzugehen, ihren Gesetzen, ihrer Verhaltensweise, ihrer Struktur, mehr verrät die Natur nicht, im letzten bleibt sie undurchsichtig, unergründlich, unerforschlich, weil ihr Sinn ja nur außerhalb ihrer selbst liegen kann, und so ist denn auch diese Frage nicht eine wissenschaftliche, sondern eine philosophische. Ähnlich liegt es bei der Frage nach dem Sinn eines Theaterstücks zum Beispiel, auch er ist außerhalb desselben angesiedelt, auf einer andern Ebene, und mit einem ganz bestimmten Recht darf deshalb der Schriftsteller behaupten, daß ihn der Sinn, die Aussage dessen, was er da geschrieben habe, nicht interessiere, mit dem Recht des Schöpfers nämlich, dessen Aufgabe es ist, zu erschaffen, nicht zu interpretieren. Er stellt den Stoff zur Interpretation her, nicht die Interpretation selbst.«

WA 24. S. 89.

FRIEDRICH DÜRRENMATT, *Persönliche Anmerkung zu meinen Bildern und Zeichnungen* (1978):

»Ich male für mich. Darum bin ich kein Maler. Ich stelle mich der Zeit, und unserer Zeit kommt man nicht mit dem Wort allein bei. Das Denken in Begriffen, die Methoden der Mathematik, die notwendige Abstraktheit des wissenschaftlichen Denkens sind in der bildenden Kunst abstrakt nicht darstellbar. Es gibt nichts Abstrakteres als die Formel. Sie ist die letztmögliche Abstraktion. $E = mc^2$, zum Beispiel. Die Mathematik hat eine Abstraktionsfähigkeit, die nicht mehr anschaulich ist, die das Anschauliche notwendigerweise durchstößt. Es ist unmöglich, die Relativitätstheorie nicht abstrakt darzustellen, außer man stellt sie in sinnlichen Gleichnissen dar. Sinnliche Gleichnisse jedoch sind nicht geometrische oder stereometrische Formen, sondern Mythen: unsere Mythen. Der ermöglichte Atlas. Vielleicht sind meine ersten Zeichnungen von Bosch beeinflußt, die grotesken Bilder des Beginns (*Apokalyptische Reiter, Die Welt als Theater*), noch bevor ich Schriftsteller wurde. Aber ich

Friedrich Dürrenmatt: Die Physiker I (Federzeichnung, 1962). Aus: Dürrenmatt: Bilder und Zeichnungen. Hrsg. von Christian

Strich. Mit einer Einleitung von Manuel Gasser und Kommentaren von Friedrich Dürrenmatt. Zürich 1978. – © 1978 by Diogenes Verlag AG Zürich.

suche nicht die Symbolik, die Bosch fand. Was ich – in meinem Schreiben wie Zeichnen – suche, sind die Bilder und Gleichnisse, die im Zeitalter der Wissenschaft noch möglich sind, einem Zeitalter, dem etwas gelang, was der Philosophie mißlang: die Realität abstrakt zu beschreiben. Wenn wir vier oder n Dimensionen brauchen, benötigen wir sie, weil sich die Fakten der Realität nicht anders beschreiben lassen. Wir haben nicht die Möglichkeit, diese hochkomplizierten Zusammenhänge und Gegebenheiten zu vereinfachen. Die Kernphysik ist nicht volkstümlich darstellbar. Sie ist nur volkstümlich zu umschreiben. Sie muß gedacht werden, will sie erfaßt werden. Es gibt keinen Rückzug ins Einfache. Was seiner Natur nach nicht anschaulich ist, kann lediglich durch Gleichnisse dargestellt werden.«

WA 26. S. 214 f.

FRIEDRICH DÜRRENMATT, *Theaterprobleme* (1954):

»Sichtbar, Gestalt wird die heutige Macht nur etwa da, wo sie explodiert, in der Atombombe, in diesem wundervollen Pilz, der da aufsteigt und sich ausbreitet, makellos wie die Sonne, bei dem Massenmord und Schönheit eins werden. Die Atombombe kann man nicht mehr darstellen, seit man sie herstellen kann. Vor ihr versagt jede Kunst als eine Schöpfung des Menschen, weil sie selbst eine Schöpfung des Menschen ist. Zwei Spiegel, die sich ineinander spiegeln, bleiben leer.«

WA 24. S. 60

FRIEDRICH DÜRRENMATT, *Die vier Verführungen des Menschen durch den Himmel* (1969):

»Denn im Jahre des ersten wirklichen Vorstoßes in den Raum außerhalb unseres Sonnensystems wird die Menschheit zu vier Fünfteln verhungert oder umgebracht sein müssen, um weiterleben zu können. Bloß, weil uns der Himmel verführte, ihn zu erobern, statt das, was uns allein gehört, vernünftig zu gestalten: unsere Erde. Es gibt keine andere Heimat, und jeder Fluchtversuch ist eine Utopie. Der Weltraumflug hat nur dann einen Sinn, wenn wir durch ihn die Erde entdecken und damit uns selber. Am 20. Juli 1969 bin ich wieder ein Ptolemäer geworden.«

WA 27. S. 32.

8. Gesellschaft, Staat und Freiheit

FRIEDRICH DÜRRENMATT, *Das Schicksal der Menschen* (1950):

»Das Schicksal der Menschen wird davon abhängen, ob sich die Politik endlich bequemt, das Leben eines jeden heilig zu nehmen, oder ob die Hure weiterhin für jene auf die Straße geht, denen nichts heilig ist. [...] Die Art, wie man auf beiden Seiten mit einem dritten Weltkrieg spielt, läßt sich, da ein Krieg nicht nur ein wahnwitziges Verbrechen ist, sondern auch eine ebenso große Dummheit, mit nichts mehr entschuldigen. So gibt es denn heute für den Einzelnen zwei Dinge zu tun: Die Kunst zu lernen, mit Riesensauriern umzugehen, deren Hirn von jeher die Größe jenes eines Spatzen hatte und denen gegenüber nie Nachsicht, sondern nur Vorsicht am Platze ist, und zweitens die Wahrheit zu sagen, ja, wenn nötig zu schreien, so lange dies überhaupt noch möglich ist, denn die Gestalt, die es zu warnen gilt, die da vorne, blind und betrunken zugleich, dem Abgrund zutaumelt, in dessen Tiefe wir bald fahle Schinderhütten, bald den immer höher steigenden Pilz der Atombombe ahnen, ist die Menschheit, sind wir selber.

Es hat jedoch keinen Sinn zu protestieren, wenn es nicht deutlich ist, wofür man protestiert. Die Menschheit muß wissen, was möglich ist, was sie von der Allgemeinheit zu erwarten hat und was nur der Einzelne vermag. [...] Wie noch nie ist die Möglichkeit da, den Planeten als ganzen zu organisieren und gerechte Lebensbedingungen für alle zu schaffen, [...]. Doch dazu ist eine Politik notwendig, die endlich einmal zur Wissenschaft wird und nicht nach den Sternen greift. Was heute eine Sache des Machttriebs ist, soll eine Sache der Vernunft werden. Es geht nicht mehr darum, Machtzentren zu organisieren und sich um Grenzen zu streiten. Die Aufgabe der Politik ist neu abzustecken. Die einen erwarten alles von ihr, die andern nichts mehr. Einige haben eine Metaphysik aus ihr gemacht, andere ein Geschäft, es gilt aus ihr ein Werkzeug zu machen, das den Menschen nicht vergewaltigt und ausbeutet, sondern sichert. [...] Die Aufgaben der Politik liegen in der Gegenwart, nicht in der Zukunft, es geht um uns, nicht um die ungeborenen Enkel, in deren Namen die heutigen getötet werden. Die Mißverständnisse sind groß. Die totalen Staaten haben das Mißtrauen in die Organisationen hineingetragen, weil sie den Einzelnen zerstörten, und die Einzelnen haben es in die Freiheit gesät, weil sie die Freiheit mißbrauchten. Es gilt abzuklären, was des Kaisers und was des Einzelnen ist. Nur so kann die Chance der Völker, die sich vermindert, weil die Idee des Vaterlandes, die ihnen die Schwungkraft verlieh, notgedrungen verblaßt, durch die Chance des Einzelnen wettgemacht werden, die sich im gleichen Maße vergrößert.

Dies zu behaupten grenzt an Hohn, denn vor allem ist für den Einzelnen in einer Zeit, in der Geist oft ein Todesurteil bedeutet, die Chance gestiegen, den Kopf zu verlieren. Und dennoch kündet sich, wenn auch noch zögernd, eine ptolemäische Wendung an. Hat der Einzelne bisher versucht, seine Pflicht von einer allgemeinen Weltanschauung abzuleiten, oder wenigstens gehofft, einmal eine solche zu finden, um darum wie die Erde um die Sonne zu kreisen, so wird er nun wieder zur Mitte, notgedrungen, denn nach dem Zusammenbruch der philosophischen Systeme bricht auch jenes der Naturwissenschaft zusammen, ja, immer mehr häufen sich die Anzeichen, daß die Naturwissenschaft überhaupt keine Weltanschauung zu geben vermag. Das Geheimnis der Welt bleibt unangetastet. Es ist heute leichter, an die Auferstehung zu glauben als an das Weltbild des

dogmatischen Marxismus, mit dessen Problem nur noch die Gegenwart beschäftigt ist, wie immer weit hinter den Erkenntnissen zurück, und eben dabei, auch in diesem Examen durchzufallen.
So sind wir denn als Einzelne ohnmächtig und mächtig zugleich. Die Geschichte scheint ohne unser Dazutun abzulaufen, und doch haben wir geheimnisvoll Fäden in der Hand. Die Möglichkeit des Glaubens ist ungebrochen, und die Schule der Naturwissenschaft hat unser Urteil geschärft. [...] Unsere Intensität wird entscheiden, ob sich die Güter dieser Erde in unseren Händen zu Gold oder zu Staub verwandeln. Die Abenteuer der alten Art wird sich die Menschheit immer weniger leisten können, von den Fahrten auf den Mond wird sie enttäuscht heimkehren, es gilt die neuen Abenteuer zu finden, es sind dies jene des Geistes. Die Politik wird im günstigsten Falle sozial gesicherte Räume errichten, sie zu erhellen wird die Sache des Einzelnen sein, sonst wird die Erde zu einem Gefängnis. [...] Von der Politik haben wir Vernunft, von den Einzelnen Liebe zu fordern. Es ist Sache der Politik, dafür zu sorgen, daß aus der Chance Einzelner die Chance der Einzelnen wird.«

WA 28. S. 15–19.

FRIEDRICH DÜRRENMATT, *An Gott glauben?* (1987):

»Gott liegt gänzlich außerhalb jeder Rede, jeder Sprache, seine offenbarten Worte, unabhängig vom Glauben an sie und an ihn, auch wenn wir ihn nur fingieren als Wesen außerhalb der Welt, dringen in unsere Wortsphäre von außen, wie Meteore in die Erdatmosphäre, vom gänzlich Sprachlosen und Begriffslosen her: eine bedeutendere Sprachkonzeption, eine gewagtere Fiktion kann es nicht geben, ob es eine ›wahre‹ Konzeption ist, bleibt unbeweisbar, aber auch im Bereich des Logischen unwesentlich, der menschliche Geist verhält sich konzipierend, nicht ›wahr‹, er dringt in die ›Wahrheit‹ vermittels Konzeptionen, er ist nicht identisch mit der Wahrheit. ›Gott ist tot‹ ist ein ebenso

nebensächlicher Satz wie ›Die Null ist tot‹. Die ›Wirklichkeit‹ hat weder einen Gott noch die Null nötig, ebensowenig wie der Sternenhimmel die Teleskope.
Es gibt Augenblicke, da ich zu glauben vermag, und es gibt Augenblicke, da ich zweifeln muß. Das Schlimmste, glaube ich, ist glauben zu wollen, was es nun sei, was man glauben will, sei es das Christentum oder irgendeine Ideologie. Denn wer glauben will, muß seine Zweifel unterdrücken, und wer seine Zweifel unterdrückt, muß sich belügen. Und nur wer seine Zweifel nicht unterdrückt, ist imstande, sich selbst zu bezweifeln, ohne zu verzweifeln, denn wer glauben will, verzweifelt, wenn er plötzlich nicht glauben kann. Aber wer sich bezweifelt, ohne zu verzweifeln, ist vielleicht auf dem Wege zum Glauben. Ohne ihn vielleicht je zu erreichen. Was für ein Glaube es jedoch ist, dem so einer entgegengeht, ist seine Sache. Es ist sein Geheimnis, das er mit sich nimmt, denn jedes Glaubensbekenntnis ist unbeweisbar, und was nicht bewiesen werden kann, soll man für sich behalten.«

Tintenfaß. H. 16 (1987) S. 76. – Mit freundlicher Genehmigung der Diogenes Verlag AG, Zürich.

Friedrich Dürrenmatt, *Nachwort* (1976):

»Daß der Marxismus alle angeht, muß zugegeben werden. Seine Schwierigkeiten liegen nur darin, daß er Glauben und Hoffnung verlangt. Wir müssen glauben können, was er sich erhofft, und insofern ist er wieder etwas Subjektives, als er über das Institutionelle, Gesetzgeberische hinausgeht. Wäre er nur entworfen, um den Menschen vor den Menschen zu schützen, könnte ich seine rigorosen Gesetze akzeptieren, erwiesen sie sich als notwendig, und in vielen Fällen erweisen sie sich auch als notwendig; doch wenn er sich zur Behauptung versteigt, eine Gesellschaft sei herstellbar, in der der Mensch vor dem Menschen nicht mehr geschützt werden muß, wird er utopisch: er wird zur *Philosophie*. Den Glauben, den er fordert, vermag ihm die *Wissenschaft* nicht zu geben. Zwar wendet sich die Wissenschaft auch gegen den Kapitalismus, sie sieht durchaus ein, daß er eine veraltete wirtschaftliche Ordnung ist, aber dem Marxismus mißtraut sie aus prinzipiellen Gründen. Ihre Einwände scheinen auf der Hand zu liegen. Der Marxismus geht heute offenbar vom Allgemeinen aus, er denkt progressiv; die Wissenschaft denkt offenbar regressiv; sie geht von der Wirkung aus und sucht die Ursache; ihre Methode scheint induktiv, jene des Marxismus deduktiv zu sein.«

»Denn die Freiheit ist ein ironischer Begriff. Im Ungefähren ist er nur in der Politik etwas Objektives: als die Freiheit, das zu tun, was einem notwendig erscheint, mit der Einschränkung, daß diese Notwendigkeit dem Allgemeinen nicht schade, womit dieser Freiheit der Zwang gegenübersteht, das tun zu müssen, was einem nicht notwendig erscheint, wobei diesem Nichtnotwendigen ebenfalls nachgesagt wird, es nütze dem Allgemeinen. [...] Die Determination einmal gesetzt, gibt es keine Indetermination, und die Philosophie muß determinieren, will sie sich nicht endgültig mit der Wissenschaft überwerfen, die auch dort, wo sie vom Zufall ausgeht, immer wieder auf Notwendigkeiten stößt, die dieser Zufall setzt. Die Freiheit ist nur als ironischer Begriff zu retten, als ein subjektiver Begriff, als ein Begriff, den sich das Subjekt selber setzt.«

WA 14. S. 154 f. und 203 f.

Friedrich Dürrenmatt, *Monstervortrag über Gerechtigkeit und Recht* (1969):

»Auf unsere Frage nach einer gerechten Gesellschaftsordnung bezogen: Gesellschaftsordnungen sind nicht nur hinsichtlich der Gerechtigkeit, sondern auch hinsichtlich der Freiheit auf Grund ihrer Emotionen an sich Fehlkonstruktionen, oder, anders formuliert, Gesellschaftsordnungen sind ungerechte und unfreie Ordnungen, die wir errichten müssen, um überhaupt Ordnungen zu haben, weil wir zu einer rein vernünftigen Politik durch die Widersprüchlichkeit der menschlichen Natur nicht fähig sind. Noch böser: Es gibt keine gerechte Gesellschaftsordnung, weil der Mensch, sucht er Gerechtigkeit, mit Recht jede Gesellschaftsordnung als ungerecht, und sucht er Freiheit, mit Recht jede Gesellschaftsordnung als unfrei empfinden muß.«

WA 27. S. 86f.

FRIEDRICH DÜRRENMATT, *Vom Sinn der Dichtung in unserer Zeit* (1956):

»Die Welt, in der wir leben, ist nicht so sehr in eine Krise der Erkenntnis gekommen, sondern in eine Krise der Verwirklichung ihrer Erkenntnisse. Sie ist ohne Gegenwart, entweder zu sehr der Vergangenheit verhaftet oder einer utopischen Zukunft verfallen. Der Mensch lebt heute in einer Welt, die er weniger kennt, als wir das annehmen. Er hat das Bild verloren und ist den Bildern verfallen.«

WA 26. S. 64.

FRIEDRICH DÜRRENMATT, *Nachwort zum Nachwort* (1976):

»Daß im allgemeinen das politische Denken in seinem Zwang, von einem System aus denken zu müssen, vom erkenntnistheoretischen Denken nichts wissen will, ist verständlich. Es fragt sich nur, wie lange sich die Politik das noch leisten kann, denn nur in der Erkenntnistheorie finden sich Ansätze, den Gegensatz zwischen dem subjektiven und dem objektiven Denken zu überwinden, nicht indem sie ihn abschafft, sondern indem sie ihn als notwendig anerkennt.«

WA 14. S. 228.

IV. Dokumente zur Wirkungsgeschichte und Texte zur Diskussion

1. Journalistische Rezeption

a. Züricher Uraufführung (20. Februar 1962)

IRMA VOSER, ... *kein Zuschauer entzieht sich tiefster Betroffenheit* ...

»Friedrich Dürrenmatt ist in seiner jüngsten Komödie ›Die Physiker‹ jenes Anliegens moderner Dramatik überhoben, durch bizarre Einfälle die nüchterne Wirklichkeit zu verfremden. Surrealismen, Schockwirkungen, ungewöhnliche Überraschungen oder wie immer er seine bühnenwirksamsten Effekte bezeichnen mag, in den Gang irgendeines konventionellen Alltags einzublenden und durch die Kontrastwirkung den Zuschauer aufzuwühlen: Seine Geschichte spielt im Irrenhaus, und an solchen Schauplatz knüpfen wir zum vorneherein phantastische Erwartungen. Das Publikum wiegt sich zunächst in der harmlosen Illusion des unbeteiligten Normalen, der einen sensationslüsternen Blick in eine Welt tut, die nie und nimmer seine Welt sei. Aber Dürrenmatt führt seine Geschichte mit unerbittlicher Konsequenz zu einem Ende, welches die Türen dieses Irrenhauses aufsprengt, tödlich gefährdenden Explosivstoff aus den eben noch schützenden Mauern entläßt in eine schutzlos preisgegebene Welt, und kein Zuschauer entzieht sich tiefster Betroffenheit.
Der motivische Aufbau der zwei Akte, welche die klassische Einheit von Zeit und Ort wahren, ist von atemraubenden Inversionen bestimmt: mit eins sind die Verrückten des ersten Aktes im zweiten normal, die scheinbar Vernünftigste des ersten Aktes aber redet im zweiten irre. Bis in kleine Details hinein nimmt der Dichter hartnäckig diese Verkehrungen vor und holt sich daraus tragische Wirkungen

in bedeutsamen, komische Wirkungen in unscheinbareren Situationen.

[...]

Blickt man auf den Abend zurück, so gewinnt man den Eindruck, ein erstaunliches Werk kennengelernt zu haben. Seine Stärke: die Verdichtung der axiomatisch gesetzten Positionen zu theatralischen Szenen von unmittelbarer mimischer Aussagekraft. Seine Schwäche: die Unausgeglichenheit der beiden Akte. Das Hauptgewicht im Theatralischen wie im Gehaltlichen liegt durchaus am Schluß, so sehr, daß der exponierende erste Teil erst vom Ende her die nötige Verständlichkeit gewinnt. Dies erweist sich im vorliegenden Fall als möglicher Fehler: der Zuschauer wird gleichsam nicht à jour gebracht; unvorbereitet begreift er nicht, weshalb der Mord an Schwester Monika einer innern Notwendigkeit entsprechen soll: er begibt sich eher ratlos in die Pause. Was im ersten Akt geboten wird, ist oft Handwerk, freilich gutes, auf vielfachen Erfahrungen beruhendes Theaterhandwerk, weniger nie. Um so überwältigender bewährt sich Dürrenmatt im zweiten Teil seines Stücks. Eine Folge von Szenen spielt sich vor uns ab, in denen Dämonisches und Groteskes, kühle Argumentation und skurrile Effekte, vordergründige Kreatürlichkeit und beängstigende Spekulationen in reichster Stufung wechseln und ineinandergreifen. Was Dürrenmatt hier aus den Maskierungen gewinnt, wie er etwa das Geigenspiel Einsteins einsetzt, wie er die Positionen fortlaufend vertauscht: das ist nicht nur virtuos, es ist einzigartig.«

Neue Zürcher Zeitung. 23. Februar 1962. – Mit Genehmigung von Irma Voser, Forch.

ELISABETH BROCK-SULZER, *Dürrenmatt, der Klassiker. »Die Physiker«. Uraufführung in Zürich*

»Dürrenmatt ist hier auf einem neuen Weg, und er ist an einem neuen Ziel angelangt. ›Mein erstes klassisches Stück‹, verhieß er. Einheit des Ortes, Einheit der Zeit, ganz wenige

Hauptdarsteller, knappe Sprache, Theater in reinster Form – das hat er wirklich erreicht. Die Handlung des Stücks erfordert genau die Dauer seiner Aufführung. Der Ort der Handlung umschließt diese Handlung wie eine Haut. Noch das letzte Werkelement ist sichtbar bezogen auf das Thema. Wer hätte dem Berner solches zu prophezeien gewagt damals, als er mit seinen apokalyptisch wilden, ausschweifenden ersten Werken sich dem Publikum auf der Bühne stellte? [. . .]

Ich werde das Stück nicht erzählen. Denn eigentlich sollte man an es herangehen können mit allen Möglichkeiten der Überraschung. Ausgangspunkt ist ja der Kriminalstoff. Theatermittel ist die immer neu ansetzende Überraschung. Die ›Physiker‹ sind in zwei Akten gebaut, die sehr oft auf dem Prinzip der Umkehrung rollen, die Pause fällt in die Mitte. Da wird also das Publikum in die Entspannung hinein entlassen an einem Punkt, wo es noch nicht weiß, welchen Weg die Handlung nehmen wird – Anlaß genug, in die Irre zu gehen. Sollte man pausenlos spielen? Aber so regelgenau ist diese Komödie gebaut, daß eben die Pause auch eine Pause der Handlung ist: Es muß dem Kriminalkommissär die Zeit gelassen werden, wieder vorzufahren in der Irrenanstalt, die er vor knapp einer halben Stunde verlassen hatte – weg von einem Mord hin zu einem Mord, der dem zweiten aufs Haar gleicht, wie sie beide aufs Haar einem Mord gleichen, der wenige Monate vorher geschehen ist. Drei irre Physiker, drei ermordete Krankenschwestern – das gleicht Dürrenmatt, hieß es, als man gerade nur das erst wußte von dem Stück. Das ist seine Häufung der stereotypen Effekte, das ist seine Zahlenmystik, das ist sein Griff ins volle Menschenleben, welches doch nur ein Gruselkabinett ist. Drei Morde – zuletzt ist es nur einer. Was dieser Mord bedeutet, das erklärt, erhellt sich erst in der stufenförmigen Wiederholung – Entwicklung ist ja nicht Dürrenmatts Rhythmus, er ist der Dichter des Schrittes, des groß gemessenen, abrupten Schrittes. Und wie hier ein und dasselbe Thema auf eigentlich kontrapunktische Art abgewandelt und angereichert wird, so wird das ganze Stück hindurch mit einigen wenigen Themen variationsgleich gearbeitet, die Bezüge sind zahllos, nichts steht allein, nichts fällt aus dem Gewebe, alles ist folgerichtig. [...]

Letzthin soll Dürrenmatt im gelösten Gespräch geäußert haben: ›Ich lese sehr wenig. Von neuem eigentlich nur Naturwissenschaftliches. Und dann natürlich die Klassiker, die kenne ich.‹ Natürlich die Klassiker ... Wer darf heute schon den Mut haben zu diesem ›natürlich‹? Dürrenmatt darf es, denn er spricht die Wahrheit. Für seine Schiller-Rede hat er viele Wochen seiner Zeit gegeben, ohne es zu bereuen. Die ›Physiker‹ sind eine andere Frucht seines Umgangs mit den Klassikern. Aber da ist auch die Naturwissenschaft. Da ist diese moderne Physik, die der gewöhnliche Mensch nicht mehr nachzudenken und nachzufühlen vermag und von der der gewöhnliche Mensch, namens Menschheit, von einem Augenblick zum anderen ausgelöscht werden kann. Wegen dieser modernen Physik hat Dürrenmatt nach seinem Geständnis auf den ›Helden‹, auf die ›Tragödie‹ verzichtet: Er ging weg, in die Komödie hinein. ›Uns kommt nur noch die Komödie bei. Unsere Welt hat ebenso zur Groteske geführt wie zur Atombombe, wie ja die apokalyptischen Bilder des Hieronymus Bosch auch grotesk sind.‹ Aber weiter – abermals in den ›Theaterproblemen‹ gesagt: ›Die Welt (die Bühne somit, die diese Welt bedeutet) steht für mich als ein Ungeheures da, als ein Rätsel an Unheil, das hingenommen werden muß, vor dem es jedoch kein Kapitulieren geben darf. Die Welt ist größer denn der Mensch, zwangsläufig nimmt sie so bedrohliche Züge an, die von einem Punkt außerhalb nicht bedrohlich wären, doch habe ich kein Recht und keine Fähigkeit, mich außerhalb zu stellen. Trost in der Dichtung ist oft nur allzu billig, ehrlicher ist es wohl, den menschlichen Blickwinkel beizubehalten ...‹ So kommt Dürrenmatt zu seinem ›tapferen Menschen‹, der den Helden ersetzen soll. Dem tapferen Menschen ist er auch in den ›Physikern‹ treu geblieben. Ein tapferer Mensch war er selber, als er dieses Stück schrieb.

Zunächst eine bloße Geschichte, keine These. [...] Die

Geschichte ist geblieben, und das, was darin These sein könnte, als These mißverstanden werden könnte, ist leibhaftiges Theater geworden. Es geht um die Gestalt des Physikers, um den Menschen, der Dinge denken kann und denken muß, die, unweise verwaltet, die Menschen ausrotten werden. Wie besteht er seine Gefährlichkeit, sein Schicksal, ein ›wildes Tier‹ zu sein? Er begibt sich freiwillig hinter die Gitterstäbe. Er stellt sich irr. Aber er kann nicht aufhören zu denken. Sein Gedanke ist unaufhaltsam. Er arbeitet sein System aus und wähnt nur, es sei sicher getarnt hinter seinem gespielten Wahn. Er nimmt sogar das Opfer auf sich, einen geliebten Menschen zu morden, der ihn durchschaut hat – der Mord am einzelnen ist gerechtfertigt, wenn er den Mord an der Menschheit vermeiden kann. Aber es kommt alles ganz anders: im Moment, wo der weise gespielte Irrsinn den Sieg der Weisheit zu verheißen scheint, fängt es den Physiker und die zwei Fachkollegen, die ihn aufgespürt hatten und sich zu seiner Einsicht bekehren mußten – der Unsinn der Folgerichtigkeit, möchte man sagen, behält die Oberhand. Ein durch und durch unweiser, unfrommer, weil unfruchtbarer Mensch hat sich der Erkenntnisse des Phsyikers ohne sein Wissen bemächtigt. Dessen Opfer ist umsonst. Und das nennt sich Komödie.«

Frankfurter Allgemeine Zeitung. 26. Februar 1962.

Ivan Nagel, *Banalität als Keule. »Die Physiker« von Friedrich Dürrenmatt in Zürich uraufgeführt*:

»Dürrenmatt ist ein Autor des Heterogenen, ein Spielzerbrecher. Er lötet zusammen, was nicht zusammengehört, um in der Paradoxie der Form eine Paradoxie des Gehalts sichtbar zu machen. Er will die Rationalität als Wesen des Wahns, den Wahn als Zielpunkt der Rationalität entlarven.

[...]

Noch mehr als die gespenstische Konsequenz des Gehalts beeindruckt in Dürrenmatts neuem Werk die systematische

Inkonsequenz der Form. Die Jagd nach dem Heterogenen, die dieser vor Begabung strotzende Dramatiker veranstaltet, endete früher oft in der billigen Willkür der Einfälle und in der gestaltlosen Unordnung des Aufbaus. Diesmal gelingt es ihm aber, das Heterogene selbst zum Prinzip des Zusammenhalts zu machen. Die Stilbrüche, nach denen das Temperament des Autors verlangt, ergeben einen Stil. Die Umdrehung jeder Stimmung und jeder Situation, die sonst als mechanischer Zwang oder gewalttätige Laune wirken möchten, fällt in diesem Stück immer mit einem technisch hervorragenden ›Dreh‹, der ihr Logik und Notwendigkeit verleiht, zusammen. Die ruckartigen ›Drehungen‹ addieren sich lückenlos, bis dann am Ende, wie gesagt, alle Voraussetzungen der Handlung in einem dekorativen Kopfstand erstarren. Die geplante Bewegung des Ganzen ist vollzogen. Die Irren Newton und Einstein haben sich als berühmte Physiker der beiden weltpolitischen Lager entpuppt, die Möbius im Auftrag ihrer heimatlichen Geheimdienste entführen sollten (Stadium 1). Sie haben sich von Möbius bekehren lassen und sich entschlossen, im Interesse der Menschheit das Exil in der Heilanstalt weiter mit ihm zu teilen (Stadium 2), und sie haben, gerade durch die Offenbarung und aufrichtige Verleugnung ihrer ursprünglichen Ziele, sich wie Möbius der verrückten Ärztin ausgeliefert, so daß der Untergang der Menschheit nun wohl nicht mehr aufzuhalten ist (Stadium 3).

So rollt die Handlung ab und überrollt den Zuschauer. Was in einem Augenblick trivial oder geschmacklos klingt (Kabarett, Mordszenen, papierene Diskussionen) wird im nächsten mit verblüffender Vehemenz aufgehoben. Unser Widerstand wird beseitigt, bevor er sich festigen kann. Der Abend schließt als eine Bestätigung von Dürrenmatts extravaganter, einzigartiger Kraft und Originalität.«

Deutsche Zeitung. 25. Februar 1962. – Mit Genehmigung von Ivan Nagel, Berlin.

Heinz Beckmann, *Drei Leichen – drei Physiker. Zu der neuen Komödie von Friedrich Dürrenmatt*:

»Verehrter Herr Dürrenmatt, wann endlich bekommen wir auf Ihrer Bühne einen Menschen zu sehen, um den es wahrhaftig schade wäre, wenn die große Bombe platzte? Oder meinen Sie, daß es solche Menschen gar nicht mehr gibt? Wozu aber dann der Seelenkonflikt der Physiker? Ratten rottet man doch aus, auch Kaninchen, auch sogar Känguruhs. Wenn schon Menschenverachtung in der Lauge der Verzerrung, dann sollte man wenigstens gründliche Arbeit leisten, wie mit den Ratten, den Kaninchen, den Känguruhs. Dazu fehlt es Ihnen an Courage? Aber es fehlt Ihnen gar nicht an der Courage, mit Psalmen zu ulken und die bucklige Senilität einer uralten, aussterbenden Familie dahin zu beschreiben, daß sie nur noch zur Nächstenliebe fähig sei.
Johann Wilhelm (warum nicht gleich Wolfgang?) Möbius sagt zum Schluß in der angenommenen Rolle des Königs Salomon: Durch meine Weisheit verlor ich die Gottesfurcht, und als ich die Gottesfurcht verloren hatte, verlor ich durch meine Weisheit auch allen meinen Reichtum. Kennen Sie, sehr verehrter Herr Dürrenmatt, die Geschichte des Menschengeschlechtes so mangelhaft, daß sie diesen Schaden des Königs Salomon für zwangsläufig und für irreparabel halten? Dann erhöbe sich abermals die Frage, weshalb Sie denn die mögliche Selbstvernichtung dieser unabwendbar schadhaften Menschengesellschaft jenseits der Gottesfurcht nicht furchtlos als eine mögliche Erleichterung, als eine vielleicht notwendige Bereinigung im Weltall empfinden.
Der Mensch, nicht jedoch Frau Möbius und ihr Missionar, muß gerettet werden. Eine der großen Rettungsmöglichkeiten wäre das Drama, wenn unsere Dramatiker sich nur nicht dauernd auf dem Papier den Kopf und das Gewissen der dreißig führenden Physiker zerbrächen, sondern dem Menschen endlich den zu rettenden Menschen zeigten und ihn mit den Mitteln der dramatischen Kunst als Mensch wieder-

herstellen wollten. Nur so kann man den Menschen davon abbringen, auf den Knopf der Bombe zu drücken, weil ihn das eine, das hinreißende, das leidende, das dramatische und tragische Angesicht des wahren Menschen daran hindert. Ohne dieses Angesicht wird er sich nicht daran hindern lassen. Das Känguruh hat den totalen Untergang bereits einkalkuliert, es rechnet mit ihm, denn es hält von sich selbst nicht mehr, als Sie, Herr Dürrenmatt, vom Menschen halten. Da liegt der wahre Schade, seit gescheite Kabarettisten sich als Dramatiker ausgeben und uns auf der Bühne den Menschen verpfuschen. Wenn wir mit dieser abgestandenen Ironie, mit der blasierten Komödie als der angeblich einzigen dramatischen Ausdrucksmöglichkeit unserer Zeit so fortfahren, wird Mathilde die Bombe zünden, weil am Ende niemand mehr den Schaden erheblich findet.

*

P. S. Die einzig überlebende Krankenschwester im Sanatorium hört auf den Namen Marta Boll. Friedrich Dürrenmatt scheint nicht zu wissen, daß es in der modernen dramatischen Literatur bereits eine sehr profilierte und, im Gegensatz zu seinen Vogelscheuchen, anrührend menschliche Martha Boll gibt, nämlich in dem Drama ›Der blaue Boll‹ von Ernst Barlach. Dort geht es wahrhaftig um den Menschen und seine mögliche Errettung.«

Rheinischer Merkur. 2. März 1962.– © Rheinischer Merkur.

JOACHIM KAISER, *Die Welt als Irrenhaus. Dürrenmatts »Physiker« in Zürich uraufgeführt:*

»Seit Hiroshima sind nicht nur die Menschen, sondern auch die Dramatiker in Not. Wenn ›Zeitstücke‹ (deren Funktion wahrlich einmal untersucht werden sollte) noch einen Sinn haben sollen, dann müssen sie es doch mit den schrecklichsten Problemen aufnehmen können und nicht nur mit den leicht überschaubaren Fragen. Gleichsam aus schlechtem, zeitgenössischem Gewissen entstand eine Gattung, die ein Dramaturgenschlagwort als ›Atomdrama‹ bezeichnet.

Sind ›Atomstücke‹ möglich?

Für solch ein Atomdrama bietet sich folgende Konstruktion an: Der Forscher läßt sich vom wissenschaftlichen Erkenntnisdrang und begreiflichen beruflichen Ehrgeiz auf eine (staatlich vergoldete) Bahn locken, die unter Umständen zur Katastrophe führt. Irgendeine Stimme, sei es die des eigenen Gewissens, sei es, daß das eigene Gewissen aus der Gattin, der Geliebten, dem Freund, dem aufgeklärten politischen Gegner spricht – beginnt nun, unseren Forscher zu warnen: ›du bist auf dem falschen Weg‹. Der Gelehrte trägt jetzt den Konflikt aus, entscheidet sich, macht um seines Volkes willen weiter, hört um der Menschheit willen auf, begeht Selbstmord oder wird Träger eines Staatspreises. So könnte ein Atomdrama aussehen – und so sehen in der Tat ja auch einige aus. Die Welt hängt da von der sittlichen Entscheidung eines Gelehrten ab. Aber diese Dramen ›überzeugen‹ nicht.

Warum nicht? Nun, die unausgesprochene, für solch ein Drama unveräußerliche Voraussetzung, daß nämlich die Persönlichkeit des Helden stark und wichtig genug sei, um solche Konflikte verbindlich zu entscheiden, ist schlechthin irrig. Im Robert-Koch-Film warnte die Gattin ihren Mann flehentlich, die gefährlichen Tbc-Versuche doch zu unterlassen. Koch ließ sich nicht hemmen und kam der Krankheit auf die Spur. In der Riesenwelt der Atomreaktoren arbeiten nicht einzelne Auserwählte, sondern hochqualifizierte Teams. Der Ausfall eines Kopfes mag da einen Zeitverlust bedeuten, aber die Lücke wird sich schließen, die Formel weiterentwickelt und vereinfacht werden. Der Held gehört nur zum Teil sich selbst. Ein anderer, vielleicht ebenso großer Teil seiner selbst bleibt anonym. Da gibt es Teams, einen ›Stand der Forschung‹, Einzeluntersuchungen, deren Tragweite nur von Spezialisten beurteilt werden kann, das internationale Band der in viele Sprachen übersetzten Fach-

presse. Ein Protest wäre vielleicht nicht abwegig, aber doch wirkungslos, ein wenig komisch, sektiererisch, ›unrealistisch‹.
Es gibt einige Beispiele dafür, daß solche Atomdramen offenbar nicht möglich sind. In seinem ›Kalten Licht‹ wurde Zuckmayer eigentlich nur mit der psychologischen Situation des Emigrierens fertig, die er im besten, im zweiten Bild unverlierbar zu fixieren wußte. Doch wie aus den Enttäuschungen des Emigranten ein Kommunist, aus Kommunismus Verrat und aus Verrat die große Atomangst entstehen konnte: dafür hatte Zuckmayer kein Wort und keinen Gedanken. Platt moralisierend, wenn auch nicht ohne Edgar-Wallace-Effekte, versuchte Charles Morgan in seinem ›Brennglas‹ mit einer tödlichen Erfindung fertig zu werden. Aber auch er fand die eindringliche Formel nicht. Hans Henny Jahnns ›Staubiger Regenbogen‹ beschäftigte sich – wir müssen da freilich etwas vorsichtig sein, denn Walter Muschg, der große Jahnn-Freund und -Verfechter, besteht darauf, daß in der Frankfurter Fassung des Jahnnschen Atomdramas nur ein höchst ungenügendes, kraß verschneidertes Exzerpt vorgelegt worden sei – nicht nur mit intellektuell-moralischem Protest, sondern er setzte der Welt der Erfindungen eine glühend männerbündische, homoerotisch getönte Freundschaftssphäre reiner Seelen entgegen. Da wurde zwar nicht klug geschwätzt, sondern, aus Angst, gleichsam wahnsinnig geplappert und beschworen, was der immensen Gefahr vielleicht angemessen sein mag. Aber ein Atomstück entstand gleichwohl nicht. In Wirrnis, Kitsch und Hymnik begrub das scheinbar formlose Stück selbst seine Probleme unter sich.

›Nur im Irrenhaus dürfen wir noch denken‹

Die Art des Dürrenmattschen Zugriffs und Talents scheint den Quasi-Unmöglichkeiten eines Atomstückes angemessener als irgendeines zeitgenössischen Dramatikers Behandlung dieses schlimmsten und unergiebigsten aller Themen. Dürrenmatts Talent setzt sich aus der Kraft, Banales halb-

verfremdet mitzuteilen, und der Phantasie, zugleich ins Exzentrische hinüberzuspringen, zusammen. Die ›vernünftige Mitte‹ bleibt ausgespart, und das ist manchen seiner Dramen bitter anzumerken. Aber hier, wo mit vernünftigen Leitartikeln wenig zu erreichen ist, da triumphiert des Autors wagemutige Brillanz. Er hält ja eine Geschichte dann für zu Ende erzählt, wenn sie ihre schlimmstmögliche Wendung genommen hat. Das ist ein wilder Satz, ein Dürrenmatt-Satz. Im gegenwärtigen Augenblick kann kein Atomstück an der Wahrheit dieses Satzes vorbeigehen.
[...] Ganz gewiß ist es auch kein ästhetisch befriedigender Trost, daß die Dramen gleichsam die Absurdität des Weltzustandes einholen müssen, um dem Weltzustande einigermaßen gewachsen zu sein. Aber muß ein Drama nicht – auf jede Gefahr des Mißlingens und der Geschmacklosigkeit hin – seine Möglichkeiten ausspielen? Dürrenmatts Atomstück ist weitergekommen als irgendein Atomstück vorher. Daß es trotzdem nur ein lustig skurriles Zeitstück blieb, nur ein Versuch, nur eine Komödie für ein paar Jahre, sollte man ihm nicht vorwerfen. Denn es bezweifelt ja gerade jene ungestörte Ewigkeit, für die es in der Tat nicht geschrieben ist.«

Theater heute 3 (1962) Nr. 4. S. 5–7. – Mit Genehmigung von Joachim Kaiser, München.

Gody Suter, *Dürrenmatt und die Nutzanwendung. Ein Brief und eine Antwort*:

Lieber G. S.,

als ich nach der ersten Aufführung von Friedrich Dürrenmatts Komödie »Die Physiker« mit Ihnen sprach, war ich zutiefst entsetzt über die kühle Reserviertheit, mit der Sie sich über dieses Stück und über diesen Theaterabend äußern konnten. Da hat sich also einer hingesetzt und aus der Not der Zeit heraus ein Drama geschrieben, das sich als Komödie maskieren muß, weil die Wahrheit zu grauenhaft ist, und Sie sprechen darüber wie über ein gewöhnliches Theaterstück, urteilen darüber wie über einen gewöhnlichen Theaterabend. Wollen oder können Sie die Botschaft nicht verstehen, die Dürrenmatt und seine »Physiker« an eine irrsinnige Welt richten ...?

Ihr H. B.

Lieber H. B.,

ich fürchte fast, ich muß den Friedrich Dürrenmatt gegen Sie in Schutz nehmen; ich glaube, Sie hängen ihm da eine »Botschaft« an, die er nicht verfaßt hat und nicht verfassen wollte.

Aber zuerst will ich wiederholen, was ich über das Stück sagte: ich halte es für ein ganz herrliches, glänzend gebautes, witziges, anmutig skurriles *Denkspiel*, ein Spiel mit allen Möglichkeiten und Unmöglichkeiten einer abstrakten Situation, die aus der Wirklichkeit gezogen, aber von der Wirklichkeit entfernt worden ist. Es hat, nach meiner Meinung, zwei Längen oder Unebenheiten. Die eine ist unnötig, aber so köstlich, daß ich sie nicht missen möchte: das ist der Auftritt der Möbiusschen Familie, der die Exposition zerdehnt, aber in sich ein Kabinettstückchen ist. Die andere ist nötig, aber wohl nicht ganz gelungen: das ist – gegen den Schluß zu – das vernünftige und verantwortungsbewußte Gespräch der drei Physiker, das mit dem Irrsinn vorher und mit der irrsinnigen Pointe nachher zu kontrastieren hat, aber in sich (oder: auf mich) etwas banal wirkt. Solche Aussetzungen anzubringen allerdings ist angesichts des Gelungenen, angesichts der ganzen Komödie, fast schon kleinlich.

Ich hätte sie auch gar nicht angebracht, wenn ich nicht vermuten müßte und durch den Beifall in meiner Vermutung bestärkt worden wäre, daß gerade das, was ich als nicht ganz geglückt empfinde, Ihren Zorn und Ihren Brief angeregt hat: das Gespräch der drei Physiker. Das Gespräch, in dem Möbius sagt: »Nur im Irrenhaus sind wir noch frei. Nur im Irrenhaus dürfen wir noch denken. In der Freiheit sind unsere Gedanken Sprengstoff ...« Und: »Entweder bleiben wir im Irrenhaus, oder die Welt wird eines ...«

Ist das die »Botschaft«, die Sie gehört haben? Ist das die »Moral und Nutzanwendung«, die Sie aus dem Stück ziehen? Sehen Sie, *da* muß ich den Dürrenmatt in Schutz nehmen: er hat weiter gedacht und weiter gedichtet; er hat den frommen und trostreichen Pakt der drei Physiker, die nun zum Wohle der Menschheit irrsinnig bleiben wollen, schon in der nächsten Szene zerfetzt – als sich herausstellt, daß der Beschluß zu spät kommt, weil die irrsinnige Irrenärztin ihn schon lange vorher durchkreuzt hat. Es mußte doch gerade einen Dürrenmatt reizen, auf die trockene, kleinbürgerliche Vernünftelei der drei Gelehrten einen noch dickeren, noch diabolischeren Spaß zu setzen. Und dies, glaube ich, ganz unverbindlich, ganz aus dem himmlischen Behagen an seinem Denkspiel heraus.
Oder glauben Sie im Ernst, daß sich die Dürrenmattsche Komödie auf den einfältigen Aphorismus »Die Welt ist ein Irrenhaus« reduzieren ließe? Denn sie *wird* ja in dem Stück nicht, sie *ist* ein Irrenhaus; das ist, aber eben nur in dem Stück, ihre *Voraussetzung*. Und nicht etwa die Folge: der Irrsinn der Irrenärztin hat mit dem Problem der Physiker an sich und zunächst nichts zu tun; sie wäre, wie sie gezeichnet ist, so oder so dem Wahnsinn verfallen.
Aber nehmen wir einmal an – obwohl ich nachdrücklich betonen muß, daß ich nicht daran glaube –, Dürrenmatt habe tatsächlich sagen wollen, die Welt sei oder werde ein Irrenhaus. Nehmen wir an, Sie hätten diese Botschaft verstanden, es sei Ihnen wie Schuppen von den Augen gefallen, und Sie wären aufgewühlt von der Erkenntnis aus dem Theater gegangen.
Und jetzt? Was tun Sie jetzt? Was *tun* Sie jetzt? Was *können* Sie tun? Wohin führt Sie Ihre Erkenntnis? Im besten Falle in die Verzweiflung, im schlimmsten Falle zu einem Achselzucken. Oder umgekehrt. Nicht weiter jedenfalls und schon gar nicht dazu, etwas für die Rettung der Welt zu unternehmen. Denn es ist ja nicht Ihr Irrsinn, der da angeblich angeprangert wird, sondern der der Physik, und Sie können nur hoffen, daß die Physiker womöglich im letzten Augen-

blick noch wieder vernünftig werden. Sie jedenfalls, lieber H. B., sind fein aus der Sache heraus; an Ihnen liegt es nicht, wenn die Atombombe oder ein anderes physikalisches Grauen über uns kommt. Sie haben Ihre Erkenntnis.

Aber wie gesagt: für mich steht in dem Stück von Dürrenmatt nichts Derartiges drin. Für mich ist es eine amüsante Abstraktion, ein in fast allen Teilen gelungenes koboldisches Denkspiel. Ein Spiel, das man nur mit den gewaltsamen Mitteln der Metaphysik zu einem Abbild unserer Welt zurechtdeuten könnte. Wobei uns solche Metaphysik auch nicht weiter, auch nicht zum Handeln bringt und eben auch nicht mehr zu erhellen vermöchte als die Banalität: »Die Welt ist ein Irrenhaus.«

Aber – und damit wollen wir den Dürrenmatt einen Augenblick verlassen und zu einem Kern Ihres Irrtums kommen – wie steht es nun mit der Atombombe; wie steht es mit der Apokalypse, die über unsere »irrsinnige Welt« zu kommen droht? Denn, nicht wahr, aus Ihrer Angst vor der Bombe und der Selbstvernichtung der Menschheit heraus haben Sie dieses Stück »verstanden« und seine »Botschaft« herausgehört.

Ich muß gestehen, daß mir die Dämonisierung, die der Bombe zuteil wurde, immer etwas merkwürdig vorgekommen ist. Nicht weil ich ihre Wirkung unterschätze oder sie bagatellisieren möchte, sondern weil diese Dämonisierung in einem so verblüffenden Kontrast steht zu der Gelassenheit, mit der andere tödliche Gefahren der Menschheit zur Kenntnis genommen werden: zum Beispiel die Verschmutzung der Gewässer; zum Beispiel die Vergiftung der Luft; zum Beispiel der Lärm. Nun lächeln Sie ein großes und vielleicht nachsichtiges Aber – dieser G. S. verwechselt nun wirklich alle Kategorien und hat dabei nicht die geringste Ahnung von Prioritäten. Als ob Schmutz, Gift und Lärm mit der Bombe zu vergleichen wären, mit dem *Fallout* und mit der Verpestung der gesamten Atmosphäre!

Sie sind wahrscheinlich in der Tat nicht miteinander zu vergleichen, und zwar deshalb nicht, weil Schmutz, Gift

und Lärm hier und heute bereits vorhanden sind, während die Gefahren der Bombe zunächst noch auf Hypothese und Spekulation, jedenfalls nicht auf einem bereits erreichten Zustand beruhen. Und während Sie die Bombe dämonisieren, die Apokalypse in Technicolor an die Wand malen, gehen die Gewässer still und leise zugrunde, verändert sich unser Organismus durch die Gifte in Luft und Wasser und durch den Lärm, dem wir ständig ausgesetzt sind. Ist nicht eher das ein dämonisches Abbild – wenn Sie schon Dämonie wollen – unserer »irrsinnigen Welt«: wie alle gebannt auf den großen Blitz und auf den großen Donnerschlag warten, und wie dazwischen ein Heer von fahlen kleinen Toden unbemerkt und unauffällig schon längst am Werke ist? . . .
Da ich aber nicht an Dämonisierung glaube – ich halte sie sogar für verderblich – und da ich darüber hinaus der Ansicht bin, daß die Gefahren, die der Menschheit drohen, nur tendenziös und nicht gültig dramatisiert werden können – auch Ihre »Botschaft« wäre ja Tendenz, wenn auch gänzlich nutzlose –, habe ich in der Tat über »Die Physiker« von Friedrich Dürrenmatt wie über ein »gewöhnliches Theaterstück« und über die Aufführung wie über einen »gewöhnlichen Theaterabend« gesprochen.
Wie über einen ungewöhnlich gelungenen gewöhnlichen Theaterabend jedoch.

Die Weltwoche. 2. März 1962.

ERNST BRÜCHE, *»Die Physiker«. Komödie von Friedrich Dürrenmatt. Eine Besprechung der Weltuntergangsfarce aus zweiter Hand*:

»Friedrich Dürrenmatts, des 41jährigen eigenwilligen Schweizer Pastorensohns, neues Stück wurde im Züricher Schauspielhaus uraufgeführt, und zwar an drei Abenden nacheinander Ende Februar; so groß war das Interesse der Schweizer an ihrem provokanten Dürrenmatt. Der Schweizer Blätterwald rauschte im Sturm des triumphalen Erfolges, und der Wind blies über die Grenzen bis nach Frankfurt zur

›Allgemeinen‹ und nach Hamburg zum ›Spiegel‹. ›Die Physiker‹ werden im Theaterleben der Gegenwart Epoche machen. So verheißt die ›Neue Züricher Zeitung‹, aber auch alle anderen sind stolz.

Wir haben die Aufführung nicht gesehen, und unser Züricher Berater, Prof. Eggert, hatte keine Einlaßkarte mehr bekommen. Aber das Programmheft und fast ein Dutzend Zeitungen liegen vor, fleißig gesammelt und schon absendebereit, bevor die Bitte aus dem Odenwald um Unterrichtung über die Physiker auf der Bühne eintraf. Gedankenverbindung und gleichzeitig Hinweis auf das Besondere!

Worum geht es bei den ›Physikern‹? Um den Physiker natürlich, und deswegen auch unser Interesse; um den ›Menschen, der Dinge denken kann und denken muß, die unweise verwaltet, die Menschen ausrotten werden‹ (Frankf. Allgemeine). Das ist in unserer Zeit der Raketen und Kernenergie, der geplanten Raumfahrt und des befürchteten Kernwaffenschlags nicht nur ein schlechthin aktuelles Thema, sondern für jeden eine höchst persönliche Angelegenheit. Und ›die zum Verbrechen entartete Geheimwissenschaft der Physik als Totentanz aller Begriffe und Phrasen, mit denen wir – angeblich in Freiheit und Anstand lebenden Zeitgenossen – unseren Untergang betreiben‹ (Programmheft) ist das richtige Thema für den Dichter mit dem ›feisten Gesicht‹ (Curt Ries), der das Erschrecken als die einzige heute mögliche Form der Ergriffenheit ansieht und seine Stücke darauf anlegt, Schockwirkung zu erzielen. So ist er bereits zu dem am meisten gespielten modernen deutschsprachigen Dramatiker geworden.

›Die Physiker‹ also ein Drama? Mit Vorbehalt: dem im Hintergrund stehenden Kernthema nach ja, aber ob auch hinsichtlich des Inhalts auf der Bühne und der Gestaltung, bleibe dahingestellt. ›Das Drama findet nicht statt‹, meint die Nationalzeitung. Komödie sagen Dürrenmatt selbst und das Programm; ›dicht, prall und hart‹ setzt die ›Tat‹ hinzu; ›Groteske, Satire, Zeitstück‹ meinen andere Beurteiler; ›monströse Tragikomödie‹, ›Arsenal von Irrenwitzen, kriminalistisch verbrämte Irreführung‹ sind deutliche Einschätzung.

Drei Physiker werden auf die Bühne gestellt, und wenn sie sich auch nur einbilden, Möbius, Einstein und Newton zu sein, so ist doch die Nennung dieser Namen assoziativ und überträgt Eindrücke der Hörer auf sie als Experten der Physikerschaft – und das ist wohl auch beabsichtigt. Des aber wird der beobachtende Physiker im Parkett nicht recht froh, denn die Physiker auf der Bühne benehmen sich nicht so, wie die im Parkett es von ihren Kollegen gewohnt sind. Damit sind wir beim Inhalt des Geschehens, wenn auch nicht beim Sinn des Spiels. [...]

Wie in einem antiken Drama sind die Physiker mit aller ihrer Klugheit vom Schicksal überlistet. Sie konnten den Zufall nicht einkalkulieren. Das Bemühen der ›tapferen Menschen‹ war umsonst. Auch sie verfallen nun dem Wahn. Die Flucht ins Irrenhaus und der Mord an den liebenden Krankenschwestern haben das Verderben der Welt nicht aufhalten können.

Dürrenmatt hat, was er will: Erschrecken als heutige Form der Ergriffenheit, und der Erfolg beweist, daß er den Zeitgeist verstanden hat. Es sei ihm auch zugestanden, daß er die Hörer mit der Problematik und Verantwortung der Physik stärker getroffen hat, als es Appelle der 18 Göttinger und Erklärungen einzelner oder des Physikerverbandes zu erreichen vermögen. Ihm ist es gelungen, die Türen des Irrenhauses zu sprengen. Der tödlich gefährdende Explosionsstoff dringt hinaus ins Parkett. Die festlichen Besucher eines Premierenabends sind nicht mehr unbeteiligte Beobachter, und ›kein Zuschauer entzieht sich tiefster Betroffenheit‹ (Neue Züricher Zeitung).

Aber es bleibt: Dürrenmatts Physiker sind groteske Zerrbilder aus einer sonderbaren Mischung von rührseliger Verantwortung und verbrecherischer Überheblichkeit. Sie, die in der Physik an die Grenze des Erkennbaren gekommen sind, ›wohin ihnen die Menschen nicht mehr zu folgen vermögen‹, wissen zwar: ›Unsere Wissenschaft ist schrecklich geworden, unsere Forschung gefährlich, unsere Erkenntnis tödlich‹. Aber sonst ...! Sie hätten vielleicht auch auf den Gedanken kommen können, sich selbst rechtzeitig vorher statt der Krankenschwestern umzubringen. Nur gut, daß es eine Komödie ist für den Rezensenten der ›Zeit‹: ›Story amüsant wie ein Kriminal-Thriller.‹

Wer das Stück zu schwer nimmt, geht vermutlich von falscher Voraussetzung aus, nämlich der, daß Dürrenmatt eine Aussage im Sinne früherer Dichter machen wollte, daß er – sagen wir – ›Botschafter‹ (H. B. an G. Suter in der ›Weltwoche‹) sein will. Ob Dürrenmatt die Welt zu ändern beabsichtigt? Bekannt ist nur, daß er ›eine neue Welt schaffen‹ will und das ›auf der Bühne ... Nicht die Realität, die er (der Dichter) kritisiert, verdammt oder anpreist, sondern *seine* neue Realität, seine die von ihm geschaffene‹. Daher nichts von prophetischem Zorn, nichts von Pathetik. Statt dessen ›frivol verspielt, aber auch nüchtern und realistisch‹ (Muschg).

Dürrenmatt wird von der Kritik bescheinigt, daß er in seinem Theatergebaren souverän geworden sei. Das neue ›großartige Werk, kühn in der geistigen Konzeption, von straffster Geballtheit in der sprachlichen und dramaturgischen Fraktur‹ (Tages-Anzeiger, Zürich) sei ›ein Stück, auf das die Welt gewartet hat‹ (Zolliker Bote). ›Das elegante Publikum ist vom Gelächter bis zur Atemnot erschöpft‹ (Spiegel). Aber es wird dem Autor auch gesagt: › Ich halte es für ein ganz herrliches, glänzend gebautes, witziges, anmutig skurriles Denkspiel, ein Spiel mit allen Möglichkeiten und Unmöglichkeiten einer abstrakten Situation, die aus der Wirklichkeit gezogen aber von der Wirklichkeit *entfernt* worden ist‹ (Weltwoche).

Der Kritiker der ›Weltwoche‹, Gody Suter, so scheint uns, kommt Dürrenmatts Intentionen weit näher als jener Theaterbesucher, dem zum erstenmal die Problematik unserer Epoche entgegengetreten zu sein scheint und in dessen Augen der Autor durch seine ›Physiker‹ eine Botschaft an die irrsinnige Welt richtet. Suter hält dem Einsender vor:

›Und jetzt? Was tun Sie jetzt? ...... Es ist ja nicht *Ihr* Irrsinn, der da angeblich angeprangert wird, sondern der der Physik, und so können Sie nur hoffen, daß die Physiker womöglich im letzten Augenblick doch wieder vernünftig werden.‹
Halt, Herr Suter! Hier trennen sich auch unsere Wege. Gut, Dürrenmatt will ein erregendes Zeitstück in seinem Stil auf die Bühne stellen, aber warum soll er in seinem koboldischen Denkspiel wie ein Bürokrat außer der Angst vor der Selbstvernichtung durch die Atombombe die gesamte ›Dämonisierung‹ unserer Entwicklung im einzelnen aufzeigen? Und warum wollen Sie den Physikern die Schuld an all dem, was das Schicksal für die zivilisierte Menschheit bereit hält, in die Schuhe schieben? Ganz richtig sagt Muschg im Programm, indem er auf das Unabänderliche des wissenschaftlichen Fortschritts und auf die falsche Anwendung der gewonnenen Erkenntnisse hinweist: ›Unheil droht, weil die Ergebnisse der Wissenschaft von den sogenannten Normalen unverzüglich in Irrsinn umgesetzt wurden.‹ Darf man es den Theaterbesuchern nicht überlassen, zu erkennen: ›Die Politiker, die den Amoklauf gegen die Menschheit auf dem Gewissen haben, bleiben bei ihm (Dürrenmatt) im Hintergrund, der Blick richtet sich auf die von ihnen erpreßten Forscher.‹
Dürrenmatt hält nicht viel von Kritikern: ›Sie sind Henker, die umso leichter köpfen, weil sie selbst keinen Kopf haben.‹ Wenn er die Phys. Blätter lesen würde – aber die Gefahr besteht ja nicht –, würde er den Referenten vielleicht auch für kopflos halten. Desungeachtet sei dem Fabulierer abermals zugestanden, daß er offenbar ein äußerst wirksames Bühnenwerk geschrieben hat: ›Hier war wiederum dem Theater gegeben, was das Theater ist‹ (Die ›Tat‹).
Vielleicht wird Dürrenmatt das Stück noch umschreiben. Er läßt, sagt man, seine Stücke aufführen, sieht sie sich an und bessert an ihrer Fassung herum. So approximiert er, und damit wird er dem Rezensenten, der schon mit Verlegern bei solch bewährtem Vorgehen Ärger hatte, sympathisch. ›Ein

Maler muß zurücktreten können‹, sagt Dürrenmatt ganz richtig, ›um das Bild, an dem er arbeitet, zu beurteilen.‹ Sollte der Leser nun aber meinen, die vorstehende Betrachtung von Dürrenmatts ›Physikern‹ könne, da der Rezensent sie nur aus Programmheft und Kritiken anderer kenne, keine Aussage machen, so mag ihm ein Ausspruch Dürrenmatts auf anderer Ebene entgegengehalten werden, der das gleiche Problem betrifft: ›Nicht der Tell, der gelebt hat . . ., sondern der Wilhelm Tell, den Schiller erschaffen hat, ein deutscher Dichter, der niemals in der Schweiz gewesen ist, sondern sie nur aus Bildern und Reisebeschreibungen kannte‹, dieser Schillersche Tell, gleichsam ein Schweizer aus zweiter Hand, meint Dürrenmatt, ist der ›einzige Schweizer, den die Welt wirklich kennt.‹ Allerdings sagt Dürrenmatt das für die Gestalten des *Dichters*, aber es gilt auch für Karl May, der doch wohl kein Dichter war, und anderes.

›. . . das, was von einer Zeit bleibt, das können nur die Dichter schaffen.‹ Anders gesagt: ›Nur die Menschen bleiben, die die Dichter erschaffen haben.‹ Also wird man folgern: So bleiben von unserer Zeit mordende, irre Physiker und Weltraumfahrer, die den Psalm Salomos singen:

Abgetrieben trieben wir in die Tiefen hinauf
Einigen weißen Sternen zu,
Die wir gleichwohl nie erreichen.
Längst schon Mumien in unseren Schiffen,
Verkrustet von Unflat,
In den Fratzen kein Erinnern mehr
An die atmende Erde.

Sind das wirklich die bleibenden Vertreter der heutigen Naturwissenschaft, oder . . .? Trotzdem, man sollte sich das Stück ansehen, die ›Farce des Weltunterganges‹, den ›grotesken Totentanz dieser Welt‹, das ›gnadenlose Stück‹.«

Physikalische Blätter 18 (1962) S. 169–172.

RUDOLF STICKELBERGER, *Weltsensation des Theaters? Friedrich Dürrenmatt, seine »Physiker«, seine Lobredner und sein Publikum*:

»Zu den zählebigen Legenden der Neuzeit gehört die Behauptung, die beiden Dramatiker Frisch und Dürrenmatt verdankten ihren Ruhm den Deutschen. Beide bestätigten sie die alte Wahrheit, daß der Prophet im eigenen Vaterlande nichts gelte.

Falsche Legende

Wenn auch diese Legende von Professoren verbreitet und von Literaten unentwegt nacherzählt, abgeschrieben und als schlagendes Beispiel für Gottfried Kellers hartes Wort vom eidgenössischen Holzboden angeführt wird, so bleibt sie dennoch falsch. Was jedenfalls Friedrich Dürrenmatt betrifft, so steht seine Erfolgsleiter auf schweizerischen Fundamenten. Schon damals, als die offizielle Welt über sein Täuferstück die Nase rümpfte, prophezeiten hellsichtige Zuschauer dem jungen Talent eine große Zukunft. Und eine treue Schar half dem um seine Existenz ringenden Dichter über die schweren Jahre hinweg. Es waren Schweizer, und sie entstammten großenteils dem selben bürgerlichen Mittelstande, den Dürrenmatt nicht müde wird, aufs grausamste zu verhöhnen: Durch ihre tatkräftige Förderung des Genies bewiesen sie, daß sie selbst ihr vergleichsweise etwas spießiges Dasein nicht als höchstes Gut feierten. Und bis zu den ›Physikern‹ besuchen und beklatschen diese Beamten und Lehrer, Kaufleute und Pfarrer jedes neue Stück ihres ehemaligen Schützlings, der nun freilich ihrer Alimentierung nicht mehr bedarf. Solche Hingebung des geistigen ›Durchschnittlers‹ hat etwas Heroisches; denn des Dichters Dank besteht ja darin, daß er dessen Konterfei in immer wieder neuen Karikaturen auf die Bühne bringt.

Pervertierte Pfarrfrau als Schlager der Saison

Diesmal wird – nicht zum erstenmal! – das traditionelle Pfarrhausidyll durch den Kakao gezogen. Da Dürrenmatts Herkunft sich von jener seiner meisten Kritiker unterscheidet, wurde in den bisherigen Zeitungsbesprechungen dieser recht breiten Szene im ersten Akte der ›Physiker‹ wenig Gewicht beigelegt. Wer jedoch daran denkt, daß der Dichter selbst in dieser Atmosphäre des rührenden Gottvertrauens aufgewachsen ist, neigt dazu, hier den Schlüssel zu seiner ganzen Konstruktion zu suchen: Verhängung in der Tradition und gleichzeitige Auflehnung gegen ihre Muffigkeit ergeben vermischt den dramatischen Sauerteig.

Der Auftritt spielt sich so ab: Zum Physiker, der seine weltumstürzenden Kenntnisse bloß noch hinter Irrenhausmauern vor Mißbrauch und geschäftlicher Spekulation zu wahren vermeint, indem er sich, vielleicht bloß angeblich, vielleicht auch in Wirklichkeit, mit Salomo, dem König der gottmenschlichen Weisheit überzeitlich identifiziert, zum Physiker also kommt seine ehemalige Gattin, um samt den drei gemeinsamen Söhnen Abschied zu nehmen. So etwas bringt Leben: Man erinnert sich an die ›drei adeligen Waisen‹, die mitten in den süßen Klängen des ›Rosenkavaliers‹ der Marschallin mit groteskem Triogeschrei ihre Aufwartung machen. Während jedoch Strauß-Hofmannsthal die armen Kinder samt der Mutter nach kurzem Bettel- und Dankterzett wieder in die Antichambre entlassen wie einen lustigen, dazwischengeratenen Lichtreflex aus anderem Raume, hat bei Dürrenmatt die Pfarrfamilie auszuharren und sich in eine doppelschichtige Unterhaltung zu fügen, die der Irre überlegen bis zum Schock steigert, indem er in seinem rücklings umgelegten Tische den ›Raumfahrerpsalm‹ anstimmt, damit wunschgemäß den ihm lästigen familiären Anhang in die verachtete Niederung der aussichtsarmen Weltverbesserung zurücktreibend.

Die Absurdität der scheinbaren Werte wird hier auf die Spitze getrieben: Die ehemalige Frau des Physikers sieht zwar aus wie die Pfarrfrau aus dem Bilderbuch, mausgrau, meilenweit fort von jedem Sex-Appeal und mit mütterlich-fraulich-schwesterlich-kitschigen Redensarten so um sich werfend, daß es jedem natürlich empfindenden Zeitgenossen vor lauter Fürsorgerinnenjargon den Magen umdreht. Zugleich bekennt sie in schlichtem Stolze, daß sie just den Schritt unternommen habe, der sonst in Pfarrhäusern verpönt ist: Sie ließ sich scheiden und brachte der Einfachheit halber ihren neuen Gemahl auch gerade mit in die Klinik: eine schüttere Gestalt im schwarzen Büßergewand, den verwitweten Missionar Oskar Rose, der zuvor als Pfarrer in Guttannen amtete und zum Gaudium des Publikums sechs Söhne in seine zweite Ehe mitgebracht hat. Sie wollen gemeinsam auf die Marianen ziehen. Die bösartige Versimpelung eines allerdings unzeitgemäßen Pietismus und seine erbarmungslose Herauszerrung aus dem Kapellenschatten ins Rampenlicht der mondänen Bühne gelänge keinem, der hier nicht einen Teil seiner eigenen Seele bloßlegte.

Allgegenwart des Absurden

Auch was sonst im humanitären Bereiche als gültig gilt, hat in den ›Physikern‹ – wie überhaupt in Dürrenmatts Stücken – keinen Bestand: Die Oberschwester agiert als perfektionistischer Drache mit Spatzenhirn; die jungen Schwestern dagegen dienen als Lockspeise für intellektuell begründete Sexualverbrechen. Die drei Wärter, die sie nach ihrem Tode ablösen, gleichen Henkern in Uniform; um das Absurde auch hier wieder zu erfüllen, stammt der Athlet mit dem schneeweißen Gesicht aus Südafrika, der Neger jedoch aus Nordamerika.

Überlebende ist auch hier wieder die ›alte Dame‹, diesmal die Irrenärztin, die sich erfolgreich an Gott und der Welt dafür rächt, daß sie, weil verwachsen, in ihrer Vitalität nicht auf die Rechnung gekommen ist.

Man darf Dürrenmatt nicht unrecht tun: Er war und bleibt ein Moralist, und zwar im prophetischen Sinne des Alten Testaments. Auch im Positiven verleugnet er die pfarrhäusliche Herkunft nicht. Nichts von dem ist ihm heilig, was menschliche Erziehung und Gesittung als tabu erklärt haben, damit die mühsam zusammengehaltene Zivilisation nicht aus den Fugen gehe. In der Entlarvung der Scheinheiligkeit bleibt er Meister.

Endlich salonfähig

Zum Harst der einstigen Getreuen ist nun die Masse jener hinzugekommen, die einen Künstler erst dann rühmen, wenn ihn die Fachleute anerkennen, wenn seine Tantiemen ihn gesellschaftsfähig erhalten, und wenn man sich ohne Gefahr der Blamage an einer Party über ihn unterhalten kann, wobei einem die Damen- und Wochenblätter den zu besprechenden Stoff bereitwillig ins Haus liefern.
Dürrenmatt ist Mode geworden, und seine ›Physiker‹ wären am Zürcher Schauspielhaus nicht einmal durchgefallen, wenn sie es verdient hätten. ›Man‹ könnte sich eine Diskriminierung des Anerkannten nicht leisten. Denn das einstige Enfant terrible aus der bernischen Provinz erntet jetzt internationale Preise; wer wollte sich da von der Gratulationstour dispensieren? Und in dieser Anerkennung durch die unkritische Menge mag die anfänglich erwähnte Legende über Ruhm über den Umweg durchs Ausland ihre Nahrung finden.
Drei Abende lang dauerte die ›Uraufführung‹, so heftig wogte der Zudrang der Premierenelite. Der Inhalt des Stükkes wurde zuvor geheim bewahrt wie die Konstruktion eines neuen Automodells. Zudringliche Reporter fanden verschlossene Türen. Einzig ein lokales Wochenblatt bekam ein aufschlußreiches Interview, und das wiederum verärgerte die Konkurrenz.

Maximale Lautstärke

Dagegen tönten die Fanfaren des Ruhms bereits am Abend der Uraufführung laut durch die Lande. Radio und Fernsehen hatten sich zusammengetan, um ein Dreiergespräch über die ›Physiker‹ in den Äther zu senden, unmittelbar nachdem sich der Vorhang endgültig vor den Schauspielern, dem Autor und dem Regisseur gesenkt hatte. Was bei dieser schöngeistigen Kannegießerei zwischen drei gescheiten und theatergewandten Leuten herauskam, war lächerlich und jämmerlich. Das ist weiter nicht verwunderlich; denn man kann sich zu einem Schauspiel nicht äußern wie zu einem Fußballmatch. Aber die Sucht nach Gleichzeitigkeit der Berichterstattung mit dem Ereignis macht eben nirgends halt: Wenn ein Weltraumflug sekundenschnell in allen Apparaten gezeigt und erläutert werden kann – weshalb nicht auch ein Drama?

Jemand muß auch die Parole ausgegeben haben, die ›Physiker‹ seien Dürrenmatts bestes Werk. Infolgedessen verbreitete die ›Schweizerische politische Korrespondenz‹, die, ihrem Charakter gemäß, eigentlich mehr als einen Vorbehalt gegen Inhalt und Darbietung hätte anbringen müssen, mit phänomenaler Promptheit einen nicht mehr zu überbietenden Lobgesang, der gleich mit der Feststellung begann, hier sei eine ›Weltsensation des Theaters‹ erlebt worden und mit dem Satze schloß, es sei ›ein Höhepunkt erreicht, der selbst in einer dramatisch ziemlich reichen Zeit wie ein besonderer Glücksfall anmutet‹.

Das ist Kauderwelsch, von der Sportreportage übernommen. Dürrenmatt ist – wie könnte er anders! – sich selber treu geblieben im Aufbau, in der Charakteristik, in geistreichen Pointen und Kalauern. Aber in der ›Alten Dame‹ und im ›Engel nach Babylon‹ steckte mehr Dichterisches. In den ›Physikern‹ präsentierte sich das Skelett der menschlichen Verzweiflung womöglich noch unverhüllter als je zuvor. ›Theologisch sauber‹, ist man versucht zu analysieren. Etwa mit Luther: ›Es ist all unser Tun umsonst, auch in dem besten Leben ...‹ oder mit Paulus: ›Ich elender Mensch – wer will mich erlösen?‹ Nur bleibt's bei der Frage. Die Antwort wird supponiert; denn man könnte mit ihr keinen Jux mehr treiben. Das an seine Verzweiflung gekettete Gerippe dagegen läßt sich mit Ulk und Schabernack garnieren; dann senkt sich der Vorhang; Beifall setzt ein bei denen,

die im Spiegel ihr scheußliches Röntgenbild betrachten durften, und die vom eiligen Reporter des Klatschblattes raschrasch um ihre Meinung gebetene Schauspielschülerin gibt im Namen unserer Generation zu Protokoll: ›Ich finde es einfach ... man kann gar nicht darüber reden, es ist so gut. Ich kann im Augenblick nur ganz still sein; es ist so höllisch!‹
Wobei der Ausdruck ›höllisch‹ nicht eschatologisch verstanden zu werden braucht; ›höllisch‹ ist in der heutigen Umgangssprache auch ein Sportwagen oder ein gefülltes Praliné.«

Reformatio 11 (1962) H. 3. S. 158–162. – Mit Genehmigung von ZeitSchrift, Bern.

b. Deutsche Fernsehfassung (5. November 1964)

... der Anfang war verwirrend ...

»Der Anfang war verwirrend. Aus unerfindlichen Gründen, möglicherweise aber, um auch den allzu anspruchslosen Zuschauer zu fesseln, wurde der eigentlichen Handlung eine *Einleitung* vorangestellt, die in ihrer Einfallslosigkeit an einen unterdurchschnittlichen Kriminalfilm erinnerte: Zwei Polizeiautos rasten durch die Straßen, in halsbrecherischem Tempo und mit heulenden Sirenen, wurden vorübergehend von der höheren Gewalt einer sich im letzten Augenblick senkenden Bahnschranke aufgehalten und erreichten schließlich einen großen Neubau. Es war, wie dem Zuschauer drastisch vor Augen geführt wurde, eine Nervenklinik. In unbegreiflicher Einfalt wandten sich die umherirrenden Polizeibeamten immer wieder an Patienten, bis sie endlich auf die Oberschwester stießen, die erste Gestalt von Dürrenmattschem Zuschnitt; diese führte sie in den Altbau, wo Schwester Irene, das zweite Opfer der Physiker, erdrosselt am Boden lag. Der unnütze Prolog war zu Ende, das Spiel, so wie es der Verfasser für die Bühne geschrieben hatte, konnte beginnen.

[...]
Auffallend war, wie wenig sich der Raum von einer Bühne unterschied: er wies die gleichen Dimensionen auf und ließe sich – nach dem optischen Eindruck – ohne Schwierigkeiten in ein Theater transponieren. Dies ist wohl kein Zufall, sondern ein Hinweis darauf, wie genau das Stück auf die Bedürfnisse der Bühne zugeschnitten ist. Für den Zuschauer ergab sich nur ein wesentlicher Unterschied: er blickte nicht von außen her in einen ›Guckkasten‹, sondern wurde durch die Kamera auf die Bühne gehoben und so optisch stärker in das Geschehen einbezogen. Gleich den Physikern wurde er zum Gefangenen in dem Raum, den die irre Ärztin mit Gittern von der Umwelt abschloß. Gefangen war aber auch die *Kamera*. Ihre Möglichkeiten waren beschränkt: man wechselte die Aufnahmerichtung, die Aufnahmedistanz, umkreiste die am Dialog gerade beteiligten Schauspieler und ließ nichts unversucht, was im Handwerk des Kameramanns üblich ist; dennoch ließ sich auf die Dauer der Eindruck einer gewissen *Einförmigkeit* nicht vermeiden. Die Schuld dafür traf wohl weniger *Rolf Ammon*, der für die Kamera verantwortlich war, als die Beschränkung auf den einzigen Raum, wie sie von Dürrenmatt im übrigen mit guten Gründen vorgeschrieben wird.«

Neue Zürcher Zeitung. 7. November 1964.

c. Züricher Aufführung (8. Oktober 1987)

MZ., *Die Parabel unserer tödlichen Selbstbedrohung. Dürrenmatts »Physiker« im Zürcher Schauspielhaus*:

»Fünfundzwanzig Jahre nach ihrer Uraufführung erscheint Friedrich Dürrenmatts fulminante, bittere Komödie ›Die Physiker‹ wieder auf der Pfauenbühne. Das Stück hat damals von Zürich aus Zuschauer rund um die Welt getroffen, erregt und bewegt; der Aufführung als Aufführung wurde der Rang einer Modellvorstellung zuerkannt.
Und weil diese Vorstellung zu denen gehört, die als unver-

gessen gelten, hat es eine Neuinszenierung schwer. Die Gefahr ist groß, daß sie von Anfang an an der Legende gemessen wird. Und die Realität verliert immer im Vergleich mit der Legende, sei es, weil in Kennerkreisen von Anfang an angenommen wird, so gut wie damals könne es heute nicht sein; sei es, daß herausragende Züge, ganz einfach, weil sie gut sind, sowieso als Kopie von damals bezeichnet werden. Dabei sind Vergleiche auf Grund von fünfundzwanzigjährigen Erinnerungen an sich schon ein heikles und immer auch kühnes Unterfangen, sie sind es hier noch viel mehr, da eine andere Fassung des Stückes gespielt wird, diejenige von 1980.

Denn Dürrenmatt hat sich immer wieder mit diesem Stück beschäftigt. Nicht daß er es je hätte aktualisieren müssen, wie das bei auf Zeitprobleme bezogenen Werken nicht selten der Fall ist. Das Thema der ›Physiker‹, die Bedrohung der Welt durch die Auswirkungen der wissenschaftlichen Forschung aber, ist leider unverändert aktuell. Hätte sich Dürrenmatt damals allzu ausschließlich und konkret auf die Bedrohung durch Kernwaffen eingelassen, dann hätte das Stück an Brisanz verloren. Nicht etwa weil diese Gefahr kleiner geworden wäre, sondern weil noch weitere, in ihrer Konsequenz noch hoffnungslosere (Bedrohungen) dazugekommen sind. Ein total verwegener Idealismus könnte sich ja vielleicht noch eine Welt ohne Waffen vorstellen, eine Welt ohne Energiequellen aber nicht. Und so droht uns von der Kernenergie die Strahlenkatastrophe, von der Verbrennungsenergie die Abgas- und Ozonkatastrophe.

Gerade der Aspekt der Ausweglosigkeit und Hoffnungslosigkeit in der modernen wissenschaftlich-technischen Entwicklung aber ist das eigentliche und damit auch das heute zentrale Thema von Dürrenmatts Stück, besonders in dieser Fassung. Es gibt keine Rezepte, es bringt eine existentielle Auseinandersetzung mit den tödlichen Gefahren und mit verzweifelten Versuchen zu einer Rettung, und es zeigt das totale Scheitern aller Bemühungen, die Katastrophe abzuwenden. Damit erinnert es an das antike Drama, an ›Oedi-

MARTIN KRAFT, *Tödliches Irrsinnspiel um Wissenschaft und Macht*:

»Es mag eine Alterserscheinung sein, wenn ein Kritiker nach Premieren regelmäßig daran erinnert, daß er das betreffende Stück vor langer Zeit da oder dort natürlich schon viel besser gesehen habe. Im Falle der ›Physiker‹ drängt sich der Gedanke an eine legendäre Uraufführung freilich auf, die Vorpropaganda müßte nicht einmal daran erinnern: Schon wer den Text aufschlägt, sieht zunächst die Widmung des Stückes an Therese Giehse, die sich mit ihrer Interpretation der Irrenärztin so suggestiv eingeprägt hat, daß sich auch heute noch, zumindest auf dieser Bühne, jede Nachfolgerin den Vergleich mit ihr gefallen lassen muß. Dazu kommt nun freilich etwas ganz Allgemeines: daß eben die Erfolge von gestern, bevor sie wirklich zu Klassikern geworden sind, vor allem wie – von gestern wirken. Mit der Dialektik von reiner Wissenschaft und (politisch-wirtschaftlicher) Macht, die sie korrumpiert, mit dem Wahnsinn der Mächtigen, derjenigen, die die Welt zerstören, ist das Stück zwar unvermindert spannend und gültig geblieben: Zur Zeit der ersten akuten atomaren Bedrohung – an die man sich inzwischen allmählich gewöhnt zu haben scheint – mag es aber um einiges brisanter gewirkt haben als heute, wo eine vom Programmheft suggerierte, rein äußerliche neue Aktualität dank Tschernobyl wohl eher in die Irre führt.«

Zürichsee Zeitung. 10. Oktober 1987. – Mit Genehmigung von Martin Kraft, Zürich.

KASPAR STREIFF, *Kein Irrenhaus im Zürcher Schauspielhaus: Benning inszeniert Dürrenmatts »Physiker«*:

»Das Unternehmen, ein Stück das vor 25 Jahren in Zürich mit einer hochkarätigen Besetzung und riesengroßem Erfolg uraufgeführt und danach weltweit inszeniert worden ist, am ursprünglichen Tatort noch einmal zu geben, ist mutig und sehr verdienstvoll. Die Dramaturgen sind damit, bei vollem Bewußtsein, ein hohes Risiko eingegangen. Sie erlauben uns eine Überprüfung unserer Wahrnehmung, unseres Bewußtseins von damals. Sie lassen es zu, daß wir zur Einsicht gelangen können, wie naiv wir doch eigentlich waren, als wir dieses Stück so gut fanden.

Dürrenmatt selbst erklärte in seinen ›21 Punkten zu den Physikern‹ unter Punkt 1: ›Ich gehe nicht von einer These, sondern von einer Geschichte aus.‹ Dem Schlitzohr Dürrenmatt waren natürlich die Schwächen seiner Hirn-Konstruktion genau bekannt, und er versucht, durch ein offensives Ablenkmanöver, eine genauere Durchleuchtung seiner Strickweise zumindest zu erschweren. Denn natürlich ist Dürrenmatt zuerst von einer These ausgegangen, die sich, mit den Worten des Möbius, des genialen Physikers in Dürrenmatts Irrenhaus, etwa so zusammenfassen läßt: ›... und daß es heute die Pflicht eines Genies ist, verkannt zu bleiben. Entweder bleiben wir im Irrenhaus, oder die Welt wird eines. Entweder löschen wir uns im Gedächtnis der Menschen aus, oder die Menschheit erlischt.‹ Natürlich hat Dürrenmatt zuerst diese Sätze für richtig und wichtig gehalten und konnte erst danach darangehen, eine Story zu kreieren, in der diese Sätze unumgänglich geäußert werden müssen. Wie schwer es ihm fiel, mit seiner Geschichte auf die These zuzusteuern, erhellt daraus, daß er drei Viertel des Stücks oder aktuell mehr als zwei Stunden Spieldauer mit z. T. hirnrissigen Gags verplempert, bis endlich diese Moral von der Geschicht' verständlich vorgetragen werden kann.

Die verquaste Story braucht nicht nochmals im Detail nacherzählt zu werden. Sie basiert auf der abstrusen Annahme, daß es heute noch einem genialen Physiker gelingen könnte, alleine, in einem Irrenhaus, physikalische Welträtsel zu lösen und daß deswegen Großmachtgeheimdienste und ein rücksichtsloser Privatkonzern Interesse an seinem Wissen haben könnten. Die Story wird uns im übrigen auch auf der Bühne nicht in dramatischen Szenen vorgeführt – mit Ausnahme eines beiläufigen Mordes an einer liebenden Krankenschwester. Alles Wichtige ist schon längst, bevor wir ins

Theater kamen, passiert und wird hier nur noch zuhanden unserer Aufklärungsbedürftigkeit diskursiv aufgeschlüsselt.
Anscheinend muß uns ja diese Konstruktion (der jegliche psychologische Wahrscheinlichkeit mangelt) vor 25 Jahren beeindruckt haben. Dürrenmatt konnte damals mit Erfolg auf unseren erst latenten Atomkriegsängsten herumklimpern und sich selbst grobe Schnitzer, wissenschaftlich gesehen, leisten. Unsere Ängste sind nun jedoch beileibe nicht kleiner geworden, die Welt ist bereits zum Irrenhaus geworden, eine Entwicklung, die der einsame Moralist Möbius noch zu verhindern suchte – und wir möchten, wenn schon und wie auch immer, endlich Genaueres wissen. Überholt also? Ja.«

Basler Zeitung. 10. Oktober 1987. – Mit Genehmigung von Kaspar Streiff, Zürich.

2. Texte zum Verhältnis von Wissenschaft und Gesellschaft

a. Atomwaffenentwicklung, Albert Einstein und die Diskussion der fünfziger Jahre

Carl Seelig, Albert Einstein und das Schreiben an den Präsidenten Roosevelt vom 2. August 1939 (1956):

»Die absurde Behauptung, Albert Einstein sei der ›Vater der Atombombe‹, macht es notwendig, einmal auf Grund maßgebender Dokumente die Entwicklung der Atomzertrümmerung auf deutscher und alliierter Seite darzulegen. Unbestritten bleibt, daß die 1905 von Einstein aus relativistischen Gedankengängen gewonnene Formel E (Energie) = M (Masse) c^2 (Lichtgeschwindigkeit) den Schlüssel zum Verständnis der Kernreaktionen und zur Praxis der nuklearen Energiegewinnung bildet. Aber wie die ihm gesinnungsmäßig sehr nahestehenden Zeitgenossen Mahatma Gandhi, Pablo Casals und Albert Schweitzer, so ist auch Albert Einstein von früher Jugend bis zu seinem Tod ein grundsätzlicher Gegner des Krieges gewesen. Diese Haltung hat er nie geändert; er war und blieb ein Pazifist, Gegner des militanten Nationalismus und der für ihn arbeitenden Rüstungsindustrie sein ganzes Leben lang. Noch im Herbst 1952 hat er einer japanischen Zeitschrift auf eine diesbezügliche Anfrage geantwortet: ›Meine Beteiligung bei der Erzeugung der Atombombe bestand in einer einzigen Handlung: Ich unterzeichnete einen Brief an Präsident Roosevelt, in dem die Notwendigkeit betont wurde, Experimente im Großen anzustellen zur Untersuchung der Möglichkeit der Herstellung einer Atombombe. Ich war mir der furchtbaren Gefahr wohl bewußt, welche das Gelingen dieses Unternehmens für die Menschheit bedeutete. Aber die Wahrscheinlichkeit, daß die Deutschen an demselben Problem mit Aussichten auf Erfolg arbeiten dürften, hat mich zu diesem Schritt gezwungen. Es blieb mir nichts anderes übrig, obwohl ich stets ein überzeugter Pazifist gewesen bin. Töten im Kriege ist nach meiner Auffassung um nichts besser als gewöhnlicher Mord.‹ Mit den Katastrophen von Hiroshima und Nagasaki am 6. und 9. August 1945 sowie mit dem seitherigen Wettrüsten auf dem Gebiet der Nuklearwaffen hat er nicht das Geringste zu tun. Dies bekräftigte er auch 1946 durch Übernahme des Präsidiums des ›Emergency Committee of Atomic Scientists‹, das einen Atombombenkrieg zu verhüten versucht.

Brief über die Atomzertrümmerung

Nassau Point. Old Grove Road,
2. August 1939

An F. D. Roosevelt, Präsident der Vereinigten Staaten,
Washington D. C.

Ein neues Werk von Enrico Fermi und Leo Szilard, das mir im Manuskript vorgelegt wurde, veranlaßt mich zur Annahme, daß das Element Uran in naher Zukunft zu einer neuen, wichtigen Energiequelle gemacht werden könnte. Gewisse Aspekte der dadurch geschaffenen Situation schei-

nen Wachsamkeit und nötigenfalls rasches Handeln seitens der Regierung zu erfordern. Ich halte es daher für meine Pflicht, die folgenden Tatsachen und Empfehlungen Ihrer Aufmerksamkeit zu unterbreiten:
Im Lauf der letzten vier Monate hat sich durch die Arbeit von Joliot-Curie in Frankreich sowie von Fermi und Szilard in Amerika die Wahrscheinlichkeit ergeben, daß sich in einem großen Quantum Uran eine Atomkern-Kettenreaktion auslösen läßt, durch die gewaltige Kraftmengen und beträchtliche Quantitäten neuer radiumartiger Elemente erzeugt würden. Es scheint heute fast gewiß, daß sich dies in allernächster Zukunft ermöglichen läßt.
Dieses neue Phänomen würde auch zur Konstruktion von Bomben führen, und es ist denkbar – obschon weit weniger sicher –, daß auf diese Weise eine neue Art Bomben von extremer Wirkungskraft konstruiert werden könnte. Eine einzige Bombe dieses Typs, auf einem Boot transportiert und in einem Hafen zur Explosion gebracht, wäre sehr wohl imstande, den ganzen Hafen nebst einen Teil des umliegenden Gebietes zu zerstören. Immerhin könnten sich solche Bomben sehr gut als zu schwer für den Transport mittels Luftfahrzeugen erweisen.
Die Vereinigten Staaten besitzen nur sehr spärliche und mäßig ergiebige Uranerzvorkommen. Einige gute Adern befinden sich in Kanada und in der früheren Tschechoslowakei; die wichtigste Uranquelle bildet aber Belgisch-Kongo.
Angesichts dieser Lage halten Sie es vielleicht für wünschenswert, daß zwischen der Regierung und der Gruppe jener Physiker, die in Amerika auf dem Gebiet der Kettenreaktion arbeiten, ein ständiger Kontakt erhalten bleibt. Ein Weg, um dies zu erreichen, wäre der, daß Sie mit dieser Aufgabe eine Persönlichkeit beauftragten, die Ihr Vertrauen besitzt und vielleicht in inoffizieller Stellung dienen könnte. Seine Aufgabe würde in folgendem bestehen:
a) An die Regierungsdepartemente heranzutreten, um sie über die weitere Entwicklung zu informieren und Empfeh-

lungen bezüglich des Vorgehens der Regierung zu unterbreiten, wobei dem Problem der Sicherung eines Vorrats an Uranerz für die Vereinigten Staaten besondere Aufmerksamkeit zuzuwenden wäre;
b) die Versuchsarbeiten, die augenblicklich innerhalb der Budgetgrenzen von den Universitätslaboratorien fortgeführt werden, zu beschleunigen, indem, sofern solche Arbeiten erforderlich sind, Fonds beschafft werden durch Fühlungnahme Ihres Beauftragten mit Privatpersonen, die bereit sind, hierfür Beiträge zu leisten, vielleicht aber auch durch Erlangung der Mitarbeit seitens industrieller Laboratorien, die über die nötige Einrichtung verfügen.
Ich weiß, daß Deutschland augenblicklich den Verkauf von Uran aus den tschechischen Bergwerken, die es übernahm, eingestellt hat. Daß es diese Maßnahme so frühzeitig getroffen hat, erklärt sich vielleicht daraus, daß der Sohn des deutschen Unterstaatssekretärs von Weizsäcker dem Kaiser-Wilhelm-Institut in Berlin, wo gewisse amerikanische Uranarbeiten jetzt wiederholt werden, zugeteilt wurde.«

Carl Seelig (Hrsg.): Helle Zeit – dunkle Zeit. In Memoriam Albert Einstein. Zürich/Stuttgart/Wien: Europa Verlag, 1956. S. 95–97. – Mit Genehmigung des Europa Verlags, Zürich.

Albert Einstein, *Atomkrieg oder Friede: I (1945)*

Durch das Freiwerden der Atomenergie ist kein neues Problem entstanden. Nur ein vorhandenes muß um so dringlicher gelöst werden. Wir wurden mehr quantitativ als qualitativ getroffen. Solange souveräne Staaten über große Macht verfügen, ist der Krieg unvermeidlich. Wir wissen nicht wann, wir wissen nur, daß er ausbrechen wird. Freilich galt das auch schon vor der Erfindung der Atombombe. Was sich geändert hat, ist einzig die Zerstörungskraft des Krieges. [...]
Ich betrachte mich nicht als den Vater der befreiten Atom-

energie. Ich habe nur eine indirekte Rolle dabei gespielt. Tatsächlich habe ich nicht vorausgesehen, daß sie noch zu meinen Lebzeiten frei würde. Ich habe nur an ihre theoretische Möglichkeit geglaubt. Praktisch brauchbar wurde sie erst durch die zufällige Entdeckung der Kettenreaktion, und diese konnte ich nicht voraussehen. Sie wurde von Hahn in Berlin entdeckt, welcher noch falsch interpretierte, was er entdeckt hatte. Die korrekte Interpretation gab Lise Meitner, die aus Deutschland flüchtete und ihre Informationen Niels Bohr aushändigte. [...]
Da ich noch nicht voraussehe, ob die Atomenergie in Kürze der Menschheit zum Segen ausschlägt, muß ich erklären, daß sie gegenwärtig noch eine Drohung bedeutet. Vielleicht ist das ganz gut so. Dadurch geängstigt, wird die Menschheit vielleicht ihre internationalen Beziehungen zu ordnen beginnen, was sie ohne diesen Druck gewiß niemals tun würde.

II (1947)

Seit Herstellung der ersten Atombombe wurde nichts getan, um die Welt vor einem neuen Krieg zu bewahren; aber es wurde viel getan, um die Zerstörungskraft des Krieges zu steigern. Ich bin nicht in der Lage, über die Entwicklung der Atombombe aus erster Hand zu berichten, da ich auf diesem Gebiet nicht arbeite. Aber jene, die es tun, haben doch soviel durchblicken lassen, daß man eine erhöhte Wirkung der Bombe annehmen muß. [...]
In den ersten zwei Jahren des Atomzeitalters ist noch ein anderes auffallendes Phänomen aufgetaucht. Die Öffentlichkeit ist zwar vor der schrecklichen Natur des Atomkrieges gewarnt worden, aber sie hat nichts dagegen unternommen, sondern die Warnung weitgehend aus ihrem Bewußtsein gestrichen.

Albert Einstein: Atomkrieg oder Friede. In: A. E.: Aus meinen späten Jahren. Stuttgart: Deutsche Verlags-Anstalt, 1952. S. 190–197. – Mit Genehmigung der Deutschen Verlags-Anstalt, Stuttgart.

Karl Jaspers, *Die Atombombe und die Zukunft des Menschen* (Radiovortrag, 1956):

1. Der neue Tatbestand

Seit jeher hat man neue Zerstörungswaffen zunächst für verbrecherisch erklärt, einst die Kanonen, zuletzt die U-Boote im ersten Weltkrieg. Doch bald gewöhnte man sich an ihr Dasein. Heute aber ist die Atombombe (Wasserstoffbombe, Kobaltbombe) ein grundsätzlich neues Ereignis. Denn sie führt die Menschheit an die Möglichkeit ihrer eigenen totalen Vernichtung. [...]
Dies ist heute der erregendste Tatbestand für die Zukunft der Menschheit, drohender als alles sonst. Bisher gab es wohl irreale Vorstellungen des Weltendes. Die Naherwartung dieses Endes noch für die damals lebende Generation war der sittlich-religiös wirksame Irrtum Johannes' des Täufers, Jesu, und der ersten Christen. Jetzt aber stehen wir vor der realen Möglichkeit eines solchen Endes, zwar nicht der Welt, nicht einmal des Planeten Erde, sondern des menschlichen Lebens.

2. Was soll politisch geschehen?

Alle Denkenden wollen, daß die Atomwaffen abgeschafft werden. Alle Staaten erklären sich bereit. Aber die Abschaffung ist nur zuverlässig, wenn zugleich die gegenseitige Kontrolle stattfindet.
Der zweite Gedanke ist: Auch wenn die Atombomben nicht abgeschafft sind, wird niemand es wagen, sie anzuwenden. Hitler hat trotz massenhafter Herstellung der Giftgase diese auch in seiner Katastrophe nicht eingesetzt. Wenn eine Waffe notwendig beide Gegner vernichtend trifft, ist sie unanwendbar geworden.
Der dritte Gedanke ist: Weil der Atomkrieg unmöglich geworden ist, ist jeder Krieg unmöglich geworden. Denn da in einem Weltkrieg um den Sinn der Staatsordnung auf Leben und Tod irgendwann doch der Einsatz der Atombombe droht, wird keine Großmacht mehr wagen, über-

haupt den Krieg zu beginnen. Weil er für alle der Vernichtungskrieg würde, kann er nicht mehr entstehen. Die totale Bedrohung erzeugt die totale Rettung. [...]

3. Was aber geschieht wirklich?

Weil die gegenseitige Kontrolle nicht zugestanden wird, findet eine fortlaufende Produktion der Atombomben statt.

Und trotz der Atombombe gibt es ständig Kriege. Gemessen am Weltkrieg sind es zwar kleine lokale, hier jedoch furchtbar verwüstende Kriege. Statt des Satzes: es wird keine Kriege geben, weil es Atombomben gibt, muß es vielmehr heißen: es kann heute Kriege geben ohne Atombombe. [...] Die Großen bemühen sich, die kämpfenden Kleinen zum Frieden zu bringen, aber nicht ohne Hintergedanken. Sie ergreifen Partei und sind fast immer Partei gegeneinander. So geraten sie, während die Kleinen unter ihrer Duldung und unter ihrem teilweisen Schutz kämpfen, ständig selber in die Gefahr des zwischen ihnen auszutragenden Weltkriegs. Es ist, da kein Bewußtsein gemeinsamer Ordnung zusammenhält, immer nur wie ein Hinausschieben des Weltkriegs. Da jeder kleine Krieg verschleiert schon ein Krieg zwischen den Großmächten ist, birgt jeder in sich die Gefahr des Weltbrandes.

4. Der politisch entscheidende Ansatzpunkt: die gegenseitige Kontrolle der Staaten

Die Rettung scheint in greifbarer Nähe. Da alle Staaten die Atombombe abschaffen möchten, müßten die drei die Bombe besitzenden Mächte nur einen Vertrag schließen und ihn verwirklichen: Alle vorhandenen Bomben würden vernichtet, neue nicht mehr hergestellt. Aber die gegenseitige Kontrolle, ohne die eine Garantie der Verwirklichung unerreichbar wäre, will Rußland bisher nicht zugestehen.

Dies wäre der rettende Akt. Mit ihm aber würde sogleich mehr geschehen als die Abschaffung der Atomgefahr. Denn

unfehlbar wäre mit der gegenseitigen Kontrolle eine Umformung des politischen Daseins auf der ganzen Erde verbunden [. . .].
Mit der Errichtung dieser gegenseitigen Kontrolle wäre der erste, wahrscheinlich schon entscheidende Schritt getan zu dem Weltzustand hin, in dem die Atombombe mit annähernder Sicherheit ausgeschlossen wäre. Denn sie ist mit Sicherheit nur abzuschaffen, wenn der Krieg überhaupt unmöglich wird.

5. Die Prinzipien eines politischen Friedenszustandes

Dieser Weltzustand des Friedens würde auf folgenden Prinzipien beruhen:
Erstens: Verträge werden als rechtsgültig anerkannt, solange sie nicht durch neue Verhandlungen geändert werden. Man unterwirft sich auch bei tiefgehenden Meinungsverschiedenheiten Rechtsinstanzen. Wie aber ein Staat nicht die Polizei abschaffen kann, so kann die von den Staaten für ihre Gemeinschaft in Frieden errichtete Rechtsordnung nicht auf alle Gewalt verzichten. Wie diese Gewalt als gemeinsame konstituiert und der Verfügung der Rechtsinstanz unterstellt wird, ist das große Problem.
Zweitens: Die Überordnung des Rechtsgedankens verlangt damit den Verzicht auf absolute Souveränität. Das bedeutet die Anerkennung der Stimmenmajorität für die Gültigkeit der Beschlüsse eingesetzter Behörden und den Verzicht auf das Vetorecht. Statt dessen besteht aber die Möglichkeit, jede Entscheidung von Rechtsinstanzen nach einiger Zeit zur Nachprüfung, wiederholten Verhandlung und eventuellen Neuentscheidung zu bringen. Das Zustandekommen der überstaatlichen, von den Staaten einzusetzenden, mit so großer, bisher unerhörter Vollmacht ausgestatteten Behörden ist das zweite große Problem.
Drittens: Der eigentliche Akt des Friedensschlusses ist die Zulassung des uneingeschränkten Nachrichtenverkehrs, dann der freie geistige Kampf in der Öffentlichkeit, beides

ohne Unterwerfung unter eine Zensur. Zur Erreichung des Besseren ist eine weltweite Publizität erforderlich. Diese wäre ohne eine besondere Schwierigkeit zu erreichen.
Viertens: Die Staaten gehen auch in ihren inneren Verhältnissen einander an. Unrecht findet Verurteilung in der ganzen Welt. Die Wiedergutmachung innerstaatlichen Unrechts – zum Beispiel bei Verletzung der Menschenrechte – ist durch die überstaatlichen Rechtsinstanzen möglich.
Fünftens: Ungerechte, aus der Vergangenheit stammende politische Grenzen und Verträge sind revidierbar. Unterworfene Völker sind auf ihren Willen hin durch eine überstaatliche Instanz freizugeben. Freie und geheime Wahlen sind das Mittel der Erkundung des jeweiligen Volkswillens.

10. Die politischen und moralischen Erörterungen genügen nicht

Politisch wurde klar: Nur der Weltfriede schließt die Atombombe aus. Zu meinen, auf die Dauer Kriege führen zu können ohne Atombombe, aber mit Einschüchterung durch die Atombombe, ist ein Wahn.
Da aber der Weltfriedenszustand schwerlich allein auf politischem Wege verwirklicht werden kann, war der Gedanke unumgänglich: Der Mensch scheint verloren, wenn er nicht durch seine Freiheit eine Wandlung erfährt. Diese Umkehr aber kann nicht Gegenstand, sondern nur Voraussetzung einer neuen Politik sein.
[...] Unser Thema, die Atombombe, führt uns an diese Grenze durch die für das Gewissen unheimliche Frage: Ist die Tat des Menschen, wenn sie zur totalen Vernichtung der Menschen führen kann, absolut böse? Hat das Wagnis des Lebens eine Grenze? Ist schon *vor* einem Weltfriedenszustand und *vor* einer gegenseitigen Kontrolle der Atomenergieproduktion auf die Atombombe bedingungslos zu verzichten? Kann der Sinn der Entscheidung Einsteins, der in der Bedrohung der Welt durch den Hitlerischen Totalitarismus zur Herstellung der Atombombe riet, wiederkehren?

Kann, was damals im Grundsätzlichen noch ahnungslos geschah, in neuer, bewußter Gestalt zur Entscheidung kommen?

11. Eine mögliche Alternative

Diese Frage kann nicht mehr mit der Erörterung möglichen Geschehens, sondern nur mit dem Gewissen dessen, der die Tat vollzieht oder im entscheidenden Augenblick unterläßt, beantwortet werden. Es ist die Frage: Gibt es keine Situation, in der Menschen sich aus einem Willen, der weder aus einem politisch konstruktiven Sinn zu rechtfertigen noch moralisch zu begründen ist, zur Atombombe entschließen könnten?

Tatsächlich wird heute die Antwort nur allzu deutlich gegeben, nämlich, daß sie unter Umständen zur Wirkung kommen soll. Denn ihre Herstellung wird nicht bedingungslos, sondern nur unter der Bedingung gegenseitiger Kontrolle verworfen. Man würde sich aber täuschen in der Meinung, es handle sich um eine bloße Drohung und um das Gleichgewicht der Drohungen. Eine nicht ernst gemeinte Drohung ist keine Drohung.

Wollen wir diese tatsächliche Antwort uns zu eigen machen, wollen wir auch einseitig, auch ohne Kontrolle die Atombombe an sich verwerten, weil es sich nicht mehr nur um Krieg, sondern um die Menschheitsvernichtung handelt?

Bevor wir antworten, ist die politische Situation zu kennzeichnen. Im Schatten der Atombombe wächst die Gefahr, daß die Macht des Totalitären die Welt der Freiheit beraubt. Solange der Krieg mit Menschenmassen und alten Waffen, mit aller Technik, aber ohne Atombombe geführt würde, wären die Totalitären heute überlegen. In solchem Kriege würden daher die Ereignisse an einen Punkt führen, wo für die freien Staaten die Frage ist: Anwendung der Atombombe oder Hinnahme des Totalitarismus? Wagnis der Menschheitsvernichtung oder Preisgabe der Freiheit? [...]

Einmütig sind zwar alle: die Atombombe muß verschwinden. Nicht einmütig ist man, wenn diese selten erörterte

Frage gestellt wird: Was sollten wir tun, wenn es um Leben oder Tod der Freiheit geht? Die Atombombe, wenn einmal ihr Einsatz beginnt, würde durch die Masse der Abwürfe wahrscheinlich, wenn auch nicht sicher, alles Leben zerstören. Die Beraubung der Freiheit durch den Totalitarismus würde das Leben lebensunwert machen, wenn auch nicht sicher für alle Zeiten. Der Bedrohung allen Lebens durch die Atombombe stände gegenüber die Bedrohung aller Freiheit durch den Totalitarismus. Ein Augenblick ungeheuerlicher Entscheidung kann eintreten. [...]

12. Wo bleibt noch Vertrauen?

Hier an der Grenze ist wieder die Frage nach jenem Etwas, das der Grund von Politik und Moral ist, wenn beide gehaltvoll sind. Bleibt in der Unlösbarkeit der Frage für endliches Denken noch ein Vertrauen möglich, aus dem gehandelt wird? [...]

Sehen wir gar die Notwendigkeit eines unaufhaltsamen Treibens in den Abgrund? Solche Aspekte eines hoffnungslosen Hinabgleitens hat man uns längst gezeigt, ebenso die gegenteiligen einer großartigen, zu reicherem Leben führenden Aufwärtsentwicklung.

Ein vernünftiger Mensch weigert sich, solche Aspekte als notwendig anzuerkennen. Sie sind bedrohende oder beruhigende Entwürfe, die, statt uns in Fesseln schlagen zu dürfen, nur um so mehr den Anspruch zur Geltung bringen: auch an uns selbst liegt es noch, was aus uns wird, wenn wir auch nicht wissen können, wie unser Tun im Gang der Ereignisse im ganzen wirkt.

Der Anspruch richtet sich an unsere Vernunft, aber an die Vernunft in ihrem ganzen Umfang und ihrer Tiefe, die den guten Willen einschließt. Sie ist in der Welt das Einzige und Letzte, worauf wir uns gründen können.

Wir verbieten uns darum jede Weise eines uns von diesem entscheidenden Punkt ablenkenden Vertrauens:

Gibt es etwa ein begründetes Vertrauen auf technische Auswege aus dem technischen Unheil nach dem Satze, daß mit jeder Gefahr auch die Rettungsmittel wachsen? Etwa in der Phantasie eines Ausweichens in den Weltraum? Könnten wir Fuß fassen auf einem neuen Boden bewohnbarer Körper? Nein, diese Phantasien gehören zu dem Übermut des technischen Alleskönnens. Wenn solche Möglichkeit (extrem unwahrscheinlich) einmal wirklich werden sollte, dann liegt sie doch unendlich viel ferner als die Drohung möglicher Atomvernichtung.

Können wir etwa vertrauen auf spontane, von niemandem geahnte, uns magisch erscheinende Wendungen im Geschehen der Menschheit, des Erdlebens, des Alls? auf eine von der Transzendenz geschickte Rettung im Augenblick der Katastrophe? Nein, selbst wenn so etwas möglich wäre, kann es nicht als Erwartung zum Motiv unseres Handelns werden, ohne sogleich ein Wahn zu sein.

Hat es etwa Sinn, neue Propheten und Offenbarungen Gottes zu erwarten, die die sittliche Energie des Menschen auf eine höhere Ebene brächten? Nein, auch wenn ein solches Ereignis im abstrakten Denken nach Analogie möglich wäre, ist es uns doch unvorstellbar. Seine Scheinvorstellung ist gefährlich. Denn in der Erwartung von etwas Unbegreiflichem können wir nicht sinnvoll tätig sein. Diese Erwartung würde uns in einen selbstgemachten Trug bannen und uns versäumen lassen, was wir können.

Heute kommt es für die Abwehr des totalen Unheils allein auf unser reales Tun, auf unsere gegenwärtige Vernunft an. Denn verantwortlich handeln und planen können wir nur auf Grund des Gegebenen unter Führung vernünftiger Ideen. [...]

Vernunft lehrt uns: Es ist nicht mutig, Urteile über Ende und unausweichlichen Untergang zu fällen. Mutig ist es, im Wissen und Nichtwissen zu tun, was möglich ist, und die Hoffnung nicht aufzugeben, solange man lebt.

Es ist auch keine tapfere, sondern erstarrende Philosophie, dem vermeintlich erkannten Untergang unerschüttert zuzusehen, bis er einen begräbt. Tapfer ist, sich bis in den Grund

erschüttern zu lassen und zu erfahren, was in der Grenzsituation sich offenbart.
Es bleibt, die Herrlichkeit der Welt zu sehen und Menschen liebend verbunden zu sein, mit Gegenwärtigkeit, solange es vergönnt ist. Es bleibt: in welcher Liebe wir uns des Ursprungs und der Ewigkeit vergewissern. Auf diesem Grunde bleibt der Sinn: in unserer Welt aus der Vernunft zu leben, nicht nur aus dem endlichen Verstande, sondern aus der großen allaufschließenden Vernunft, und mit ihr unsere Gedanken, Impulse, Anstrengungen, beginnend beim eigenen alltäglichen Tun, auf die Überwindung der drohenden Endkatastrophe zu richten.
Dann, wenn wir, wenn jeder, wenn einige, nicht nur hier und da, sondern mit dem ganzen Leben zur Vernunft kommen, wenn diese Vernunft, zwischen mehreren einmal zündet, sich ausbreitet wie eine reinigende Flamme, dann erst dürfen wir auf die Überwindung der drohenden totalen Katastrophe hoffen.
Daß das utopisch Scheinende möglich ist, sagt uns ein Vertrauen, das nicht in dieser Welt gegründet ist, das aber auch nur dem geschenkt wird, der tut, was er kann.

Karl Jaspers: Die Atombombe und die Zukunft des Menschen. Ein Radiovortrag. München: Piper, 1957. S. 7–12 und 20–27. –

Göttinger Erklärung der 18 Atomwissenschaftler vom 12. April 1957:

Die Pläne einer atomaren Bewaffnung der Bundeswehr erfüllen die unterzeichneten Atomforscher mit tiefer Sorge. Einige von ihnen haben den zuständigen Bundesministern ihre Bedenken schon vor mehreren Monaten mitgeteilt. Heute ist die Debatte über diese Frage allgemein geworden. Die Unterzeichneten fühlen sich daher verpflichtet, öffentlich auf einige Tatsachen hinzuweisen, die alle Fachleute wissen, die aber der Öffentlichkeit noch nicht hinreichend bekannt zu sein scheinen.

1. *Taktische Atomwaffen haben die zerstörende Wirkung normaler Atombomben.* Als »taktisch« bezeichnet man sie, um auszudrücken, daß sie nicht nur gegen menschliche Siedlungen, sondern auch gegen Truppen im Erdkampf eingesetzt werden sollen. Jede einzelne taktische Atombombe oder -granate hat eine ähnliche Wirkung wie die erste Atombombe, die Hiroshima zerstört hat. Da die taktischen Atomwaffen heute in großer Zahl vorhanden sind, würde ihre zerstörende Wirkung im ganzen sehr viel größer sein. Als »klein« bezeichnet man diese Bomben nur im Vergleich zur Wirkung der inzwischen entwickelten »strategischen« Bomben, vor allem der Wasserstoffbomben.

2. *Für die Entwicklungsmöglichkeit der lebenausrottenden Wirkung der strategischen Atomwaffen ist keine natürliche Grenze bekannt.* Heute kann eine taktische Atombombe eine kleinere Stadt zerstören, eine Wasserstoffbombe aber einen Landstrich von der Größe des Ruhrgebiets zeitweilig unbewohnbar machen. Durch Verbreitung von Radioaktivität könnte man mit Wasserstoffbomben die Bevölkerung der Bundesrepublik wahrscheinlich heute schon ausrotten. Wir kennen keine technische Möglichkeit, große Bevölkerungsmengen vor dieser Gefahr sicher zu schützen.

Wir wissen, wie schwer es ist, aus diesen Tatsachen die politischen Konsequenzen zu ziehen. Uns als Nichtpolitikern wird man die Berechtigung dazu abstreiten wollen; unsere Tätigkeit, die der reinen Wissenschaft und ihrer Anwendung gilt und bei der wir viele junge Menschen unserem Gebiet zuführen, belädt uns aber mit einer Verantwortung für die möglichen Folgen dieser Tätigkeit. Deshalb können wir nicht zu allen politischen Fragen schweigen. Wir bekennen uns zur Freiheit, wie sie heute die westliche Welt gegen den Kommunismus vertritt. Wir leugnen nicht, daß die gegenseitige Angst vor den Wasserstoffbomben heute einen wesentlichen Beitrag zur Erhaltung des Friedens in der ganzen Welt und der Freiheit in einem Teil der Welt leistet.

Wir halten aber diese Art, den Frieden und die Freiheit zu sichern, auf die Dauer für unzuverlässig, und wir halten die Gefahr im Falle des Versagens für tödlich.
Wir fühlen keine Kompetenz, konkrete Vorschläge für die Politik der Großmächte zu machen. Für ein kleines Land wie die Bundesrepublik glauben wir, daß es sich heute noch am besten schützt und den Weltfrieden noch am ehesten fördert, wenn es ausdrücklich und freiwillig auf den Besitz von Atomwaffen jeder Art verzichtet. Jedenfalls wäre keiner der Unterzeichneten bereit, sich an der Herstellung, der Erprobung oder dem Einsatz von Atomwaffen in irgendeiner Weise zu beteiligen.
Gleichzeitig betonen wir, daß es äußerst wichtig ist, die friedliche Verwendung der Atomenergie mit allen Mitteln zu fördern, und wir wollen an dieser Aufgabe wie bisher mitwirken.

Fritz Bopp
Max Born
Rudolf Fleischmann
Walther Gerlach
Otto Hahn
Otto Haxel
Werner Heisenberg
Hans Kopfermann
Max v. Laue
Heinz Maier-Leibnitz
Josef Mattauch
Friedrich-Adolf Paneth
Wolfgang Paul
Wolfgang Riezler
Fritz Strassmann
Wilhelm Walcher
Carl Friedrich Frhr. v. Weizsäcker
Karl Wirtz

Carl Friedrich von Weizsäcker: Die Verantwortung der Wissenschaft im Atomzeitalter. Göttingen: Vandenhoeck & Ruprecht, 1957. S. 50–52.

1957 formulierte eine Kommission, die von der Evangelischen Studiengemeinschaft berufen wurde und zu der u. a. Helmut Gollwitzer, Karl Janssen, Richard Nürnberger, Klaus Ritter, Ulrich Scheuner, Wilhelm-Wolfgang Schütz und Carl Friedrich von Weizsäcker gehörten, 11 Thesen zur Stellung der Kirche gegenüber Atomwaffen:

These 1
Der Weltfriede wird zur Lebensbedingung des technischen Zeitalters. [...]

These 2
Der Christ muß von sich einen besonderen Beitrag zur Herstellung des Friedens verlangen. [...]

These 3
Der Krieg muß in einer andauernden und fortschreitenden Anstrengung abgeschafft werden. [...]

These 4
Die tätige Teilnahme an dieser Arbeit für den Frieden ist unsere einfachste und selbstverständlichste Pflicht. [...]

These 5
Der Weg zum Weltfrieden führt durch eine Zone der Gefährdung des Rechts und der Freiheit, denn die klassische Rechtfertigung des Krieges versagt. [...]

These 6
Wir müssen versuchen, die verschiedenen im Dilemma der Atomwaffen getroffenen Gewissensentscheidungen als komplementäres Handeln zu verstehen. [...]

These 7
Die Kirche muß den Waffenverzicht als eine christliche Handlungsweise anerkennen. [...]

These 8
Die Kirche muß die Beteiligung an dem Versuch, durch das Dasein von Atomwaffen einen Frieden in Freiheit zu sichern, als eine heute noch mögliche christliche Handlungsweise anerkennen. [...]

These 9
Für den Soldaten einer atomar bewaffneten Armee gilt: Wer A gesagt hat, muß damit rechnen, B sagen zu müssen; aber wehe den Leichtfertigen! [...]

These 10
Wenn die Kirche überhaupt zur großen Politik das Wort

nimmt, sollte sie den atomar gerüsteten Staaten die Notwendigkeit einer Friedensordnung nahebringen und den nicht atomar gerüsteten raten, diese Rüstung nicht anzustreben.
[...]
These 11
Nicht jeder muß dasselbe tun, aber jeder muß wissen, was er tut. [...]

Atomzeitalter, Krieg und Frieden. Hrsg. von Günter Howe. Witten/Berlin: Eckart-Verlag, 1959. S. 226–235.

ROBERT JUNGK, *Die Treue zur Menschheit. Sieben Thesen* (1959):

»Wir Europäer, aus deren Kontinent die Pioniere der Atomforschung hervorgegangen sind, wollen uns zu Grundsätzen unseres Handelns bekennen, die geeignet sein könnten, die heute noch ungezügelten neuen Kräfte des atomaren Zeitalters zu bändigen. Wir sind entschlossen, die drohenden Entwicklungen, die sich aus der auf immer neue Länder übergreifenden nuklearen Aufrüstung ergeben, rechtzeitig zu erkennen und, so weit es in unserer Macht steht, zu verhindern, daß diese Entwicklung andauere, denn wir hoffen auf eine heile Welt, aus der Furcht und Not verbannt sein werden.
Wir bekennen uns zu dem von Albert Schweitzer geprägten Grundsatz: *Ehrfurcht vor dem Leben*. Deshalb müssen wir die atomaren Massenvernichtungsmittel aller Kaliber, deren Einsatz nicht nur gegenwärtiges, sondern auch künftiges Leben unwiderruflich zerstören würde, als Instrument jeder Politik ablehnen, und zwar auch dann, wenn diese Politik moralisch oder rechtlich gerechtfertigt werden könnte.
Wir bekennen uns zu einer verstärkten *Information und Erziehung* der Öffentlichkeit in bezug auf alle Tatsachen und Probleme der sich immer rascher entwickelnden wissenschaftlich-technischen Revolution. Deshalb kämpfen wir gegen Geheimhaltung, Verschleierung und Verharmlosung

der Gefahren, die sich aus diesem neuen Stand der Dinge ergeben, befürworten aber ebensosehr eine nüchterne Überprüfung aller sich aus diesem Umschwung ergebenden Möglichkeiten einer materiellen Besserung der menschlichen Lebensbedingungen.

Wir bekennen uns zu der *erhöhten Verantwortung*, die jedem einzelnen von uns im Zeitalter der Technik mit ihren erhöhten Möglichkeiten der Machtausübung und der aus ihr rührenden immer engeren Verflechtung aller wirtschaftlichen Tätigkeit zufällt. Deshalb werden wir uns dem blinden Einsatz technischer Machtmittel ebenso entgegensetzen wie der zeitfremden Unterbindung friedlichen Wirtschaftstausches. Wir treten für allmählichen Rüstungsabbau bei gleichzeitigem Aufbau der Hilfe für notleidende Menschen aller Rassen ein.

Wir bekennen uns zur *geistigen und politischen Freiheit*, welche durch die von den atomaren Machtmitteln ausgehenden totalitären Wirkungen in ihrer innersten Substanz gefährdet wird. Deshalb lehnen wir es ab, Werkzeuge oder Opfer kleiner militärisch-politischer Expertenkommissionen zu werden, die unter Umgehung der demokratischen Volksvertretungen Entscheidungen über Leben und Tod fällen wollen. Wir treten für eine »offene Welt« (Niels Bohr) ein.

Wir bekennen uns zu dem in der freien Wissenschaft entwickelten Geist der *unbedingten selbstkritischen Wahrheitsliebe und Sachlichkeit*, denn durch sie sind die großen Leistungen der Forschung, die das Gesicht unserer Zeit prägen, erst möglich geworden. Deshalb werden wir besonders dann, wenn internationale Krisen ausbrechen, versuchen, durch Propaganda und Entstellungen hindurch zu den *Tatsachen* vorzudringen. Der Grundsatz der Wahrheitsliebe und Sachlichkeit muß uns in allen Auseinandersetzungen mit Freund oder Gegner Verpflichtung sein.

Wir bekennen uns zu den Kraftquellen der *Liebe und des Vertrauens* als unentbehrlicher Voraussetzung jeder Verbesserung der internationalen Beziehungen. Deshalb werden

wir über den Kampf gegen die Haß und Mißtrauen säenden Atomwaffen hinaus nach Verwirklichung dieser ethischen Gebote streben.
Wir bekennen, daß wir angesichts der Gefahr des atomaren Selbstmordes unserer Art die *Treue zur Menschheit* über die Treue zu einer Nation oder einer bestimmten ideologischen Gruppierung stellen müssen. Deshalb werden wir uns weigern, in irgendeiner Form an Aufgaben mitzuarbeiten, die von uns als menschheitsgefährdend erkannt worden sind, und zwar auch dann, wenn wir dadurch in Konflikt mit den hinter der Entwicklung zurückgebliebenen Gesetzen unseres Landes geraten sollten.«

Zit. nach: Vaterland, Muttersprache. Deutsche Schriftsteller und ihr Staat seit 1945. Berlin: Wagenbach, 1979. S. 154f. – Mit Genehmigung von Robert Jungk, Salzburg.

b. Naturwissenschaft, Technik und die Verantwortung des Menschen

Hans Lenk, *Technik und Verantwortung* (1982):

1
Macht und Wissen verpflichten – auch technologische (überpersönliche) Macht. Die Schaffung neuer Abhängigkeiten schafft eine neue moralische Verantwortung persönlicher und überpersönlicher Art. Eine ins Utopische gewachsene technologische Verfügungsmacht (im Blick auf Zeiträume und die Aktionsweite der Auswirkungen – samt deren manchmal unabsehbaren, unkontrollierbaren Nebenfolgen) führt heutzutage zu einer besonderen Zuspitzung der ethischen Problematik.

2
Diese technologische Verfügungsmacht erzeugt eine erweiterte Verantwortlichkeit: Über die traditionelle Verursacherverantwortung hinaus übernimmt der Mensch eine »sorgende« Heger- und Verhinderungsverantwortung.

3
Diese Verantwortlichkeit zielt nicht mehr nur auf das Wohl des Nächsten und auf ein humanes Überleben der Menschheit, sondern auch auf die Erhaltung und Hege der Natur (einschließlich ihrer ökologischen Systemfunktionsbedingungen) und auf die nichtmenschliche Mitkreatur (zum Beispiel Tierarten). Die Natur als Ganzes und in ihren Teilen ist moralischer Gegenstand geworden – wenigstens im Blickfeld der negativen Verfügungsmacht (Störungs- oder Zerstörungsfähigkeit) des Menschen.

4
Die erweiterte Verantwortlichkeit richtet sich besonders auch auf die Zukunft, auf die künftige Existenz der Menschheit, der nachfolgenden Generationen, beachtet ihr moralisches Recht auf ein menschenwürdiges Leben in einer zuträglichen Umwelt, aber auch auf die Zukunft der Natur (und Mitkreatur). Ein justitiables Recht der Nachgenerationen, der Mitkreaturen könnte entstehen.

5
Die Präventions- und Hegerverantwortlichkeit kann nicht nur einzelnen zugerechnet werden. Angesichts der Gefahren zusammenwirkender und kumulativer Effekte und technologischer Großprojekte (an denen Tausende einzelne beteiligt sind) ist Gemeinschaftsverantwortung von den kollektiv Handelnden und von allen über Eingriffsmöglichkeiten Verfügenden zu übernehmen: Teamverantwortung, Verantwortung der Gesamtgeneration sowie Spezialistenverantwortung.

6
Die Verantwortung der wissenschaftlichen und technischen Experten an strategischen Positionen ist Teil dieser Präventionsverantwortung (Man stelle sich vor, daß statt der Fluglotsen die Chemiker und Ingenieure streiken, die die Wasserversorgung überwachen!). An strategischer Schaltstelle wird die Präventionsverantwortung in negativer Weise auch individuell zurechenbar.

7

Die Verantwortung des Forschers in Wissenschaft und Technik unter Berücksichtigung der präventionsorientierten und hegerischen Verantwortung ist Gebot, wo immer schädliche Effekte vorausgeschätzt und abgewendet werden können – zum Beispiel bei direkt anwendungsorientierten technologischen Projekten. Eine persönliche Mitverursacherverantwortung ist fallweise gegeben. Eine allgemeine strikte Verursacherverantwortung der Wissenschaftler und Techniker kann angesichts der Ambivalenz und kollektiven Entstehung der Forschungsergebnisse (besonders in der Grundlagenforschung) nicht erhoben werden. Um so wichtiger ist die präventive Verantwortung. Die Unterscheidung zwischen dem »Entdecker«-Typ des reinen Wissenschaftlers und dem »Erfinder«-Techniker ist zur Groborientierung nützlich, aber ein idealtypisches Modell. Alle Mischungen kommen vor und ergeben gemischte Verantwortlichkeiten innerhalb der allgemeinen Vorsorgeverantwortung.

8

Wissenschaftler und Techniker, die Humanexperimente im Labor oder im Feld durchführen, unterstehen zusätzlich zur Spezialistenverantwortung auch der normalen zwischenmenschlichen Handlungsverantwortung für ihre Versuchspersonen (besonders in nichttherapeutischen Experimenten). Diese rechtliche Lage der Humanexperimente ist außer durch bloße Deklarationen des Weltärztebundes und psychologischer Gesellschaften noch weitgehend ungeklärt (Eser).

9

Der Mensch darf sicherlich nicht alles herstellen, was er technisch kann, nicht alles anwenden, was er herstellen kann. »Können impliziert Sollen« ist kein ethischer Imperativ – und darf auch kein unbeschränkter technologischer Imperativ sein. Andererseits ist die Innovativität des technologischen Menschen nicht über die Gebühr zu beschränken, zumal technologische Entwicklungen ambivalent sind, also auch positiv (menschen- und/oder naturfördernd) genutzt werden können, ja, müssen: Die Menschheit ist vom technischen Fortschritt abhängig geworden und könnte sich nur um den Preis von Katastrophen wieder von ihm befreien. Der Mensch von heute kann es sich nicht mehr leisten, den technischen Fortschritt stillzustellen (wie Marcuse vorschlug) oder ihn auch nur abschätzig zu bewerten und dadurch zu behindern. Das bedeutet freilich nicht, daß die Menschheit auf einen überzogenen industriellen Wachstumsfetischismus oder einen »technologischen Imperativ« angewiesen wäre, alles Machbare auch herzustellen beziehungsweise zu innovieren.

10
Was menschen- und kosmosfreundlich ist, wandelt sich im Laufe der Geschichte abhängig von Systembedingungen. (In Zeiten des Bevölkerungsmangels stellten sich zum Beispiel Fragen der Geburtenregelung ganz anders als in einer zunehmend von Wachstumsgrenzen und Rohstofferschöpfung wie Umweltverschmutzung geprägten Welt.) Das ethische Nachdenken muß also dynamisch und pragmatisch jeweils der historischen Situation Rechnung tragen – bei aller Konstanz der Grundimpulse auch die Aufgabe der weiteren Verfeinerung angesichts neuer technologischer Herausforderungen wahrnehmen.

11
Eine besondere Herausforderung dürfte die Tendenz zur Systemtechnokratie darstellen, in die alle Trends der Bürokratisierung, Rollensegmentierung, Funktionalisierung, Volltechnisierung, Automatisierung und Computerisierung zusammenlaufen. Die rechtliche und ethische Problematik des Datenschutzes hat uns schon einen Vorgeschmack davon vermittelt.

12
Angesichts der Entwicklungsdynamik, der Orientierungs- und Bewertungsschwierigkeiten können kaum ethische Generalrezepte über die konstanten Grundverantwortlich-

keiten für Menschheit, Mitmensch, künftige Generation, Natur und Kreatur hinaus gegeben werden. Daher ist die einzige Möglichkeit, sich den künftigen ethischen Herausforderungen gewachsen zu zeigen, die moralische Bewußtheit, wo überhaupt möglich, zu fördern – besonders auch in konkreten projekt- und berufsbezogenen Zusammenhängen. Die Entwicklung von Berufsethiken ist vordringlich – und die entsprechende Ausbildung: Kaum ein Medizinstudent nimmt vorerst noch an Kursen in medizinischer Ethik teil. Techniker und Forscher werden, soweit ich sehe, überhaupt noch nicht auf die ethischen Probleme ihrer Disziplinen – weder im allgemeinen Zusammenhang (Studium generale) noch in projektnaher Konkretisierung hingewiesen. Ethik sollte nicht nur als Schulfach (und Religionsunterrichtsersatz) gefordert und gefördert werden, sondern besonders auch als berufsethische Bewußtmachungs- und moralische »Wächterdisziplin«. Wir werden den technischen Fortschritt in der Tat nur dann moralisch zähmen können, wenn wir nicht in vordergründiger Pragmatik moralische Vogel-Strauß-Politik betreiben und blind den moralischen Kopf in den Treibsand scheinbarer technologischer Eigendynamik stecken.

Deutsche Universitäts-Zeitung 38 (1982) H. 2. S. 16 f. – Mit Genehmigung von Hans Lenk, Waldbronn.

Carl Friedrich von Weizsäcker über den moralischen Auftrag der Physiker, die Atomwaffen und den Krieg (1982):

»Ich muß versuchen zu sagen, wie ich auf die Atomwaffe reagiert habe. Ich war an den deutschen Arbeiten hierüber beteiligt, und schon im März 1939, ein halbes Jahr vor Beginn dieser Arbeiten, hatte ich ein langes, erschütterndes Gespräch mit Georg Picht über die mutmaßlichen politischen Folgen der Hahnschen Entdeckung. Die moralische Last fiel vorübergehend von uns ab, als wir erkannten, daß wir in den wenigen Jahren des Zweiten Weltkriegs keine Bombe machen konnten, und vermuteten, niemand in der Welt könne es. [...]

Manche von uns Physikern haben damals alsbald eine viel radikalere Konsequenz gezogen: Die Institution des Krieges müsse nunmehr eliminiert werden. Das war einigermaßen leicht zu denken, solange man naiv im amerikanischen Idyll lebte oder in das ideologische Idyll marxistischer Zukunftshoffnungen floh. Wie aber, wenn man sieht, daß Amerika seine Unschuld längst verloren hat, und daß jeder Versuch, den Marxismus zu realisieren, zu schrecklicheren Machtsystemen geführt hat als zuvor?

Mich hat dieser Gedanke zutiefst verunsichert. Vielleicht ist eben diese Verunsicherung der Ursprung alles dessen, was ich über Politik und Gesellschaft möglicherweise verstanden habe. Ich versuche das in vier Schritten anzudeuten: die Notwendigkeit der Abschaffung des Kriegs, die Unmöglichkeit der Abschaffung des Kriegs, der moralische Wandel und die pragmatische Politik.

Der Notwendigkeit der Abschaffung des Kriegs kann ich auf keine Weise ausweichen. In der Friedenspreisrede in der Paulskirche 1963 habe ich gesagt: Der Weltfriede ist Lebensbedingung des technischen Zeitalters. Er muß gewollt und politisch gesichert werden; er stabilisiert sich nicht technisch von selbst. Die Ära begrenzter Kriege, in der wir heute noch leben, ist der Verzicht auf den Einsatz der Atomwaffe, um die Institution des Kriegs zu retten. Aber die technische Entwicklung geht unablässig weiter. Man entwickelt Atomwaffen zu begrenztem Einsatz. Die Hoffnung, zu garantieren, daß sie nie eingesetzt werden, ist Träumerei. Auch werden andere, biologische, chemische Waffen von vergleichbarer Potenz entwickelt. Dem radikalen Wandel der Lebensweise und des Bewußtseins, den die Naturwissenschaft gebracht hat, muß ein ebenso radikaler Wandel der politischen Institutionen und des politischen Bewußtseins folgen; anders können wir nicht überleben.

Die Unmöglichkeit der Abschaffung des Kriegs ist unsere

tägliche Erfahrung. Es ist notwendig, darüber nachzudenken, warum das so ist. Unsere sämtlichen politischen Institutionen sind der Existenz der *Ultima ratio* des Kriegs angepaßt; das ändert sich nicht durch Appelle an den guten Willen oder an die Vernunft. Macht als Motiv ist unausweichlich, gerade weil sie sich selbst fast immer defensiv begründet. Man hat freilich in der Vergangenheit lokale bewaffnete Konflikte (von Burg zu Burg, von Stadt zu Stadt) überwinden gelernt durch die doppelte Erfindung der Artillerie und des Territorialstaats. Aber diese Analogie würde besagen, daß die Institutionen des Kriegs erst durch einen letzten Weltkrieg eliminiert würde. Dies ist in der Tat heute das Wahrscheinliche.

Der moralische Wandel ist darum unerläßlich. Selbst wenn der Weltfriede durch politische Macht stabilisiert würde, hätte er alle Wahrscheinlichkeit, eine unerträgliche Tyrannei zu werden. Es ist unmöglich, den intellektuellen und technischen Bewußtseinswandel der Neuzeit ohne einen ebenso radikalen moralischen Bewußtseinswandel zu überleben. Der Weg, auf dem wir heute dahin geführt werden, ist das Leiden. Wer die Gefahren voraussieht wie Kennan, dem geschieht das Leiden durch die Erkenntnis.«

Carl Friedrich von Weizsäcker: Wege zu unserer aller Rettung. Abschaffung der Atomwaffen genügt nicht: Erfahrungen, Erkenntnisse, Entwürfe des Friedensnobelpreisträgers George Kennan. In: Die Zeit. 15. Oktober 1982. – Mit Genehmigung von Carl Friedrich von Weizsäcker, Starnberg.

»Ihre Unterschriftenaktion kann ich leider nicht unterstützen« – Ein Briefwechsel unter Physikern über einen Aufruf gegen jede Atombewaffnung (1983):

Physiker haben einen Aufruf verfaßt, der ein Abkommen über ein Verbot von Entwicklung, Tests, Produktion und Aufstellung nuklearer Waffen und der entsprechenden Trägersysteme fordert. Weiter plädieren sie – im Anschluß an einen Gedanken der amerikanischen Friedensbewegung –

für das »Einfrieren« (Freeze) der derzeit vorhandenen nuklearen Waffenbestände in Ost und West. Die »American Physical Society« und die »Deutsche physikalische Gesellschaft« unterstützen diese Aktion.
Der Aufruf ist inzwischen von 8000 Physikern in aller Welt, darunter auch mehr als 300 aus der Bundesrepublik Deutschland, unterschrieben worden. Es wurde aber auch Widerspruch dagegen laut. [. . .]

Lieber Herr Schilling,

Ihre Unterschriftsaktion kann ich leider nicht unterstützen, ja nicht einmal billigen. Natürlich muß jeder Mensch, der klar im Kopfe ist, für Frieden sein und einen Nuklearkrieg fürchten. Aber die möglichen Wege zum Frieden sind doch wohl komplex und nicht mit einfachen »Allheilmitteln« (»immediate freeze«) zu erreichen.
Am meisten mißbillige ich den Versuch von Wissenschaftlern, das Ansehen, welches Wissenschaft immer noch hat, zugunsten politischer Ansichten in die Waagschale zu werfen. Ich halte es einfach für anmaßend zu glauben, daß jemand tiefere und bessere Einsichten als andere Mitbürger in die Komplexität politischer, militärischer und waffentechnologischer Sachverhalte habe, nur weil er ein guter Physiker ist. [. . .] Es bleibt aber die Tatsache, daß in der Öffentlichkeit unweigerlich das politische Argument mit dem wissenschaftlichen Gewicht der Unterzeichner gewogen wird und gewogen werden soll. Das halte ich für unredlich und für wissenschaftsschädigend. Das heißt nicht, daß ich nicht jedem Kollegen das Recht zubilligen würde, als Bürger, zusammen mit Postbeamten, Bäckermeistern, Hausfrauen und Rentnern, einen politischen Aufruf zu unterzeichnen. [. . .] Aber als Wissenschaftler müssen Sie damit rechnen, daß andere Wissenschaftler mit ebenso guten (oder besseren) Gründen andere Meinungen vertreten, daß diese Kollegen mit dem gleichen guten (oder schlechten) Rat ihr Berufsprestige in die Waagschale werfen werden, und daß dadurch das Ansehen und die Glaubwürdigkeit der Wissenschaft und

ihrer Repräsentanten weiter in der Öffentlichkeit geschädigt werden.

Ich bin ferner recht sicher, daß dieser Aufruf die ausdrückliche Billigung der Regierungen der UdSSR, der DDR, Bulgariens, Rumäniens und anderer Ostblockländer hat. Die Unterzeichner aus diesen Ländern sind nicht als Dissidenten bekannt, einige, wie Bogoliubov, dagegen als ausgesprochen linientreu. Es ist wenig wahrscheinlich, daß es sich um Kollegen handelt, die so unvernünftig wären, wegen dieses Aufrufs ihre berufliche und möglicherweise persönliche Existenz zu gefährden. Daraus schließe ich, daß diese Kollegen, denen ich durchaus integre Motive unterstelle, mit ausdrücklicher Billigung ihrer Regierungen handeln. Wenn das so ist, dann ist der Schluß zwingend, daß der Aufruf diesen Regierungen willkommen ist, um ein zur Zeit vorhandenes nukleares Übergewicht des Ostblocks zu zementieren. Ich gehe sogar so weit, diese Unterschriften als Indiz dafür zu nehmen, daß dieses von der Regierung der USA behauptete Übergewicht tatsächlich vorhanden sein könnte. [...] Aus diesen und vielen anderen Detailgründen, die aufzuzählen hier zu weit führen würde, muß ich den Aufruf ablehnen.

Mit freundlichen Grüßen
G. Eilenberger

Lieber Herr Eilenberger,

Ich danke Ihnen sehr für Ihren kritischen Brief. Ich glaube, man muß »die Wissenschaft« von denen trennen, die sie ausüben. Wir haben unseren Aufruf nicht als wissenschaftliches Ergebnis aufgeputzt, wir haben aber – so glauben wir – als Physiker mehr Einsicht in die Gefahr, auch im Detail, als Ihr Bäckermeister. Wir haben auch eine historische Schuld: Physiker, nicht Bäckermeister, haben die ersten Kernwaffen gebaut und ihren Einsatz gewünscht (Teller), gebilligt oder einfach hingenommen; und ungezählte Physiker arbeiten auch heute an der Vervollkommnung dieser und anderer Waffen; wie sie damit vor ihrem Gewissen fertig werden, ist ihre Sache, und den meisten würde ich ein bei aller Reflexion gutes Gewissen glauben. Wieweit bewußte Reflexion durch verdrängte Wünsche gesteuert wird, wieweit in sie Elemente der persönlichen Situation (Job-Sicherheit und Familie, politische Überzeugung, eventuell gar politischer Zwang, die »Andern« ...) eingehen, ist unmöglich zu analysieren: sie alle aber haben als Physiker nicht einen Aufruf veröffentlicht, sondern einen Entschluß gefaßt (und ihn ausgeführt!), dessen Bedeutung unvergleichlich größer ist als die unserer Aktion. Dieser historischen Schuld fühlten wir uns als Physiker ausgesetzt; darum haben wir als Physiker Recht und Pflicht zu warnen. [...]

Wir wissen in der Tat mehr als Ihr Bäckermeister. Wir kennen die Tücken vieldimensionaler nichtlinearer Differentialgleichungssysteme und wissen, daß infinitesimal benachbarte Lösungen nach endlicher Zeit endlich weit auseinander gelaufen sein können – da hilft die Detailkenntnis nichts. Wir wissen, daß in der Mehrzahl der Fälle Voraussagen überhaupt unmöglich sind und daß es unter diesen Umständen weiser ist, nicht an den Parametern eines potentiell gefährlichen, bisher aber nicht explodierten Systems herumzuspielen: jede weitere Aufrüstung ist ein Spiel mit Parametern in einem System, in dem Voraussagen nicht möglich sind – darum sagen wir: Hände weg! Wir können zwar auch nicht garantieren, daß dieses komplexe System stabil bleibt, wenn wir die Parameter nicht ändern, aber das ist immer noch besser als alles andere. [...]

Wir Physiker wissen mehr; wenn wir diese Dinge kennen, müssen wir die, die sie nicht kennen, warnen. Damit machen wir die einzige Aussage über ein komplexes System, die trivialerweise richtig ist: nämlich daß, da Vorhersagen nicht möglich sind, man das bisher stabil gebliebene System in Ruhe lassen soll. Bei dieser Aussage müssen wir weder auf das Prestige des Naturwissenschaftlers verzichten noch uns Irreführung der Öffentlichkeit vorwerfen lassen! [...] Wir haben lange darüber diskutiert und schließlich gesagt: Es muß etwas geschehen, um den Teufelskreis zu unterbrechen; es geht nicht um politische Vor- und Nachteile, es geht darum, die Katastrophe zu verhindern – sagen wir: zu verzögern. Der jetzige Rüstungswettlauf ist Symptom eines neurotischen Verhaltens, ein Teufelskreis von Angst, Aggressivität, Sicherheitsstreben etc. Natürlich hat jeder Neurotiker logische Gründe für seine Handlungen und weist jede Einmischung zurück. Natürlich weiß er, daß er krank ist und leidet. Will man ihm helfen, muß man gegen seine unerbittliche Logik kämpfen, und das kann Erfolg haben oder nicht. Hier heißt diese unerbittliche Logik so: Jeder glaubt nur dann ein Gleichgewicht erreicht zu haben, wenn er in Wirklichkeit das Gleichgewicht bereits zu seinen Gunsten überschritten hat, was ihm der andere bereits bestätigt, lange bevor es soweit ist – und jeder ist überzeugt, recht zu haben. Das muß zur Katastrophe führen und darum unser Aufruf.

Freundlichen Gruß
R. Hagedorn

Lieber Herr Hagedorn,

herzlichen Dank für Ihren langen und spontanen Brief. [...]
Ich meine, Ihre Position – und die Ihrer Mitstreiter – läßt sich nur aufrechterhalten, wenn Sie der Meinung sind, die Anwendung von (und damit auch die Drohung mit, die Konstruktion und das Ausdenken von) atomaren Waffen sei unter absolut allen denkbaren Umständen verwerflich. Dies wäre allerdings ein moralischer Rigorismus, wie ich ihn bisher nur bei Sektierern angetroffen habe. (Sie wissen, daß Einstein, an sich ein überzeugter Pazifist, sich Umstände vorstellen konnte, unter denen er die Anwendung atomarer Waffen gutgeheißen hätte, und ich meine, von seiner Warte aus hatte er durchaus recht.) [...] Diese Position beinhaltet aber in letzter Konsequenz die Unterwerfung unter jeden politischen Gegner, der pragmatischer denkt und handelt. Sowie Sie auch nur infinitesimale Wenns und Abers zulas-

sen, wird alles zu einer Frage der Modalitäten, und ich möchte eben bestreiten, daß ein Physiker als Physiker zu diesen Modalitäten mehr sagen kann als irgendein anderer informierter Bürger – es handelt sich um politische und strategische Modalitäten, nicht um physikalische.
Ihr Hinweis auf die nichtlineare Systemanalyse ist interessant und wichtig; ich versuche auch, die Welt unter diesem Gesichtspunkt zu betrachten. Ihre Schlußfolgerungen wären aber wissenschaftlich nur haltbar, wenn Sie nachweisen oder hinreichend plausibel machen könnten, daß wir uns mit dem gegenwärtigen Zustand in einem stabilen Gleichgewichtspunkt befänden oder doch wenigstens durch eine unüberschreitbare Grenzlinie von dem Punkt der atomaren Katastrophe getrennt wären. Dafür sehe ich keinen plausiblen Grund. Gerade die Unvorhersehbarkeit nichtlinearer Entwicklungen gestattet uns nicht, wissenschaftliche Aussagen darüber zu machen, welche Richtungsänderung zu welchen künftigen Zuständen führen wird; dies bleibt der Spekulation (oder dem gesunden Menschenverstand) vorbehalten. Insofern gibt die nichtlineare Dynamik absolut nichts her, was als Argument für eine Sonderrolle des Naturwissenschaftlers in der Rüstungsdiskussion dienen könnte.

Mit besten Grüßen
G. Eilenberger

Frankfurter Allgemeine Zeitung. 19. Oktober 1983. – Mit Genehmigung von Gert Eilenberger, Jülich, und Rolf Hagedorn, St.-Genis-Pouilly.

Walter Jens, *Wo bleibt der Codex?* (1984):

»Aufarbeitung der Geschichte ihrer Disziplin, mitsamt deren Dialektik: Das wäre, im Zeichen der drohenden Katastrophe, die erste Aufgabe der Naturwissenschaftler, wobei es wohlgemerkt um Trauerarbeit, nicht aber um Schuldzuweisungen ginge. Und dann das zweite: Der historischen Analyse hätte, zum Heute gewendet, die wissenschaftstheoretische Besinnung auf die Verantwortung der Physiker,

Biologen, Mediziner in einem Augenblick zu folgen, da sie ihre Unschuld – sprich: zeitenthobene Neutralität – ein für allemal verloren haben. Abermals wäre ein Disput zu inszenieren – ein Streitgespräch zwischen Edward Teller, beispielsweise, und James Franck.

Teller: ›Der Wissenschaftler ist für die Gesetze der Natur nicht verantwortlich. Seine Aufgabe ist es lediglich herauszufinden, in welcher Weise diese Gesetze funktionieren. Die Aufgabe des Wissenschaftlers besteht darin, Wege zu suchen, diese Gesetze dem menschlichen Willen untertan zu machen. Es ist hingegen nicht die Aufgabe des Wissenschaftlers zu entscheiden, ob Bomben gebaut, ob sie angewandt oder wie sie angewandt werden.‹

Gegenrede James Francks und seines Teams: ›In der Vergangenheit konnten die Wissenschaftler jede unmittelbare Verantwortung für den Gebrauch, den die Menschheit von ihren uneigennützigen Entdeckungen machte, ablehnen. Jetzt aber sind wir gezwungen, einen aktiven Standpunkt einzunehmen, weil die Erfolge, die wir auf dem Gebiet der Kernenergie errungen haben, mit unendlich viel größeren Gefahren verbunden sind als bei allen Erfindungen der Vergangenheit.‹

Hier Edward Teller, dort James Franck: Die Entscheidung, wer von beiden Recht und Moralität auf seiner Seite hat, scheint einfach zu sein – ist es aber offenbar in Wahrheit nicht: Wie anders wäre es sonst zu erklären, daß die Mehrzahl der Wissenschaftler auch heute noch zwar wie Franck *redet*, aber wie Teller *handelt*? Wo, fragen wir, liegen die Gründe der Schizophrenie, die Naturforscher veranlaßt, den Mächtigen die Verwertung ihrer Forschungen zu überlassen, obwohl sie doch zum ersten wissen, daß die Entscheidungsbefugten – man denke an die Verhöhnung der Physiker durch General Groves beim Bombenabwurf auf Nagasaki – nicht daran denken, die Skrupel der Forscher auch nur in Erwägung zu ziehen, obwohl sie, zum zweiten, anders als ihre Vorgänger, sehr wohl eine Ahnung haben, ›zu welchen Greueln gegen die Menschheit‹, mit Brecht zu reden, ›die

Meisterung der Natur führen mag‹, obwohl sie zum dritten durch die Geschichte belehrt sein müßten, daß gerade die barbarischsten Mächte sich mit Vorliebe der scheinbar unpolitischen Wissenschaftler bedienen, um ihre Ziele in die Tat umzusetzen, und obwohl sie, viertens und letztens, zumindest heute erkennen müßten, in welchem Ausmaß sich anno 1984 auch die vermeintliche freie Grundlagenforschung von Forderungen der Rüstungs-Lobbys und Militär-Bürokratien akzentuiert sieht.

Obwohl, obwohl, obwohl! Und warum das alles? Warum diese unermüdliche Schuldanhäufung der *Wissenschaft* trotz der Kenntnis, des Problembewußtseins und der hohen Moral Tausender von *Wissenschaftlern?* Warum, ungeachtet aller Einsicht in die Ambivalenz noch der humansten: weil scheinbar (aber eben nur *scheinbar!*) nicht korrumpierbaren Forschung, der Verzicht auf allgemeine Verweigerung kriegsfördernder Betätigung? Warum, weltweit die Scheu, dort Widerstand zu leisten, wo mit der Vernichtung des anderen längst schon der eigene Untergang droht? Warum das geheime Komplizentum mit einer offen auf Eliminierung des Gegners abzielenden Macht von seiten der Wissenschaftler, die, wiewohl aufgeklärt seit langem, dabei sind, in letzter Konsequenz nicht nur den Mord, sondern auch den Suizid zu befördern?

Die Antwort muß lauten: Diese Schizophrenie grassiert, weil zwar einzelne Wissenschaftler, nicht aber die Wissenschaft über einen verbindlichen Moral-Kodex im Sinne des hippokratischen Eides für die Ärzte verfügt, sich also nicht in der Lage sieht, die spätestens durch den potentiellen Holocaust unabdingbar gewordene Kongruenz von Ethik und Wissenschaft mit den ihr eigenen Mitteln: szientifisch also zu analysieren ... und eben dies ist die *conditio sine qua non* umfassender Verweigerung: der Résistance einer Wissenschaft, die ihr Ziel, *die Mühsal der menschlichen Existenz zu erleichtern*, durch Botmäßigkeit gegenüber der Militärindustrie ins Gegenteil verkehrt sieht und deshalb danach trachten sollte, Verantwortungsethik – im Sinne eines

Bedenkens der Folgen – und Gesinnungsethik vereinend, endlich jene Postulate zu erfüllen, die der Philosoph und Theologe Kurt Weisshaupt in einem Essay ›Von der Verantwortungslosigkeit des Wissenschaftlers‹ bereits vor zehn Jahren aufgestellt hat: ›In den Wissenschaften muß von der individuellen und subjektiven zur intersubjektiven und *wissenschaftlichen* Rechtfertigungsstrategie vorangeschritten werden. Eine jede Wissenschaft selbst hat Wissenschaftsethik auszubilden als jenen Forschungskomplex, welcher Entscheidungsprozesse und Verantwortlichkeit auf allen Ebenen der Wissenschaft und gegenüber der sozialen Lebenswelt konkretisiert.‹

Herausbildung einer wissenschaftlichen Ethik als verbindlicher und konsensfähiger Gesellschaftsmoral im Sinne des hippokratischen Eides ist unabdingbar, wo es in später, aber noch nicht letzter Stunde darum geht, die Arbeitsteilung in Beruf und Privatheit, in die wertfreie, von keinem *et respice finem* geprägte Welt der Tätigkeiten und den Raum schöner Enthobenheit, wo das Gewissen getrost seine rigiden Forderungen anmelden darf, endlich zu überwinden und damit einem Zustand ein Ende zu machen, von dem einer, der sich auf Schizophrenien verstand, Karl Jaspers, gesagt hat: ›Wo die eine‹, die Berufsarbeit, ›sich vollzieht‹, so der Traktat ›Die Atombombe und die Zukunft des Menschen‹, ›schweigt das andere‹, das Gewissen. ›Wo die eine sich vollzieht, schweigt das andere. Für die Befehlsausführung im Beruf weiß sich der Ausführende nicht verantwortlich. An das Endziel wird nicht gedacht, denn es ist nicht die eigene Sache. Wenn dies Ganze ein Verbrechen ist, so hat nicht er es befohlen.‹

Überwindung der Diskrepanz von Wissenschaft und Ethik im Rahmen nüchterner Selbstreflexionen auf die Konsequenzen des eigenen Tuns, die kleinen Vergröberungen und die großen Perversionen: Das bedeutet, dazu beizutragen, die Verpflichtung, der Erhellung des *verum* zu dienen, durch das Selbst-Gebot zu ergänzen, das da besagt: Es ist nicht Aufgabe der Wissenschaft, sondern ein Verstoß gegen ihre Aufgabe, das Humanitäts-Potential zu vergrößern, wenn das *verum* zum Fetisch wird, weil sein Korrelat, das *bonum*, den Blicken entschwindet.«

Die Zeit. 11. Mai 1984. – Mit Genehmigung von Walter Jens, Tübingen.

WOLF LEPENIES, *Die Wissenschaft und die Angst. Über die Wiederkehr der Furcht im technischen Zeitalter* (1987):

»Wenn man, wie es in der Regel geschieht, Angst und Furcht durch das Fehlen oder das Vorhandensein eines konkreten, angst- oder furchterregenden Objektes auseinanderhalten will, so kann man heute von einer ›Renaissance der Furcht‹ sprechen: der Furcht beispielsweise vor der Übersättigung der Umwelt ›mit einer Vielfalt toxischer Chemikalien und, vielleicht noch ärger, der Furcht vor der erstmaligen Strahlenbelastung großer Teile der Erde.‹ Erwin Chargaff, der aus Wien stammende, von Karl Kraus beeindruckte amerikanische Biochemiker, sieht das Ende der Menschheit durch das von ihr produzierte ›Überwissen‹ kommen: ›Wer jetzt den Naturwissenschaften gegenübersteht, ohne von ihnen leben zu müssen, kann sich des Eindrucks kaum erwehren, daß er von ihnen stirbt.‹ Dies sagt ein Wissenschaftler, der selbst entscheidende Vorarbeiten zur Aufdeckung jener Mechanismen der Vererbung geleistet hat, die die Menschen heute zu unvorstellbaren genetischen Manipulationen befähigen. Atomspaltung und Chemie der Vererbung gehören zu den Furchterregern unserer Zeit.

Es ist deutlich, daß vom gegenwärtig herrschenden Zivilisationspessimismus Wissenschaft und Technik am stärksten betroffen sind. Die Vertrauenskrise, in der die Wissenschaften und die Technik sich heute befinden, hat ihren Grund auch darin, daß ihre Fähigkeit, Probleme zu lösen, schwächer zu werden scheint; noch folgenreicher aber ist der Verdacht, daß Wissenschaft und Technik, diese Zauberlehrlinge der Moderne, einen großen Teil der Probleme selbst hervorgebracht haben, deren sie nun nicht mehr Herr werden. Die Katastrophe von Tschernobyl hat diese Vertrauenskrise verschärft – verschärft, weil die Wissenschaft sich als unfähig erwies, auf drängende Fragen präzise Antworten zu geben, und Politik und Administration, abhängig vom Sachverstand der miteinander zerstrittenen Experten, zu einem wirksamen Krisenmanagement nicht in der Lage waren.

Wissenschaft und Technik traten ihren Siegeszug an, als sie sich gegenüber Magie und Religion als wirkungsvollere, schließlich konkurrenzlose Mechanismen der Angstbewältigung durchsetzten. Sie nährten damit die Illusion, in der Wissenschaft könne die Angst neutralisiert werden. In einem tiefen Sinne wurden die Wissenschaften dadurch ›unmenschlich‹, weil sie einen entscheidenden Wesenszug des Menschen, seine Angst und seine Angstfähigkeit, verleugneten. Als untadelig galten die Wissenschaften, weil sie ohne Furcht waren.

Unproblematisch blieb diese Selbsttäuschung so lange, als Wissenschaft und Technik fortfuhren, ihre spektakulären Fortschritte in der Erkenntnis der äußeren Natur und im Abbau äußerer Ängste zu machen. Dieser Fortschritt aber ist nun zu einem Stillstand gekommen: Gentechnologie und Atomspaltung haben Folgen gezeitigt, die keine Ängste mehr abbauen, sondern Ängste hervorbringen, die Furcht vor der irreparablen Vergiftung unserer Umwelt und der Zerstörung unserer Lebenswelt. ›Die Grenzen des Wachstums‹, wie der zum Schlagwort gewordene Titel einer Schlüsselpublikation des Club of Rome lautete, bezeichnen auch die Grenzen unseres Vertrauens in die angstreduzierende Kraft der Wissenschaft. Technik und Wissenschaft werden, wenn die Errungenschaften des Zivilisationsprozesses auch nur bewahrt werden sollen, schleunigst damit beginnen müssen, wieder das Fürchten zu lernen.

Wissensdefizite und die politische Unfähigkeit zur Krisenbewältigung aber sind lediglich Oberflächenprobleme. Das offenkundig gewordene Unvermögen der Wissenschaft und einer wissenschaftlich angeleiteten Politik, auch nur mit der Fernkatastrophe fertig zu werden, hat seine Ursache auch in der Unfähigkeit der Wissenschaft, auf angsterregende Phänomene angemessen zu reagieren.«

Frankfurter Allgemeine Zeitung. 1. August 1987. –
Mit Genehmigung von Wolf Lepenies, Berlin.

HANS BLUMENBERG, *Wissensüberdruß* (1987):

»Das große Rätsel des ausgehenden Jahrtausends ist und wird vielleicht bleiben der wachsende Überdruß an der Wissenschaft. Wie bei anderen Stimmungs- und Wertungswechseln auch, gibt sich das Unbehagen eine Bestimmtheit, die es nicht hat. Es benennt Täter und Taten, Zeugnisse und Zeugen, Fakten und Faktoren eines Unheils, das von der Wissenschaft gekommen sein soll oder noch kommen wird und in der Zerstörung der Welt, dem Untergang der Menschheit, der Verwüstung der Natur zu kulminieren droht. Es ist eine Zumutung an sich selbst, von Übertreibung zu sprechen; jeder Bruchteil dessen, was da pauschaliert wird, wäre schon Unheil genug.

Stutzig macht doch, daß dieselbe Wissenschaft, die der Menschheit den Untergang vorbereiten soll, ihr in demselben Augenblick die Explosion ihrer Fruchtbarkeit ermöglicht hat, die auch ohne alle großen Waffen zum Dauerkonflikt ums Überleben mit Knüppeln und Steinen führen könnte. Diese Explosion beruht auf Wohltaten, die der Wissenschaft nachträglich anzulasten und zu verbieten niemand offen wagt: Wo und nach welcher Auswahl hätte man sterben lassen sollen, indem man den erkannten Rettungsmöglichkeiten – für Mütter und Säuglinge, bei zahllosen Krankheiten und Seuchen, bei der erstaunlichsten Steigerung der Erzeugung von Nahrung – aus der bloßen Kompetenz des Wissens durch Verweigerung seiner Preisgabe Einhalt geboten hätte? Die Menschheit könnte kleiner sein als sie ist, weniger bedroht von sich selbst und dem elementaren Konflikt, der nicht nur die Großwaffenmächte betrifft, sondern jeden überall, der noch etwas hat, was der nächste Vorübergehende braucht oder zu brauchen glaubt.

Im 14. Jahrhundert wäre die Menschheit durch die Woge der Pest, die vom östlichen Asien bis ins westliche Europa sich fortfraß, beinahe ausgestorben – beinahe nur, denn wohl mehr als die Hälfte der Bewohner der damals bekannten Welt überlebte. Die Wahrscheinlichkeit der Wiederholung unter Bedingungen der Wissenschaft ist gering, und dies wird quantitativ nicht aufgewogen durch den Overkill der Waffenarsenale.

Aber die Wissenschaft kann weder mit jener Schutzleistung verteidigt noch mit dieser Drohung verurteilt werden. Auch der Mittelweg, ihre Erfolge genauer zu planen, ihre Mißerfolge geplanter zu vermeiden, wird sie eher lähmen als motivieren, selbst im günstigsten Fall den Verdacht nicht beseitigen, sie könnte jederzeit und überall, was sie aus gerade waltender Einsicht oder unter dem Zwang von Gesetzen faktisch im gegebenen Augenblick nicht täte. Etwas flapsig ausgedrückt, würde das so aussehen: Der *know how* ließe sich nicht aus der Welt schaffen. Ich will es drastischer ausdrücken: Ein gewaltiger Schwarzer Weltmarkt in allem, was es auf diese Weise offen nicht gäbe, würde das neue Problem der Menschheit, mit allen bekannten Neben- und Folgeerscheinungen dieses Phänomens.

Die Argumentation in dieser Richtung hat hier nur die Absicht, die Unwahrscheinlichkeit hervortreten zu lassen, daß der Verdruß an der Wissenschaft etwas mit den akuten Drohungen zu tun haben könnte, die über der Welt stehen und, wie nicht bezweifelt werden kann, ohne die Wissenschaft jedenfalls anders aussähen, ohne deswegen schon von anderer Dimension zu sein. Im Grunde ist erstaunlicher, wie in den ausgetragenen Manifestationen dieses Verdrusses *nicht* argumentiert wird, als wie tatsächlich die Positionen dieser Auseinandersetzung sich formiert und formuliert haben.

Wahrheit als Ziel höchsten Ranges, als absolutes und in unserer Tradition letztinstanzlich mit der Gottheit identisches Gut ist als Argument tot. Ich zweifle nicht, daß das etwas mit dem zu tun hat, was Nietzsche mythisch den Tod Gottes genannt hat. Einsame Redner in abgelegenen akademischen Festakten sagen es verschüchtert noch zuweilen, die Wissenschaft habe sich der Wahrheit verschworen und keine Einschränkung darin zu akzeptieren, diesen Schwur zu halten.

Diese Verdingung ist zwar keine Lüge, aber sie ist auch nicht die ganze Wahrheit. Es mag sich nur wie eine kleinliche Korrektur anhören, wenn ich sage, die Wissenschaft habe sich unter dem Ideal, die Wahrheit durch Forschung zu suchen, nur gegen den Irrtum gestellt und sich gegen eine Welt vermeintlicher oder wirklicher Vorurteile zum Mittel der Aufklärung gemacht.«

Hans Blumenberg: Die Sorge geht über den Fluß. Frankfurt a. M.: Suhrkamp, 1987. S. 72–74. –

V. Literaturhinweise

WA Friedrich Dürrenmatt: Werkausgabe in dreißig Bänden. Zürich: Diogenes Verlag, 1980. – © 1980 by Diogenes Verlag AG, Zürich.
[Textidentische Ausgabe:] Friedrich Dürrenmatt. Werkausgabe. 30 Bde. Zürich: Verlag der Arche, 1980.

1. »Die Physiker«: Ausgaben und Aufführungen

a. Ausgaben

Die Physiker. Eine Komödie in zwei Akten. Zürich: Verlag der Arche, 1962.
Die Physiker. Eine Komödie in zwei Akten. In: F. D.: Komödien II und frühe Stücke. Zürich: Verlag der Arche, 1964.
Die Physiker. Eine Komödie in zwei Akten. Mit Originalradierungen von Hans Erni. Lausanne: André et Pierre Gonin, 1969.
Die Physiker. Eine Komödie in zwei Akten. Neufassung 1980. (Werkausgabe. Bd. 7.) Zürich: Verlag der Arche, 1980.
Die Physiker. Eine Komödie in zwei Akten. Neufassung 1980. (Werkausgabe in dreißig Bänden. Bd. 7.) Zürich: Diogenes Verlag, 1980. (detebe. 20837.)
Die Physiker. Eine Komödie in zwei Akten. In: F. D.: Gesammelte Werke in sieben Bänden. Hrsg. von Franz Josef Görtz. Zürich: Diogenes Verlag, 1988. Bd. 2. S. 131–209.

b. Übersetzungen:

bulgarisch	Sofia: Narodna Kultura, 1966.
dänisch	Kopenhagen: Fremad Forlaget, 1963.
englisch	London: Jonathan Cape, 1964.
	New York: Grove Press, 1964.
französisch	Lausanne: L'Age d'Homme.
hebräisch	Tel Aviv: Or Am Publishing.
holländisch	Amsterdam: Uitgeverij De Bezige Bij, 1963.
italienisch	Mailand: Guilio Einaudi Editore, 1972.
japanisch	Tokio: Waseda Daigaku Shuppanbu, 1985.
kannaresisch	Dharwad: Manohara Grantha Mala, 1983.
ladinisch	Chur: Lia Rumantscha, in Vorb.

lettisch	Riga: Liesma, in Vorb.
polnisch	Warschau: Panstwowy Instytut Wydawniczy, 1972.
portugiesisch	Lissabon: Portugalia Editora, 1965.
	Sao Paulo: Editora Brasiliense, 1966.
rumänisch	Bukarest: Editura Pentru Literatura, 1965.
serbo-kroatisch	Belgrad: RDA, 1969.
spanisch	Barcelona: Tusquets Editores.
surselvisch	Chur: Lia Rumantscha, in Vorb.
tschechisch	Prag: Orbis Verlag, 1963.
ungarisch	Budapest: Europa Verlag, 1967.

c. Aufführungen:

Uraufführung: 21. Februar 1962 im Schauspielhaus Zürich. Regie: Kurt Horwitz. Bühnenbild: Theo Otto. Mit Therese Giehse (Fräulein Doktor), Hans Christian Blech (Möbius), Gustav Knuth (Newton), Theo Lingen (Einstein), Hanne Hiob (Monika), Fred Tanner (Voß).

Fremdsprachige Erstaufführungen u. a.: Lima, Mexico City, Santiago (1962); Amsterdam, Buenos Aires, Helsinki, Kopenhagen, Ljubljana, London, Oslo, Palermo, Stockholm, Warschau (1963); New York (1964).

Schweizer Tournee-Theater. Regie: Friedrich Dürrenmatt. Premiere: 8. Januar 1973 in Reinach, Kanton Aargau.

Erste Aufführung nach 25 Jahren im Schauspielhaus Zürich: 8. Oktober 1987. Regie: Achim Benning.

d. Fernsehfassung

Bearbeitung als Fernsehspiel 1964. Regie: Fritz Umgelter. 125 Min. Erstsendung: ARD 5. November 1964.

2. Friedrich Dürrenmatt: Theoretische Schriften und Interviews

a. Theoretische Schriften

Theaterschriften und Reden. Hrsg. von Elisabeth Brock-Sulzer. Zürich 1966.

Dramaturgisches und Kritisches. Theaterschriften und Reden II. Hrsg. von Elisabeth Brock-Sulzer. Zürich 1972.

Bilder und Zeichnungen. Hrsg. von Christian Strich. Mit einer Einleitung von Manuel Gasser und Kommentaren von Friedrich Dürrenmatt. Zürich: 1978.
Theater. Essays, Gedichte und Reden. Zürich 1980. (WA. Bd. 24.)
Kritik. Kritiken und Zeichnungen. Zürich 1980. (WA. Bd. 25.)
Literatur und Kunst. Essays, Gedichte und Reden. Zürich 1980. (WA. Bd. 26.)
Philosophie und Naturwissenschaft. Essays, Gedichte und Reden. Zürich 1980. (WA. Bd. 27.)
Politik. Essays, Gedichte und Reden. Zürich 1980. (WA. Bd. 28.)
Friedrich Dürrenmatt: Menschheit im Universum der Katastrophen. In: Frankfurter Allgemeine Zeitung. 12. Januar 1991.

b. Interviews

Bienek, Horst: Gespräch mit Friedrich Dürrenmatt. In: H. B.: Werkstattgespräche mit Schriftstellern. München 1962. S. 99–113.
Friedrich Dürrenmatt: Wie ein Drama entsteht. (Film.) [J. W. Preuß befragt in einem Interview F. D. zum Thema »Wie entsteht ein Drama?« Beispiele aus: »Die Physiker«, »Frank V.«, »Der Meteor«, »Romulus der Große«, »Besuch der alten Dame«.] 29 Min. 16 mm. Schwarzweiß. Realfilm Interviewtext 1969.
Bloch, Peter André: Gespräch mit Friedrich Dürrenmatt zum Thema »Bild und Gedanke« in Neuenburg am 18. Februar 1980. In: Bild und Gedanke. Festschrift für Gerhart Baumann. Hrsg. von Günter Schnitzler in Verbindung mit Gerhard Neumann und Jürgen Schröder. München 1980. S. 9–20.
Raddatz, Fritz J.: »Ich bin der finsterste Komödienschreiber, den es gibt.« Ein »Zeit«-Gespräch mit Friedrich Dürrenmatt. In: Die Zeit. 16. August 1985.
Ramspeck, Jürg: »Das einzige, was wirkt, ist die Angst«. Friedrich Dürrenmatt über die »Physiker«, die Katastrophenwelt und das Sprechtheater. In: Die Weltwoche. 15. Oktober 1987.
Haller, Michael: Man stirbt. Und plötzlich blickt man zum Mond. »Zeit«-Gespräch mit Friedrich Dürrenmatt. In: Die Zeit. 21. Dezember 1990.
Friedrich Dürrenmatt: »Über die Grenzen«. Hrsg. von Michael Haller, Zürich 1991.

3. Forschungsliteratur

a. Bibliographien und Forschungsbericht

Wilbert-Collins, Elly: A Bibliography of Four Contemporary German-Swiss Authors: Friedrich Dürrenmatt, Max Frisch, Robert Walser, Albin Zollinger. The Authors Publications and the Literary Criticism Relating to Their Works. Bern 1967.

Hansel, Johannes: Friedrich-Dürrenmatt-Bibliographie. Bad Homburg / Berlin / Zürich 1968.

Hönes, Winfried: Bibliographie zu Friedrich Dürrenmatt. In: Text + Kritik 50/51 (1976) S. 93–108 (2. rev. und erw. Aufl. 1980. S. 120–139).

Knapp, Gerhard P.: Wege und Umwege. Ein Forschungsbericht. In: Friedrich Dürrenmatt. Studien zu seinem Werk. Hrsg. von G. P. K. Heidelberg 1976. S. 19–43.

– Bibliographie der wissenschaftlichen Sekundärliteratur. Ebd. S. 257–268.

Whitton, Kenneth: Bibliography. In: K. W.: The Theatre of Friedrich Dürrenmatt. London 1980.

Cavigelli, Franz / Hönes, Winfried: Bibliographie. In: Daniel Keel (Hrsg.): Über Friedrich Dürrenmatt. 3. Aufl. Zürich 1986. S. 449–496. (WA. Bd. 30.)

Görtz, Heinrich: Bibliographie. In: H. G.: Friedrich Dürrenmatt. Mit Selbstzeugnissen und Bilddokumenten. Reinbek bei Hamburg 1987. S. 141–151.

Gerlach, Rainer: Werksverzeichnis. In: Kritisches Lexikon zur deutschsprachigen Gegenwartsliteratur. [Artikel »Friedrich Dürrenmatt«.]

Hönes, Winfried: Sekundärliteratur. Ebd.

b. Zu Dürrenmatts Werk, zur Dramentheorie und zu verwandten Themen

Geyer, Horst: Dichter des Wahnsinns. Eine Untersuchung über die dichterische Darstellbarkeit seelischer Ausnahmezustände. Göttingen 1955.

Kayser, Wolfgang: Das Groteske. Seine Gestaltung in Malerei und Dichtung. Oldenburg 1957.

Bänziger, Hans: Frisch und Dürrenmatt. Materialien und Kommentare. Bern/München 1960. 7., neubearb. Aufl. 1976. [Aktualisierte Neuausg.:] Tübingen 1987.

Brock-Sulzer, Elisabeth: Friedrich Dürrenmatt. Stationen seines Werkes. Zürich 1960. 4., erg. Aufl. Zürich 1973.

Grimm, Reinhold: Parodie und Groteske im Werk Friedrich Dürrenmatts. In: Germanisch-Romanische Monatsschrift N. F. 11 (1961) S. 432–450. Wiederabgedr. in: Der unbequeme Dürrenmatt. Hrsg. von R. G. [u. a.] Basel 1962. S. 71–96.

Brock-Sulzer, Elisabeth: Dürrenmatt und die Quellen. In: Der unbequeme Dürrenmatt. Hrsg. von Reinhold Grimm [u. a.]. Basel 1962. S. 117–136.

Der unbequeme Dürrenmatt. Hrsg. von Reinhold Grimm [u. a.]. Basel 1962.

Mayer, Hans: Anmerkungen zum zeitgenössischen Drama. Dürrenmatt und Brecht oder Die Zurücknahme. In: Sinn und Form 14 (1962) S. 667–695. U. d. T. »Dürrenmatt und Brecht oder die Zurücknahme« wiederabgedr. in: Der unbequeme Dürrenmatt. Hrsg. von Reinhold Grimm [u. a.] Basel 1962. S. 97–116.

Strelka, Joseph: Friedrich Dürrenmatt. Das Paradox-Groteske als Wirklichkeitsbewältigung. In: J. S.: Brecht, Horvath, Dürrenmatt; Wege und Abwege des modernen Dramas. Wien 1962. S. 114–165.

Mayer, Hans: Dürrenmatt und Frisch. Anmerkungen. Pfullingen 1963.

Jauslin, Christian M.: Friedrich Dürrenmatt. Zur Struktur seiner Dramen. Diss. Zürich 1964.

Sander, Volkmar: Form und Groteske: Zu Gottfried Benn und Friedrich Dürrenmatt. In: Germanisch-Romanische Monatsschrift 14 (1964) S. 302–311.

Waldmann, Günter: Dürrenmatts paradoxes Theater. Die Komödie des christlichen Glaubens. In: Wirkendes Wort 14 (1964) S. 22 bis 35.

Holzapfel, Robert E.: Three Facets of Friedrich Dürrenmatt's Drama. The Way of the Individual to God. The Way of the Individual in the World. The World as Chaos. Diss. University of Iowa 1965.

Jenny, Urs: Friedrich Dürrenmatt. Velber 1965. (Friedrichs Dramatiker des Welttheaters. 6.)

Kühne, Erich: Satire und groteske Dramatik. Über weltanschauliche und künstlerische Probleme bei Dürrenmatt. In: Weimarer Beiträge 12 (1966) H. 4. S. 539–565.

Weimar, Karl S.: The Scientist and the Society. A Study on Three Modern Plays. In: Modern Language Quarterly 27 (1966) S. 431–448.

Krywalski, Diether: Säkularisiertes Mysterienspiel? Zum Theater Friedrich Dürrenmatts. In: Stimmen der Zeit 92 (1967) S. 344 bis 356.

Brock-Sulzer, Elisabeth: Dürrenmatt in unserer Zeit. Eine Werkinterpretation nach Selbstzeugnissen. Basel 1968. 2., erw. Aufl. 1971.

Mayer, Hans: Friedrich Dürrenmatt. In: Zeitschrift für deutsche Philologie 87 (1968) S. 482–498.

Allemann, Beda: Die Struktur der Komödie bei Frisch und Dürrenmatt. In: Hans Steffen (Hrsg.): Das deutsche Lustspiel. Bd. 2. Göttingen 1969. S. 200–217. Wiederabgedr. in: Arnold, Heinz Ludwig / Buck, Theo (Hrsg.): Positionen des Dramas. München 1977. S. 53–71.

Arnold, Armin: Friedrich Dürrenmatt. Berlin 1969. 4., erg. Aufl. 1979.

Heidsieck, Arnold: Das Groteske und das Absurde im modernen Drama. Stuttgart 1969.

Neumann, Gerhard [u. a.]: Dürrenmatt, Frisch, Weiss. 3 Entwürfe zum Drama der Gegenwart. München 1969.

Werner, Hans Georg: Friedrich Dürrenmatt. Der Moralist und die Komödie. In: Wissenschaftliche Zeitschrift der Universität Halle-Wittenberg 18 (1969) S. 143–156.

Kügler, Hans: Dichtung und Naturwissenschaft. Einige Reflexionen zum Rollenspiel des Naturwissenschaftlers [. . .]. In: H. K.: Weg und Weglosigkeit. Heidenheim 1970. S. 209–235.

Madler, Herbert Peter: Dürrenmatts Konzeption des mutigen Menschen. Eine Untersuchung der Bühnenwerke Friedrich Dürrenmatts unter besonderer Berücksichtigung des »Blinden«. In: Schweizer Rundschau 69 (1970) S. 314–325.

Kurz, Paul Konrad: Der Narr und der Zweifel. Zu einem Aspekt im Werk Friedrich Dürrenmatts. In: P. K. K.: Über moderne Literatur. Bd. 2. Frankfurt a. M. 1971. S. 49–72.

Profitlich, Ulrich: Der Zufall in den Komödien und Detektivromanen Friedrich Dürrenmatts. In: Zeitschrift für deutsche Philologie 90 (1971) S. 258–280.

Arnold, Arnim: Friedrich Dürrenmatt. New York 1972.

Durzak, Manfred: Dürrenmatt, Frisch, Weiss. Deutsches Drama der Gegenwart zwischen Kritik und Utopie. Stuttgart 1972.

Fickert, Kurt J.: To Heaven and Back. The New Morality in the Plays of Friedrich Dürrenmatt. Lexington 1972.

Lengborn, Thorbjörn: Schriftsteller und Gesellschaft in der

Schweiz. Eine Studie zur Behandlung der Gesellschaftsproblematik bei Zollinger, Frisch und Dürrenmatt. Frankfurt a. M. 1972.
Buddecke, Wolfram: Friedrich Dürrenmatts experimentelle Dramatik. In: Universitas 28 (1973) S. 641–652.
Heuer, Fritz: Das Groteske als poetische Kategorie. Überlegungen zu Dürrenmatts Dramaturgie des modernen Theaters. In: Deutsche Vierteljahrsschrift für Literaturwissenschaft und Geistesgeschichte 47 (1973) S. 730–768.
Profitlich, Ulrich: Friedrich Dürrenmatt. In: Deutsche Dichter der Gegenwart. Ihr Leben und Werk. Hrsg. von Benno von Wiese. Berlin 1973. S. 497–514.
– Friedrich Dürrenmatts Komödienbegriff und Komödienstruktur. Eine Einführung. Stuttgart [u. a.] 1973.
Charbon, Remy: Die Naturwissenschaften im modernen deutschen Drama. Zürich 1974.
Gutmann, Claudia: Der Narr bei Dürrenmatt. Bielefeld 1975.
Arnold, Heinz Ludwig (Hrsg.): Friedrich Dürrenmatt I. München 1976. (Text + Kritik. H. 50/51.) 2., rev. und erw. Aufl. 1980.
Arnold, Heinz Ludwig: Theater als Abbild der labyrinthischen Welt. Versuch über den Dramatiker Dürrenmatt. Ebd. S. 19–29.
Baensch, Norbert: Dürrenmatt und die Bühne. Ebd. S. 65–72.
Helbling, Robert E.: Groteske und Absurdes – Paradoxie und Ideologie. Versuch einer Bilanz. In: Friedrich Dürrenmatt. Studien zu seinem Werk. Hrsg. von Gerhard P. Knapp. Heidelberg 1976. S. 233–253.
Knapp, Gerhard P. (Hrsg.): Friedrich Dürrenmatt. Studien zu seinem Werk. Heidelberg 1976.
Knopf, Jan: Friedrich Dürrenmatt. München 1976. (Autorenbücher. Bd. 3.) 4., neu bearb. Aufl. 1989.
– Theatrum mundi. Sprachkritik und Ästhetik bei Friedrich Dürrenmatt. In: Friedrich Dürrenmatt I. Hrsg. von Heinz Ludwig Arnold. München 1976. (Text + Kritik. H. 50/51.) S. 30–40.
Kurzenberger, Hajo: Theater der Realität als Realität des Theaters. Ebd. S. 53–64.
Müller, Klaus-Detlev: Das Ei des Kolumbus? Parabel und Modell als Dramenformen bei Brecht, Dürrenmatt, Frisch, Walser. In: Werner Keller (Hrsg.): Beiträge zur Poetik des Dramas. Darmstadt 1976. S. 432–461.
Pausch, Holger A.: Systematische Abnormität. Zur Technik der Personengestaltung im dramatischen Werk Dürrenmatts. Heidelberg 1976. S. 191–202.

Pulver, Elsbeth: Literaturtheorie und Politik. Zur Dramaturgie Dürrenmatts. In: Friedrich Dürrenmatt I. Hrsg. von Heinz Ludwig Arnold. München 1976. (Text + Kritik. H. 50/51.) S. 41–52.

Arnold, Heinz Ludwig (Hrsg.): Friedrich Dürrenmatt II. München 1977. (Text + Kritik. H. 56.)

Knapp, M. / Knapp, G. P.: Recht – Gerechtigkeit – Politik. Zur Genese der Begriffe im Werk Friedrich Dürrenmatts. Ebd. S. 23–30.

Niggl, Günter: Tragik und Komik bei Friedrich Dürrenmatt. In: Literaturwissenschaftliches Jahrbuch N. F. 19 (1978) S. 77–93.

Richter, Karl: Vom Herrschaftsanspruch der Komödie. Dramentheoretische Betrachtungen im Anschluß an Dürrenmatt und Hacks. In: Jahrbuch der Deutschen Schillergesellschaft 22 (1978) S. 637–656.

Badertscher, Hans: Dramaturgie als Funktion der Ontologie. Eine Untersuchung zu Wesen und Entwicklung der Dramaturgie Friedrich Dürrenmatts. Bern/Stuttgart 1979.

Lamberechts, Luc: Das Groteske und das Absurde in Dürrenmatts Dramen. In: Amsterdamer Beiträge zur neueren Germanistik 9 (1979) S. 205–230.

Keel, Daniel (Hrsg.): Über Friedrich Dürrenmatt. Zürich 1980. (WA. Bd. 30.) 4., verb. und erw. Aufl. 1990.

Knapp, Gerhard P.: Friedrich Dürrenmatt. Stuttgart 1980. (Sammlung Metzler. 196.)

Knapp, Gerhard P. / Labroisse, Gerd (Hrsg.): Facetten. Studien zum 60. Geburtstag Friedrich Dürrenmatts. Bern / Frankfurt a. M. / Las Vegas 1981.

Stromšik, Jiri: Apokalypse komisch. Ebd. S. 41–59.

Tiusanen, Timo: Über Dürrenmatts dramaturgische Mittel. Ebd. S. 103–116.

Winter, Michael: Friedrich Dürrenmatt – Positionen einer radikalen Aufklärung. Ebd. S. 9–39.

Arnold, Armin (Hrsg.): Zu Friedrich Dürrenmatt. Interpretationen. Stuttgart 1982.

Bänziger, Hans: Dürrenmatt-Chronologie. Biographische, werk- und theatergeschichtliche Daten. Ebd. S. 7–22.

Durzak, Manfred: Dramaturgie des Labyrinths – Dramaturgie der Phantasie. Friedrich Dürrenmatts dramentheoretische Position. Ebd. S. 173–186.

Gottwald, Sigrun: Der mutige Narr im dramatischen Werk Friedrich Dürrenmatts. New York / Frankfurt a. M. / Bern 1983.

Lazar, Moshe (Hrsg.): Play Dürrenmatt. Malibu 1983.

Sotiraki, Flora: Friedrich Dürrenmatt als Kritiker seiner Zeit. Frankfurt a. M. / Bern 1983.

Gertner, Hannes: Das Komische im Werk Friedrich Dürrenmatts. Frankfurt a. M. [u. a.] 1984.

Reis, James Henderson: Dürrenmatt in the GDR: The Dramatist's Reception up to 1980. In: Modern Language Review 79 (1984) S. 356–371.

Sell, Rainer: The Comedy of Hyperbolic Horror. Seneca, Lucan and the 20th Century Grotesque. In: Neohelicon 11 (1984) H. 1. S. 277–300.

Helbling, Robert E.: Friedrich Dürrenmatt. Groteskes ›Welt-Bild‹ und assoziative Dramaturgie. In: Jost, Roland / Schmidt-Bergmann, Hansgeorg (Hrsg.): Im Dialog mit der Moderne. Frankfurt a. M. 1986. S. 380–395.

Knopf, Jan: Spielfeld Theater. Zu Dürrenmatts Dramaturgie. Ebd. S. 361–379.

Knust, Herbert: Aufstieg und Fall der Wissenschaftsapostel. Zur Literarisierung der ›Physiker‹. In: Sprache im technischen Zeitalter 26 (1986) H. 98. S. 120–134.

Goertz, Heinrich: Friedrich Dürrenmatt. Mit Selbstzeugnissen und Bilddokumenten. Reinbek bei Hamburg 1987.

Knopf, Jan: Der Dramatiker Friedrich Dürrenmatt. Berlin 1987.

Tantow Lutz: Franz Kafka und Friedrich Dürrenmatt. Eine Dramaturgie der Konfrontation. St. Ingbert 1988.

Fritsch, Gerolf: Labyrinth und Großes Gelächter – Die Welt als »Durcheinandertal«. Ein Beitrag zu Friedrich Dürrenmatts grotesker Ästhetik. In: Diskussion Deutsch 21 (1990) H. 116. S. 652–670.

c. Zu Dürrenmatts »Physikern«

Steiner, Jacob: Ein moralisches Stück. Zu Friedrich Dürrenmatts Komödie »Die Physiker«. In: Programmheft des Schauspielhauses Zürich (1961/62).

Muschg, Walter: Dürrenmatt und die Physiker. In: Programmheft des Schauspielhauses Zürich (1961/62). Wiederabgedr. in: W. M.: Pamphlet und Bekenntnis. Aufsätze und Reden. Freiburg i. Br. 1968. S. 352–356.

Schumacher, Ernst: Dramatik aus der Schweiz. Zu Max Frischs »Andorra« und Friedrich Dürrenmatts »Die Physiker«. In: Theater der Zeit 17 (1962) H. 5. S. 63–71.

Wendt, Ernst: Mit dem Irrsinn leben? Anläßlich mehrerer Aufführrungen von Dürrenmatts »Physikern«. In: Theater heute 3 (1962) Nr. 12. S. 11–15.

Lauer, Hans Erhard: Friedrich Dürrenmatts »Physiker« und die Probleme des Atomzeitalters. In: Blätter für Anthroposophie 13 (1963) Nr. 2.

Steiner, Jacob: Die Komödie Dürrenmatts. In: Der Deutschunterricht 15 (1963) H. 6. S. 14–24.

Saurel, René: Le public, cet inconnu. II. »Les Physiciens« de F. Dürrenmatt à la Comédie de l'Est. In: Temps Modernes 20 (1964) S. 943–954.

Helbling, Robert E.: Introduction. In: Friedrich Dürrenmatt: »Die Physiker«. New York 1965. S. XI–XXVIII.

Massberg, Uwe von: Der gespaltene Mensch. Vergleichende Interpretation der Physiker-Dramen von Brecht, Dürrenmatt, Zuckmayer und Kipphardt auf der Oberstufe. In: Der Deutschunterricht 17 (1965) H. 6. S. 56–74.

Müller, Joachim: Verantwortung im Drama. Brechts »Galilei« und Dürrenmatts »Physiker«. In: Universitas 20 (1965) S. 1247–58. Wiederabgedr. in: J. M.: Epik, Dramatik, Lyrik. Halle 1974. S. 369–377.

Neis, Edgar: Erläuterungen zu Dürrenmatts »Der Besuch der alten Dame« und »Die Physiker«. Hollfeld 1965.

Weimar, Karl S.: The Scientist and Society. A Study of Modern Plays. In: Modern Language Quarterly 27 (1966) S. 431–448.

Kim, Tja Huan: Paradoxie als Komik und Ernst in der Komödie »Die Physiker«. In: Zeitschrift für Germanistik (Korea) 6 (1967) S. 87–98.

Petersen, Klaus Dietrich: Friedrich Dürrenmatts »Die Physiker«-Komödie. Eine Interpretation für den Deutschunterricht. In: Die pädagogische Provinz 5 (1967) S. 289–302.

Otzuka, Aya: Über Dürrenmatts »Die Physiker«. [Japanisch mit deutscher Zusammenfassung.] In: Aspekt 2 (1968) S. 25–38.

Kügler, H.: Dichtung und Naturwissenschaft. Einige Reflexionen zum Rollenspiel des Naturwissenschaftlers in Bert Brecht »Das Leben des Galilei«, Friedrich Dürrenmatt »Die Physiker«, Heinar Kipphardt »In der Sache J. Robert Oppenheimer«. In: H. K.: Weg und Weglosigkeit. Heidenheim 1969. S. 209–235.

Mavelty, Beth Emily: Three Phases of Comedy. A Study on the Archetypical Patterns in »Leonce und Lena«, »Der zerbrochene Krug« and »Die Physiker«. Diss. University of Oregon 1969.

Fickert, Kurt J.: The Curtain Speech in Dürrenmatt's »The Physicists«. In: Modern Drama 13 (1970) S. 40–46.

Keller, Oskar: Friedrich Dürrenmatt. »Die Physiker«. München 1970. (Interpretationen zum Deutschunterricht.) 6. Aufl. 1988.

Lehnert, Herbert: Fiktionale Struktur und physikalische Realität in Dürrenmatts »Die Physiker«. In: Sprachkunst 1 (1970) S. 318 bis 330.

Murdoch, Brian: Dürrenmatt's Physicists and the Tragic Tradition. In: Modern Drama 13 (1970/71) S. 270–275.

Hartmann, Herbert: Friedrich Dürrenmatt. Dramaturgie der Realität oder der Phantasie, der Provokation oder der Resignation? Eine Analyse zum Problem des Grotesken im dramatischen Werk Friedrich Dürrenmatts. Diss. Marburg 1971.

Morley, Michael: Dürrenmatt's Dialogue with Brecht. A Thematic Analysis of »Die Physiker«. In: Modern Drama 14 (1971/72) S. 232–242.

Dokumente zu Friedrich Dürrenmatt »Die Physiker«. Bearb. von Peter C. Plett. Stuttgart 1972.

Schüler, Volker: Dürrenmatt »Der Richter und sein Henker«, »Die Physiker«. Dichterbiographie und Interpretation. Hollfeld 1974.

Durzak, Manfred: Die Travestie der Tragödie in Dürrenmatts »Der Besuch der alten Dame« und »Die Physiker«. In: Der Deutschunterricht 28 (1976) H. 6. S. 86–96.

Alexander, Neville E.: Friedrich Dürrenmatt: »Die Physiker«. Die Verantwortung des Forschers. In: Heinrich Pfeiffer (Hrsg.): Denken und Umdenken. Zum Werk und Wirken von Werner Heisenberg. München 1977. S. 176–193.

Schleyer, Winfried: Zur Funktion des Komischen bei Friedrich Dürrenmatt und Peter Hacks. In: Der Deutschunterricht 30 (1978) H. 2. S. 67–78.

Payrhuber, Franz-Josef: ›Naturwissenschaftler zwischen Forschungsinteresse und moralischer Verantwortung‹ als Thema des deutschen Gegenwartstheaters. In: F.-J. P.: Deutsches Gegenwartsdrama im Literaturunterricht der Sekundarstufe I. München 1978. S. 102–121.

Knapp, Gerhard P.: Friedrich Dürrenmatt: »Die Physiker«. Frankfurt am Main 1979. 6. Aufl. 1986.

Grenz, Friedemann: Die Warum-Frage im Literaturunterricht und ihr Nutzen am Beispiel der »Physiker« von Friedrich Dürrenmatt. In: Deutschunterricht in Südafrika 11 (1980) S. 38–54.

Günzel, Gerd: Friedrich Dürrenmatt: »Die Physiker«. Eine Einführung für den fremdsprachigen Lehrer. Ebd. S. 6–27.

Materialien. Friedrich Dürrenmatt: »Die Physiker«. Ausgew. und eingel. von Heinz Ludwig Arnold. Stuttgart 1980.

Knapp, Gerhard P.: »Die Physiker«. In: Armin Arnold (Hrsg.): Zu Friedrich Dürrenmatt. Interpretationen. Stuttgart 1982. S. 97 bis 109.

– Dürrenmatt's »Physicists« As a Turning-Point For the Dramatist and His Concept of History. In: Moshe Lazar (Hrsg.): Play Dürrenmatt. Malibu 1983. S. 55–66.

Riklin, Alois: Vier Physikerdramen. Schulung in Zivilcourage. In: Schweizer Monatshefte (1986) H. 5. S. 409–415.

Berger, Thomas: Dürrenmatt: »Die Physiker«. Hollfeld 1988.

Kreis, Rudolf: Dichtung und Umwelt. Von Gilgamesch bis zu den ›Physikern‹. Das Sprachkunstwerk zwischen Erde, Leib und Geist. Frankfurt a. M. [u. a.] 1989.

4. Journalistische Rezeption

a. Aufführungen 1962

[Anonym:] »Die Physiker«. Dürrenmatt-Uraufführung im Schauspiel-Haus Zürich. In: Die Bühne (1962) Nr. 43. S. 18.

[Anonym:] Dürrenmatt: Im Irrenhaus. In: Der Spiegel. 28. Februar 1962.

[Anonym:] Dürrenmatts Farce vom Weltuntergang. In: Neue Zürcher Zeitung. 9. März 1962.

Beckmann, Heinz: Drei Leichen – drei Physiker. Zu der neuen Komödie von Friedrich Dürrenmatt. In: Rheinischer Merkur 2. März 1962. Wiederabgedr. in: H. B.: Nach dem Spiel: Theaterkritiken 1950–1962. München/Wien 1963. S. 328–331.

Brock-Sulzer, Elisabeth: Dürrenmatt, der Klassiker. »Die Physiker«. Uraufführung in Zürich. In: Frankfurter Allgemeine Zeitung. 26. Februar 1962.

Brüche, Ernst: »Die Physiker«. Komödie von Friedrich Dürrenmatt. Eine Besprechung der Weltuntergangsfarce aus zweiter Hand. In: Physikalische Blätter 18 (1962) S. 169–172.

Buri, Fritz: »Die Physiker« – Hoffnung für unsere Zukunft. In: Predigten aus der Münstergemeinde. Bd. 2. Nr. 6. Februar 1963.

Drews, Wolfgang: Die andere Seite. In: Frankfurter Allgemeine Zeitung. 29. September 1962.

Hertel, Hans: Dürrenmatt og bomben. In: Information. 8. Juni 1962.

Hübner, Paul: Beifall für Dürrenmatt? In: Wort und Wahrheit 17. (1962) S. 563–566.

Jacobi, Johannes: Keine politische Botschaft aus der Schweiz. Die jüngsten Dramen von Frisch und Dürrenmatt. In: Die Zeit. 9. März 1962. Auch in: Neue Zürcher Zeitung v. 16. März 1962.

Kaiser, Joachim: Die Welt als Irrenhaus. Dürrenmatts »Physiker« in Zürich uraufgeführt. In: Theater heute 3 (1962) Nr. 4. S. 5–7.

– Friedrich Dürrenmatts Weltuntergangs-Libretto. Die Uraufführung der »Physiker« im Schauspielhaus Zürich. In: Süddeutsche Zeitung. 23. Februar 1962.

Kalenter, Ossip: Irre auf der Bühne. Zur Uraufführung der Komödie »Die Physiker« von Dürrenmatt. In: Der Tagesspiegel. 1. März 1962.

Luft, Friedrich: Letzter Ernst – dargeboten als Ulk. Friedrich Dürrenmatts »Physiker« uraufgeführt: Gelächter und Schauder. In: Die Welt. 23. Februar 1962.

Mayer, Hans: Friedrich Dürrenmatt. »Die Physiker«. In: Stuttgarter Zeitung. 23. Februar 1962.

Melchinger, Siegfried: Die Physiker im Tollhaus. Dürrenmatts neue Komödie in Zürich uraufgeführt. In: Stuttgarter Zeitung. 23. Februar 1962.

Reifferscheidt, H. M.: Münchner Theaterbrief. In: Die Weltbühne 17 (1962) H. 45. S. 1431–35.

Riess, Curt: Friedrich Dürrenmatt – eine neue Welt auf der Bühne. Erschrecken ist die heutige Form von Ergriffenheit. In: Die Weltwoche. 23. Februar 1962.

Schumacher, E.: Die Verdammung der Physiker. In: Theater der Zeit 17 (1962) H. 5. S. 68–71.

Schwengler, A.: Weltuntergang im Irrenhaus. In: Theater-Rundschau 8 (1962) H. 4. S. 2.

Stickelberger, Rudolf: Weltsensation des Theaters? Friedrich Dürrenmatt, seine »Physiker«, seine Lobredner und sein Publikum. In: Reformatio 11 (1962) H. 3. S. 158–162.

Suter, Gody: Dürrenmatt und die Nutzanwendung. Ein Brief und eine Antwort. In: Die Weltwoche. 2. März 1962.

Tank, Kurt: Mit dem Irrsinn leben. In: Sonntagsblatt. 7. Oktober 1962.

Westecker, Ernst: Physik und Irrsinn. Der neue Dürrenmatt in Zürich: Mord mit tiefer Bedeutung. In: Christ und Welt. 2. März 1962.

Wolff-Windegg, Philipp: Friedrich Dürrenmatt: »Die Physiker«. In: Basler Nachrichten. 23. Februar 1962.

Wollenberger, Werner: Nebelspalter. In: Nebelspalter. 4. April 1962.

b. Aufführung 1987

Kraft, Martin: Tödliches Irrsinnspiel um Wissenschaft und Macht. In: Zürichsee Zeitung. 10. Oktober 1987.

Müller, Peter: »Nur noch die Posse kommt uns bei«. Achim Benning inszeniert Dürrenmatts »Physiker« am Zürcher Schauspielhaus. In: Tages-Anzeiger. 10. Oktober 1987.

Ramspeck, Jürg: »Das einzige, was wirkt, ist die Angst«. Friedrich Dürrenmatt über die »Physiker«, die Katastrophenwelt und das Sprechtheater. In: Die Weltwoche. 15. Oktober 1987.

Streiff, Kaspar: Kein Irrenhaus im Zürcher Schauspielhaus: Benning inszeniert Dürrenmatts »Physiker«. In: Basler Zeitung. 10. Oktober 1987.

5. Zum Kontext der »Physiker«

Helmholtz, Hermann von: Über das Ziel und die Fortschritte der Naturwissenschaft. In: H. v. H.: Vorträge und Reden. Bd. 1. 4. Aufl. Braunschweig 1896. S. 367–398.

Weber, Max: Wissenschaft als Beruf. München/Leipzig 1919.

Portalès, Guy de: Der wunderbare Fischzug. München 1938.

Dessauer, Friedrich: Weltfahrt und Erkenntnis. Leben und Werk Isaac Newtons. Zürich 1945.

Hermann Hesse: Beschreibung einer Landschaft. Ein Stück Tagebuch. Bern 1947.

Laurence, William L.: Dämmerung über Punkt Null. Die Geschichte der Atombombe. München/Leipzig 1948.

Frank, Philipp: Einstein. Sein Leben und seine Zeit. München / Leipzig / Freiburg i. Br. 1949. Neuausg.: Braunschweig/Wiesbaden 1979.

Meuron, Guy de / Riggenbach, Otto: La maison de santé de Préfargier 1849–1949. Neuchâtel 1949.

Keynes, John Maynard: Essays in Biography. Newton, the Man. London 1951.

Bulletin of the Atomic Scientists (of Chicago). 1 ff. (1945 ff.).

Klemm, Friedrich: Technik. Eine Geschichte ihrer Probleme. München 1954.

Geyer, Horst: Dichter des Wahnsinns. Eine Untersuchung über die dichterische Darstellbarkeit seelischer Ausnahmezustände. Göttingen/Zürich 1955.

Schilpp, Paul Arthur (Hrsg.): Albert Einstein als Philosoph und Naturforscher. Stuttgart 1955.

Seelig, Carl (Hrsg.): Helle Zeit – dunkle Zeit. In Memoriam Albert Einstein. Zürich/Stuttgart/Wien 1956.
Benn, Gottfried: Das Genieproblem (1929). In: G. B.: Provoziertes Leben. Berlin 1957. S. 53–67.
Jaspers, Karl: Die Atombombe und die Zukunft des Menschen. Ein Radiovortrag. München 1957.
Compton, Arthur Holly: Die Atombombe und ich. Ein persönlicher Erlebnisbericht. Frankfurt a. M. 1958.
Born, Max: Physik im Wandel meiner Zeit. Braunschweig 1959.
Einstein, Albert: Mein Weltbild. Berlin 1959.
Howe, Günter (Hrsg.): Atomzeitalter, Krieg und Frieden. Witten/Berlin 1959.
Koestler, Arthur: Die Nachtwandler. Die Entstehungsgeschichte unserer Welterkenntnis. Bern/Stuttgart/Wien 1959.
Messerschmidt, Otfried: Auswirkungen atomarer Detonationen auf den Menschen. Ärztlicher Bericht über Hiroshima, Nagasaki und den Bikini-Fall-out. München 1960.
Noel-Baker, Philipp: Wettlauf der Waffen. Konkrete Vorschläge für die Abrüstung. München 1961.
Jungk, Robert: Heller als tausend Sonnen. Das Schicksal der Atomforscher. Reinbeck 1964.
Pauling, Linus: Leben oder Tod im Atomzeitalter. Wien 1963.
Russell, Bertrand: Hat der Mensch noch eine Zukunft? München 1963.
Hunger, Edgar: Von Demokrit bis Heisenberg. Quellen und Betrachtungen zur naturwissenschaftlichen Erkenntnis. 4. Aufl. Braunschweig 1964.
Heipp, Günther (Hrsg.): Es geht ums Leben! Der Kampf gegen die Bombe 1945–1965. Eine Dokumentation. Hamburg 1965.
Fuchs, Walter R.: Knaurs Buch der modernen Physik. München/Zürich 1965.
Kuhn, Thomas S.: Die Struktur wissenschaftlicher Revolutionen. Frankfurt a. M. 1967.
Lange-Eichbaum, Wilhelm / Kurth, Wolfram: Genie, Irrsinn und Ruhm. Genie-Mythos und Pathographie des Genies. 6. Aufl. München/Basel 1967.
Thüring, Bruno: Die Gravitation und die philosophischen Grundlagen der Physik. Berlin 1967.
Hahn, Otto: Mein Leben. München 1968.
Moore, Ruth: Niels Bohr. Ein Mann und sein Werk verändern die Welt. München 1970.

Wickert, Johannes: Albert Einstein in Selbstzeugnissen und Bilddokumenten. Reinbek bei Hamburg 1972.
Heisenberg, Werner: Der Teil und das Ganze. Gespräche im Umkreis der Atomphysik. München 1973.
Lerner, Aaron Bunsen: Einstein & Newton. A Comparison of the Two Greatest Scientists. Minneapolis 1973.
Scharffenorth, Gerta / Huber, Wolfgang (Hrsg.): Neue Bibliographie zur Friedensforschung. Stuttgart/München 1973.
Einstein, Albert: Über den Frieden. Weltordnung oder Weltuntergang. Hrsg. von Otto Nathan und Heinz Norden. Bern 1975.
Kirsten, Christa / Körber, Hans-Günther (Bearb.): Physiker über Physiker. Darmstadt 1975.
Sherwin, Martin F.: A World Destroyed. The Atomic Bomb and the Grand Alliance. New York 1975.
Benesch, Hofmann: Albert Einstein. Schöpfer und Rebell. Zürich 1976.
Bröcker, Bernhard: dtv-Atlas zur Atomphysik. München 1976.
Wagner, Fritz: Isaac Newton im Zwielicht zwischen Mythos und Forschung. Studien zur Epoche der Aufklärung. Freiburg i. Br. / München 1976.
Jenkins, B. M.: The Potential for Nuclear Terrorism. Rand Corporation. Santa Monica 1977. (The Rand Paper Series. P–5876.)
Manstein, Bodo (Hrsg.): Atomares Dilemma. Frankfurt a. M. 1977.
Jenkins, B. M. / Rubin, A.: New Vulnerabilities and the Acquisition of New Weapons by Nongovernment Groups. In: Evans, A. / Murphy, J. (Hrsg.): Legal Aspects of International Terrorism. Lexington (Mass.) 1978. S. 221 ff.
Phillips, John A. / Michaelis, David: Mushroom. The Story of the A-Bomb Kid. Morrow 1978.
Sambursky, Shmuel (Hrsg.): Der Weg der Physik. 2500 Jahre physikalischen Denkens. München 1978.
Jung, C. G. [u. a.] (Hrsg.): Der Mensch und seine Symbole. Olten / Freiburg i. Br. 1968. 10. Aufl. 1979.
Aichelburg, Peter C. / Sexl, Roman U. (Hrsg.): Albert Einstein. Sein Einfluß auf Physik, Philosophie und Politik. Braunschweig/Wiesbaden 1979.
Altner, Günter / Schmidt-Feuerhake, Inge (Hrsg.): Die Gefahren der Plutoniumwirtschaft. Frankfurt a. M. 1979.
Bovenschen, Silvia: Die imaginierte Weiblichkeit. Exemplarische Untersuchungen zu kulturgeschichtlichen und literarischen Präsentationsformen des Weiblichen. Frankfurt a. M. 1979.

Hahn, Dietrich (Hrsg.): Otto Hahn. Begründer des Atomzeitalters. München 1979.
Herbig, Jost: Kettenreaktion. Das Drama der Atomphysiker. München 1979.
Korff, Wilhelm: Kernenergie und Moraltheologie. Der Beitrag der theologischen Ethik zur Frage allgemeiner Kriterien ethischer Prozesse. Frankfurt a. M. 1979.
Richter, Karl: Fortschritt ohne Zukunft. Literarische Prognosen in ›Physiker-Dramen‹ der Moderne. In: Berichte zur Wissenschaftsgeschichte 2 (1979) S. 125–134.
Schilpp, Paul Arthur (Hrsg.): Albert Einstein als Philosoph und Naturforscher. Braunschweig/Wiesbaden 1979.
Vaterland, Muttersprache. Deutsche Schriftsteller und ihr Staat seit 1945. Zusammengestellt von K. Wagenbach, W. Stephan und M. Krüger. Berlin 1979.
Wohlfahrt, Horst (Hrsg.): 40 Jahre Kernspaltung. Eine Einführung in die Originalliteratur. Darmstadt 1979.
Beyerchen, Alan: Wissenschaftler unter Hitler. Physiker im Dritten Reich. Köln 1980.
Hermann, Armin: Weltreich der Physik. Von Galilei bis Heisenberg. Berlin 1980.
Pietschmann, Herbert: Das Ende des wissenschaftlichen Zeitalters. Wien 1980.
Hemleben, Johannes: Das haben wir nicht gewollt. Sinn und Tragik der Naturwissenschaft. Frankfurt a. M. 1981.
Holton, Gerald: Thematische Analyse der Wissenschaft. Die Physik Einsteins und seiner Zeit. Frankfurt a. M. 1981.
Jetter, Dieter: Grundzüge der Geschichte des Irrenhauses. Darmstadt 1981.
Maier-Leibnitz, Heinz: Der geteilte Plato. Ein Atomphysiker zum Streit um den Fortschritt. Osnabrück/Zürich 1981.
Mayer, Hans: Außenseiter. Frankfurt a. M. 1981.
Mez, Lutz (Hrsg.): Der Atomkonflikt. Berichte zur internationalen Atomindustrie, Atompolitik und Anti-Atom-Bewegung. Reinbek bei Hamburg 1981.
Schweitzer, Albert: Friede oder Atomkrieg. München 1981.
Weizsäcker, Carl Friedrich von: Der bedrohte Friede. Politische Aufsätze 1945–1981. München 1981.
Anders, Günther: Hiroshima ist überall. München 1982.
Born, Hedwig / Born, Max: Der Luxus des Gewissens. Erlebnisse und Einsichten im Atomzeitalter. München 1982.

Herken, Gregg: The Winning Weapon. The Atomic Bomb in the Cold War 1945–1950. New York 1982.
Hermann, Armin: Wie die Wissenschaft ihre Unschuld verlor. Macht und Mißbrauch der Forscher. Stuttgart 1982.
Krafft, Fritz: Das Selbstverständnis der Physik im Wandel der Zeit. Weinheim 1982.
Kurowski, Franz: Allierte Jagd auf deutsche Wissenschaftler. Das Unternehmen Paperclip. München 1982.
Perutz, Max F.: Ging's ohne Forschung besser? Stuttgart 1982.
Sexl, Roman U.: Was die Welt zusammenhält. Physik auf der Suche nach dem Bauplan der Natur. Stuttgart 1982.
Giehse, Therese: »Ich habe nichts zum Sagen.« Gespräche mit Monika Sperr. Hamburg 1983.
Jaffé, Aniela: C. G. Jung. Bild und Wort. Eine Biographie. Olten / Freiburg i. Br. 1983.
Lovell, Bernard: Das unendliche Weltall. Geschichte der Kosmologie von der Antike bis zur Gegenwart. München 1983.
Luxus des Gewissens. Zum 100. Geburtstag der Göttinger Physiker Max Born und James Franck. Katalog einer Ausstellung. Berlin 1983.
Müller, Max: Erinnerungen – Erlebte Psychiatriegeschichte 1920 bis 1960. Berlin / Heidelberg / New York 1983.
O'Keefe, Bernard J.: Nuclear Hostages. Boston 1983.
Heisenberg, Werner: Gesammelte Werke. 3 Abt. Bd. 1 ff. Berlin [u. a.] 1984 ff.
Bohr, Niels: Atomphysik und menschliche Erkenntnis. Wiesbaden 1985.
Gierer, Alfred: Die Physik, das Leben und die Seele. München 1985.
Hermann, Armin: Die neue Physik. Der Weg in das Atomzeitalter. München 1985.
Prause, Gerhard / Randow, Thomas von: Der Teufel in der Wissenschaft. Hamburg/Zürich 1985.
Teichmann, Jürgen: Wandel des Weltbildes. Astronomie, Physik und Meßtechnik in der Kulturgeschichte. Reinbek bei Hamburg 1985.
Weizsäcker, Carl Friedrich von: Aufbau der Physik. Stuttgart 1985.
Müller-Markus, Siegfried: Der Gott der Physiker. Basel 1986.
Pais, Abraham: »Raffiniert ist der Herrgott ...« Albert Einstein. Eine Biographie. Wiesbaden 1986.
Riklin, Alois: Vier Physikerdramen. Schulung in Zivilcourage. In: Schweizer Monatshefte 66 (1986) S. 409–415.

Dürr, Hans-Peter: Das Netz des Physikers. Naturwissenschaftliche Erkenntnis und Verantwortung. München 1987.
Rosenberger, Ferdinand: Isaac Newton und seine physikalischen Principien. Darmstadt 1987.
Roßnagel, Alexander: Die unfriedliche Nutzung der Kernenergie. Gefahren der Plutoniumwirtschaft. Hamburg 1987.
Sugimoto, Kenji: Albert Einstein. Die kommentierte Bilddokumentation. München 1987.
Fritzsch, Harald: Eine Formel verändert die Welt. Newton, Einstein und die Relativitätstheorie. München 1989.
Locke, Gerhard: Man nehme ..., und fertig ist die Bombe. In: Frankfurter Allgemeine Zeitung. 7. Februar 1989.

Interpretationen

IN RECLAMS UNIVERSAL-BIBLIOTHEK

Lessings Dramen

Miß Sara Sampson – Minna von Barnhelm – Emilia Galotti – Nathan der Weise. UB 8411

Dramen des Sturm und Drang

J. W. Goethe, *Götz von Berlichingen* – J. M. R. Lenz, *Der Hofmeister* – F. M. Klinger, *Sturm und Drang* – J. A. Leisewitz, *Julius von Tarent* – J. M. R. Lenz, *Die Soldaten* – F. Schiller, *Die Räuber.* UB 8410

Goethes Erzählwerk

Goethes empirischer Beitrag zur Romantheorie – Die Leiden des jungen Werthers – Wilhelm Meisters theatralische Sendung – Reineke Fuchs – Unterhaltungen deutscher Ausgewanderten – Wilhelm Meisters Lehrjahre – Alexis und Dora – Hermann und Dorothea – Die Geheimnisse, Achilleis, Das Tagebuch – Die Wahlverwandtschaften – Aus meinem Leben. Dichtung und Wahrheit – Italienische Reise – Wilhelm Meisters Wanderjahre oder Die Entsagenden – Campagne in Frankreich/ Belagerung von Mainz – Novelle. UB 8081

Erzählungen und Novellen des 19. Jahrhunderts. Band 1

L. Tieck, *Der blonde Eckbert/Der Runenberg* – Bonaventura, *Nachtwachen* – H. v. Kleist, *Die Marquise von O ...* – H. v. Kleist, *Michael Kohlhaas* – E. T. A. Hoffmann, *Der goldne Topf* – A. v. Chamisso, *Peter Schlemihls wundersame Geschichte* – E. T. A. Hoffmann, *Der Sandmann* – C. v. Brentano, *Geschichte vom braven Kasperl und dem schönen Annerl* – J. v. Eichendorff, *Aus dem Leben eines Taugenichts* – J. W. Goethe, *Novelle.* UB 8413

Erzählungen und Novellen des 19. Jahrhunderts. Band 2

A. v. Droste-Hülshoff, *Die Judenbuche* – A. Stifter, *Brigitta* – F. Grillparzer, *Der arme Spielmann* – E. Mörike, *Mozart auf der Reise nach Prag* – G. Keller, *Romeo und Julia auf dem Dorfe* – G. Keller, *Kleider machen Leute* – C. F. Meyer, *Das Amulett* – Th. Storm, *Hans und Heinz Kirch* – Th. Storm, *Der Schimmelreiter.* UB 8414

Romane des 19. Jahrhunderts

L. Tieck, *Franz Sternbalds Wanderungen* – F. Hölderlin, *Hyperion* – F. Schlegel, *Lucinde* – Novalis, *Heinrich von Ofterdingen* – Jean Paul, *Flegeljahre* – J. v. Eichendorff, *Ahnung und Gegenwart* – E. T. A. Hoffmann, *Kater Murr* – E. Mörike, *Maler Nolten* – G. Keller, *Der grüne Heinrich* – A. Stifter, *Der Nachsommer* – W. Raabe, *Stopfkuchen* – Th. Fontane, *Effi Briest.* UB 8418.

Georg Büchner

Dantons Tod – Lenz – Leonce und Lena – Woyzeck. UB 8415

Fontanes Novellen und Romane

Vor dem Sturm – Grete Minde – L'Adultera – Schach von Wuthenow – Unterm Birnbaum – Irrungen, Wirrungen – Quitt – Effi Briest – Frau Jenny Treibel – Der Stechlin – Mathilde Möhring. UB 8416

Dramen des Naturalismus

G. Hauptmann, *Vor Sonnenaufgang* – H. Sudermann, *Die Ehre* – A. Holz/J. Schlaf, *Die Familie Selicke* – G. Hauptmann, *Die Weber* – J. Schlaf, *Meister Oelze* – G. Hauptmann, *Der Biberpelz* – M. Halbe, *Der Strom* – G. Hauptmann, *Die Ratten.* UB 8412

Philipp Reclam jun. Stuttgart

Erläuterungen und Dokumente

zu Brentano, *Geschichte vom braven Kasperl und dem schönen Annerl.* 8186

zu Büchner, *Dantons Tod.* 8104 – *Lenz.* 8180 – *Woyzeck.* 8117

zu Chamisso, *Peter Schlemihl.* 8158

zu Droste-Hülshoff, *Die Judenbuche.* 8145

zu Dürrenmatt, *Der Besuch der alten Dame.* 8130 – *Die Physiker.* 8189 – *Romulus der Große.* 8173

zu Eichendorff, *Das Marmorbild.* 8167

zu Fontane, *Effi Briest.* 8119 – *Frau Jenny Treibel.* 8132 – *Grete Minde.* 8176 – *Irrungen, Wirrungen.* 8146 – *Schach von Wuthenow.* 8152 – *Der Stechlin.* 8144

zu Frisch, *Andorra.* 8170 – *Biedermann und die Brandstifter.* 8129 – *Homo faber.* 8179

zu Goethe, *Egmont.* 8126 – *Götz von Berlichingen.* 8122 – *Iphigenie auf Tauris.* 8101 – *Die Leiden des jungen Werther.* 8113 – *Novelle.* 8159 – *Torquato Tasso.* 8154 – *Urfaust.* 8183 – *Die Wahlverwandtschaften.* 8156 – *Wilhelm Meisters Lehrjahre.* 8160

zu Gotthelf, *Die schwarze Spinne.* 8161

zu Grass, *Katz und Maus.* 8137

zu Grillparzer, *Der arme Spielmann.* 8174 – *König Ottokars Glück und Ende.* 8103 – *Weh dem, der lügt!* 8110

zu Hauptmann, *Bahnwärter Thiel.* 8125 – *Der Biberpelz.* 8141 – *Die Ratten.* 8187

zu Hebbel, *Agnes Bernauer.* 8127 – *Maria Magdalena.* 8105

zu Heine, *Deutschland. Ein Wintermärchen.* 8150

zu Hesse, *Demian. Die Geschichte von Emil Sinclairs Jugend.* 8190 – *Der Steppenwolf.* 8193

zu Hoffmann, *Das Fräulein von Scuderi.* 8142 – *Der goldne Topf.* 8157 – *Klein Zaches genannt Zinnober.* 8172 zu Ibsen, *Nora (Ein Puppenheim).* 8185

zu Johnson, *Mutmassungen über Jakob.* 8184

zu Kafka, *Die Verwandlung.* 8155

zu Keller, *Das Fähnlein der sieben Aufrechten.* 8121 – *Kleider machen Leute.* 8165 – *Romeo und Julia auf dem Dorfe.* 8114

zu Kleist, *Amphitryon.* 8162 – *Das Erdbeben in Chili.* 8175 – *Das Käthchen von Heilbronn.* 8139 – *Michael Kohlhaas.* 8106 – *Penthesilea.* 8191 – *Prinz Friedrich von Homburg.* 8147 – *Der zerbrochne Krug.* 8123

zu J. M. R. Lenz, *Der Hofmeister.* 8177 – *Die Soldaten.* 8124

zu Lessing, *Emilia Galotti.* 8111 – *Minna von Barnhelm.* 8108 – *Miß Sara Sampson.* 8169 – *Nathan der Weise.* 8118

zu Th. Mann, *Mario und der Zauberer.* 8153 – *Der Tod in Venedig.* 8188 – *Tonio Kröger.* 8163 – *Tristan.* 8115

zu Meyer, *Das Amulett.* 8140

zu Mörike, *Mozart auf der Reise nach Prag.* 8135

zu Nestroy, *Der böse Geist Lumpazivagabundus.* 8148 – *Der Talisman.* 8128

zu Novalis, *Heinrich von Ofterdingen.* 8181

zu Schiller, *Don Carlos.* 8120 – *Die Jungfrau von Orleans.* 8164 – *Kabale und Liebe.* 8149 – *Maria Stuart.* 8143 – *Die Räuber.* 8134 – *Die Verschwörung des Fiesco zu Genua.* 8168 – *Wallenstein.* 8136 – *Wilhelm Tell.* 8102

zu Shakespeare, *Hamlet.* 8116

zu Sophokles, *Antigone.* 8195

zu Stifter, *Abdias.* 8112 – *Brigitta.* 8109

zu Storm, *Hans und Heinz Kirch.* 8171 – *Immensee.* 8166 – *Der Schimmelreiter.* 8133

zu Tieck, *Der blonde Eckbert / Der Runenberg.* 8178

zu Wedekind, *Frühlings Erwachen.* 8151

zu Zuckmayer, *Der Hauptmann von Köpenick.* 8138

Philipp Reclam jun. Stuttgart

Deutsche Dichter

Leben und Werk deutschsprachiger Autoren

Herausgegeben von
Gunter E. Grimm und Frank Rainer Max

Band 1: Mittelalter

Band 2: Reformation, Renaissance und Barock

Band 3: Aufklärung und Empfindsamkeit

Band 4: Sturm und Drang, Klassik

Band 5: Romantik, Biedermeier und Vormärz

Band 6: Realismus, Naturalismus und Jugendstil

Band 7: Vom Beginn bis zur Mitte des 20. Jahrhunderts

Band 8: Gegenwart

Das achtbändige, insgesamt über 4000 Seiten umfassende Werk *Deutsche Dichter* ist deutschsprachigen Autoren vom Mittelalter bis zur jüngeren Gegenwart gewidmet. Auf anschauliche Weise schreiben Fachleute in Beiträgen von 5 bis zu 50 Seiten Umfang über Leben und Werk von rund 300 bedeutenden Dichtern. Ein Porträt des Autors und bibliographische Hinweise ergänzen die einzelnen Darstellungen.

Philipp Reclam jun. Stuttgart